法律学講義シリーズ

物権法
［第三版］

田山輝明

弘文堂

第3版のはしがき

　2004年に第2版を刊行したが、その際にすでに不動産登記法の改正はなされていた。しかし、私の改訂作業はほぼ完了しており、改正条文の訂正をするのが精一杯であった。特に、中間省略登記については、従来のような安易な方法（原因証書に代えて申請書副本を添付する方法）はできなくなり、その意味では、基本的に従来のような中間省略は困難になることが予想された。しかし、それにもかかわらず、様々な方法でなされることが予想される中間省略的意味を有する登記の効力については、まったく未知数であった。それ以来今日までの間に、様々な議論がなされ、中間者に登記を移転することがほとんど意味を持たないような場合については、結果的に中間者を省略するような登記が合法的にできるという了解が、実務の世界で成立したように思われる。この方法も、濫用的に使われる恐れがないわけではないし、2004年の改正の趣旨が少し修正されたような気もしないわけではないが、本書もこの方法を紹介している。

　第3版の刊行に際しても、編集部の北川陽子さんのお世話になった。記して感謝申し上げる。

　　2008年7月

田　山　輝　明

初版はしがき

　数百人の学生を前にして、夢中で講義をし始めた頃には、学生諸君の側の便宜についてまで考えは及ばなかったが、講義にも多少の余裕が出てくると、学生諸君の手許に簡単なレジュメ程度のものがあれば相当に能率的な講義ができるのではないかと考えるようになった。

　民法総則や契約法については、まさにそのような動機から印刷物を配布し、それを講義案としたことがある。物権法については、その講義を担当することになった時に、たまたま法学セミナー誌から1年間の連載執筆の依頼を受けたため、これを引き受け、執筆内容を講義の進度に合せることにより、一石二鳥をねらったのであった。この連載は、予定通りに終了しその後放置しておいたが、その当時の学生から、それをコピーして読んでいるということを聞き、それならば、機会を得て1冊の本にまとめてみようか、と考えるようになった。

　上の連載は、設例形式のものであったから、そのまま体系書に用いることはできなかったが、叙述が具体的であるという利点（理解する側にとっての）を可能なかぎり生かしつつ、体系書を書いてみようと考えた。本書が、従来の通常の体系書と異なり、叙述が具体的であり、いわゆる「演習」の要素を含んでいるのは右のような事情によるものである。つまり、本書は、私の物権法の体系を示すためのものではなく、現在の物権法の水準を学生諸君に対して具体的に分かりやすく説くということを主要な目的としたものである。

　本書のもう1つの特徴は、現代日本の土地問題を物権法の教科書の中において説こうとしている点にある。不動産所有権の問題が物権法の領域の問題でもあるということについては、誰も異論をもたないと思われるが、伝統的な物権法の教科書では、古典的な相隣関係ないし共有関係の延長線上において、建物の区分所有法を論ずるに留まっていた。本書ではさらに、昨今の日本の土地問題について法律学の側から少しでも興味をもってほしいと考え、現代土地問題に関連する特別法にも積極的に論及し、その社会経済的前提としての戦後日本の地域開発政策についても簡単に論及した。この部分は、解釈論には直接的な関連は薄いが、現代の日本社会にとって最も重要な問題の一つであるから、そのような観点から読んでいただきたい。

　なお、本書も、私の他の教科書と同様に、まずは私の講義案として成ったものである。多々不十分な点があっても、それは講義の中で補充できるという気軽さで執筆することができたが、「上」・「下」を合本するということになると、それな

りの補充が必要となった。そこで私のゼミの学生諸君からモニターとしての貴重な意見を出してもらい、それに基づいて若干の加筆・補正を行った。しかし時間的な制約もあり、現在さらに加筆したいと考えている点もあるが、とりあえず、学生諸君の利用に供しつつ、また他日を期したいと思う。そのような意味において、読者諸氏から本書について御意見をいただけることがあれば、私にとって望外の幸である。

　なお、本書が当シリーズの一つとして発行されるについては早稲田大学法学部教授（当時）鈴木重勝先生の御配慮によるものである。また、本書の前身である「物権法上・下」の出版のときから、弘文堂編集部（当時）の丸山邦正氏には大変お世話になった。本書が成るに当たってはこのように多くの方々のお世話になっている。これらの方々にこの場を借りて感謝の意を表させていただきたい。

　　　1987年9月30日

　　　　　　　　　　　　　　　　　　　　　　　　　　　　田　山　輝　明

目　次

第1編　物権法総則

第1章　総　説 …1
第1節　物権制度の意義 …1
1　民法の基本原理と物権制度 (1)　2　物権制度の任務 (1)
第2節　物権法定主義 …2
1　近代社会と物権制度 (2)　2　物権の種類 (3)
3　物権法の法源 (5)
第3節　物権と債権 …7
1　物権の本質 (7)　2　債権との相違点 (7)
3　債権の目的と物権の目的 (8)
第4節　物権の客体 …8
1　客体としての有体物 (8)　2　一物一権主義 (9)

第2章　物権の効力 …13
第1節　優先的効力 …13
1　物権相互間の優先的効力 (13)
2　物権と特定物債権との間の優先的効力 (14)
3　担保物権と一般債権者 (16)
第2節　物上請求権（物権的請求権） …16
1　物上請求権の意義 (16)
2　物上請求権の法律的性質 (17)
　1　物上請求権と消滅時効 (17)　2　物上請求権の性質 (19)
　3　物上請求権と権利濫用 (20)
3　物上請求権の類型と内容 (20)
4　物権的請求権の行使の相手方 (23)
5　物上請求権相互の競合と費用負担 (23)
　1　物上請求権の競合 (23)　2　物上請求権と費用負担 (24)
6　物上請求権と他の請求権との競合 (27)

第3章　不動産物権の変動 …30
第1節　物権変動・総説 …30
1　物権変動の種類 (30)　2　物権取引と公示手段 (31)
3　公示の原則と公信の原則 (32)

第2節　物権行為の基礎理論 ………………………………………34
　　　　1　意思主義と形式主義（34）　　2　物権契約（35）
　　　　3　物権契約と日本民法（36）
　　　　4　物権契約独自性説（38）　　5　債権契約と物権契約（40）
　　　　6　所有権の移転時期（41）
　　　　　1　契約成立時説（41）　　2　代金支払時原則説（有償説）（42）
　　　　　3　果実収取権移転時説（43）
　　　　　4　意思主義（独自性否認説）に基づく諸学説のまとめ（43）
　　　　　5　独自性説に基づく考え方（45）
　　第3節　物権変動と登記 ……………………………………………46
　　　　1　物権の二重譲渡と登記（46）　　2　二重譲渡の法的構成（48）
　　　　3　登記前の法律関係（51）
　　　　4　登記を要する第三者の範囲（52）
　　　　　1　制限説と無制限説（52）　　2　第三者の範囲を制限する具体的基準（53）
　　　　5　登記請求権（62）
　　　　　1　登記手続（62）　　2　登記請求権の意義と概念（62）
　　　　　3　登記請求権の発生原因（65）
　　第4節　物権変動の諸態様と登記 …………………………………73
　　　　1　復帰的物権変動と登記（73）
　　　　　1　復帰的物権変動（73）　　2　詐欺による取消しと第三者（74）
　　　　　3　強迫による取消しと第三者（79）　　4　解除と第三者（80）
　　　　　5　無効の場合──補論（83）
　　　　2　取得時効と登記（84）
　　　　　1　物権変動としての時効取得（84）
　　　　　2　時効取得と対抗要件（登記）（86）
　　　　　3　境界紛争における時効取得と登記（94）
　　　　3　相続と登記（95）
　　　　　1　単独相続と対抗問題（95）　　2　共同相続と対抗問題（97）
　　　　　3　放棄による物権変動と登記（102）
　　　　　4　遺贈による物権変動と登記（103）
　　　　　5　相続欠格・推定相続人の廃除による物権変動と登記（104）

第4章　動産物権の変動 …………………………………………………106
　　第1節　動産物権の変動と対抗要件 ………………………………106
　　　　1　動産物権変動の意義（106）
　　　　2　引渡しを必要とする物権変動（106）
　　　　　1　引渡しを必要とする権利（106）
　　　　　2　引渡しを必要とする物権変動の範囲（106）
　　　　　3　動産譲渡の対抗要件の特例等（108）

　　　　　　　4　対抗要件としての引渡し（*108*）　5　引渡しの効力（*109*）
　　　　3　明認方法による対抗要件（*111*）
　　　　　　　1　地上生育物の取引と対抗要件（*111*）　2　明認方法の対抗力（*112*）
　第2節　動産物権の変動と即時取得 ……………………………………… *113*
　　　　1　制度趣旨（*113*）
　　　　2　即時取得の要件（*115*）
　　　　　　　1　動産であること（*115*）　2　取引によって占有を承継すること（*117*）
　　　　　　　3　無権利者からの占有承継（*118*）　4　平穏・公然・善意・無過失（*119*）
　　　　　　　5　占有の取得（*120*）
　　　　3　即時取得の効果（*124*）
　　　　4　盗品・遺失物に関する特則（*124*）

第5章　物権の消滅 …………………………………………………………… *127*
　　　　1　物権消滅の意義（*127*）　2　目的物の滅失（*127*）
　　　　3　混同（*127*）
　　　　　　　1　原則（*127*）　2　例外（*128*）
　　　　　　　3　混同によっては消滅しない権利（*129*）
　　　　4　放棄（*129*）　5　時効（*129*）　6　公用収用・没収（*129*）

第2編　物権法各則
第1章　占　有　権 …………………………………………………………… *131*
　第1節　占有と占有権 ……………………………………………………… *131*
　　　　　　　1　占有の概念（*131*）　2　占有権の意義と機能（*131*）
　　　　3　占有の種類（*132*）
　　　　　　　1　自主占有と他主占有（*132*）　2　善意占有と悪意占有（*133*）
　　　　　　　3　過失ある占有と過失なき占有（*133*）
　　　　　　　4　瑕疵ある占有と瑕疵なき占有（*133*）　5　単独占有と共同占有（*134*）
　　　　　　　6　自己占有（直接占有）と代理占有（間接占有）（*134*）
　　　　　　　7　占有の態様についての推定（*134*）
　第2節　占有権の取得 ……………………………………………………… *135*
　　　　　　　1　占有権の原始取得（*135*）　2　占有権の特定承継（*137*）
　　　　3　占有の包括承継（*138*）
　　　　　　　1　占有権の相続の可否（*139*）　2　占有権相続の要件（*140*）
　　　　　　　3　相続による占有の承継と187条（*142*）
　　　　　　　4　相続による占有の承継と185条（*143*）
　　　　　　　5　相続による占有の承継と186条2項（*144*）
　第3節　占有権の効力 ……………………………………………………… *145*
　　　　　　　1　権利適法の推定（*145*）　2　占有者と回復者との関係（*148*）

3　善意占有者と果実の取得 (151)
　　　1　果実の概念 (151)　　2　制度の趣旨 (152)　　3　取得の要件 (152)
　　　4　果実取得の効果 (154)　　5　果実の取得と不当利得 (155)
　　　6　不当利得論の考え方——果実との関連で (158)
　　4　占有訴権（占有の訴え）(162)
　　　1　占有訴権の意義 (162)　　2　占有訴権と自力救済 (162)
　　　3　占有訴権の当事者 (163)　　4　占有訴権の諸類型 (163)
　　　5　占有保持の訴え (163)　　6　占有保全の訴え (164)
　　　7　占有回収の訴え (165)　　8　占有の訴えと本権の訴え (166)
　　5　占有による家畜外動物の取得 (167)　　6　占有権の消滅 (168)
　　7　準占有 (169)
　　　1　準占有の意義 (169)　　2　準占有の要件 (169)
　　　3　準占有の効果 (169)

第2章　所　有　権　……………………………………………………171
第1節　所有権の意義と法律的性質　………………………………171
　　1　所有権の古典的意義 (171)　　2　所有権の現代的意義 (172)
　　3　所有権の法律的性質 (173)
第2節　所有権の内容　………………………………………………174
　　1　所有権の内容一般 (174)
　　2　土地所有権の内容と制限 (175)
　　　1　土地所有権の古典的内容と制限 (175)　　2　相隣関係 (175)
　　3　土地所有権と現代都市問題 (181)
　　　1　現代土地問題と物権法 (181)　　2　戦後日本の地域開発政策 (181)
第3節　所有権の原始取得　…………………………………………185
　　1　所有権取得の意義 (185)
　　2　添付 (186)
　　　1　付合・混和・加工 (186)　　2　不動産の付合 (187)
　　　3　動産の付合 (190)　　4　混和 (191)　　5　加工 (191)
　　3　建物の築造と付合・加工 (192)
　　　1　建物の生成過程 (192)
　　　2　建築請負契約における所有権の帰属 (193)
　　　3　付合・加工と建築行為 (198)
第4節　共　　有　……………………………………………………200
　　1　共同所有の意義 (200)
　　2　共有 (202)
　　　1　法律的性質 (202)　　2　共有の内部関係 (202)
　　　3　共有の対外関係 (203)　　4　共有物の分割 (205)　　5　準共有 (207)

第5節　建物の区分所有 …………………………………………………… 208
　　1　建物区分所有制度の沿革 (208)
　　2　区分所有建物の所有関係 (210)
　　　1　建物の区分所有 (210)　　2　敷地利用権 (211)
　　3　区分所有建物の管理関係 (212)
　　　1　共用部分の管理 (212)　　2　管理組合とその法人化 (212)
　　　3　規約 (212)　　4　集会 (213)　　5　管理者 (213)
　　　6　義務違反者に対する措置 (214)
　　　7　大規模修繕の決議要件の緩和 (215)　　8　復旧決議 (215)
　　　9　建替え (216)　　10　団地の一括建替えに関する事項 (217)
　　　11　新区分所有権と現代版相隣関係 (217)

第3章　用益物権 …………………………………………………… 219
第1節　地上権 …………………………………………………… 219
　　1　意義と法律的性質 (219)
　　2　地上権の成立 (220)
　　　1　地上権設定契約 (220)　　2　法律の規定に基づく地上権 (220)
　　　3　地上権の存続期間 (221)
　　3　地上権の効力 (222)
　　　1　土地の使用権 (222)　　2　対抗力 (222)
　　　3　投下資本の回収 (223)　　4　地代の支払い (223)
　　4　地上権の消滅 (224)
第2節　永小作権 …………………………………………………… 224
　　1　永小作権の意義 (224)　　2　永小作権の効力 (225)
　　3　永小作権の消滅 (226)
第3節　地役権 …………………………………………………… 226
　　1　地役権の意義 (226)
　　2　地役権の形態と法律的性質 (227)
　　　1　形態 (227)　　2　法律的性質 (228)
　　3　地役権の内容 (230)　　4　地役権の消滅 (231)
第4節　入会権 …………………………………………………… 231
　　1　入会権の意義 (231)　　2　入会地の利用形態 (232)
　　3　入会権の効力 (233)　　4　入会権の消滅 (234)

事項索引 ……………………………………………………………… 235
判例索引 ……………………………………………………………… 241

凡　例

【参考文献】　　（ゴシックは引用の際の略称を示す）

稲本洋之助	民法Ⅱ〈物権〉（昭58、青林書院新社）
石田喜久夫	物権法（昭52、日本評論社）
石田喜久夫	物権**変動論**（昭54、有斐閣）
内田　貴	民法Ⅰ〔第2版〕補訂版（平12、東京大学出版会）
梅　謙次郎	民法要義**巻之二**（明33、明法堂）
近江　幸治	物権法〔第3版〕（平18、成文堂）
甲斐道太郎	物権法（昭54、日本評論社）
川井　健	設例民法学②物権法（昭56、一粒社）
川島　武宜	所有権法の理論（昭24、岩波書店）
篠塚　昭次	民法セミナーⅡ物権法（昭45、敬文堂）
四宮　和夫／能見善久	民法総則〔第7版〕（平20、弘文堂）
鈴木　禄弥	物権法講義〔4訂版〕（昭60、創文社）
鈴木　禄弥	物権法の**研究**（昭51、創文社）
末川　博	物権法（昭31、日本評論社）
原島　ほか	民法講義2物権（昭52、有斐閣）
半田　正夫	やさしい物権法（昭60、法学書院）
広中　俊雄	物権法（昭58、青林書院新社）
舟橋　諄一	物権法（昭35、有斐閣）
星野　英一	民法概論Ⅱ（昭55、有斐閣）
槇　悌次	物権法概論（昭59、有斐閣）
松坂　佐一	民法提要・物権法〔第3版〕（昭51、有斐閣）
我妻〔有泉〕	新訂物権法（昭58、岩波書店）
新版注釈民法(6)	（平9、有斐閣）
新版注釈民法(7)	（平19、有斐閣）
田山　輝明	民法**総則**〔第2版〕（平19、成文堂）
田山　輝明	担保物権法（平11、成文堂）
田山　輝明	**債権総論**〔第2版〕（平20、成文堂）
田山　輝明	契約法（平18、成文堂）
田山　輝明	事務管理・不当利得・不法行為（平18、成文堂）

【略　語】
大判　　　大審院民事部判決
最判　　　最高裁判所判決
高判　　　高等裁判所判決
地判　　　地方裁判所判決
民集　　　大審院または最高裁民事判例集
民録　　　大審院民事判決録
高民集　　高等裁判所民事判例集
下民集　　下級裁判所民事判例集
判時　　　判例時報
判タ　　　判例タイムズ
新聞　　　法律新聞
評論　　　法律〔学説・判例〕評論全集

第1編　物権法総則

第1章　総　説

第1節　物権制度の意義

1　民法の基本原理と物権制度

　人類は労働を通じて自然に働きかけ、財物（生産物）を創造し、それを利用したり、交換したりして生活してきた。生産力の高度に発達した現代資本主義社会においても、この構造は本質的には変わっていない。その財物の価値は、基本的にはそれが生産されるためにどれだけの人間労働が対象化されているかによって測定され、必要に応じて他の等価の財物と交換されることになる。すなわち、労働生産物は初めから売られるために造られ（商品生産）、全社会的規模で自由に交換されている。この商品交換の法的存在形態が契約であり、これを法的側面から保障するものが契約自由の原則である。

　私たちは、このような交換によって他人の労働生産物を自己の生活の中で利用し、もしくは消費することが可能となるが、交換が成立するためには、互いに契約当事者となりうる地位（権利能力）を認めあい、各自の労働生産物が各自に帰属していること（とくに相手方の「所有」物であること）、すなわち「処分の自由」を前提として承認しなければならない（所有権の自由）。民法典の財産法部分が上の2つの基本的な自由を基軸として構成されているのも、このような近代資本主義社会の経済的構造を基本的に反映しているからである、とみることができよう。

2　物権制度の任務

　物を「所有」する権利は、国により、またその社会の発展段階により、主

として用益的側面において異なった内容を有していたが、労働生産物（商品）の交換が盛んになるに従って、その内容は画一的なものになってきた。物権制度の主たる任務は、財物の利用に中心が置かれていた社会では各時代の社会・経済体制との関連で物の利用を安全確実なものとすることにあったが、財物の交換が全社会的な規模において展開する社会（現代日本社会もそうである）にあっては、取引の安全と利用の安定の双方を確保することにある。それぞれの生活実態に即した内容の物権が承認されることは、財物の有効な利用との関連では望ましいことであるが、財物の取引との関連では大きな支障を意味することになる。所有権の内容が近代的な内容において画一化され、制限物権（地上権など）についても一定種類のものに法定されなければならない理由も本質的にはここにあるといえよう。

> * **封建制から近代社会への発展と土地所有**　封建制社会にあっては、土地とそれを耕作する農民とは一体的なものとして存在し、そのことが経済外的強制によって維持されていたということができる（農民の土地緊縛）。農民から職業選択の自由・住居移転の自由・土地売買の自由・結婚の自由等を奪いもしくはこれを制限することによって、この「強制」は確保されていた。こうした社会体制のもとでは、地代徴収権能を中核とした上級所有権は領主に、耕作権を中核とした下級所有権は農民に帰属していたといってよい。
>
> 　封建体制が揺らぎ、近代市民革命もしくは改革期を経て、資本主義体制への道を歩み始めると、農民が封建的諸拘束から解放されると同時に、土地の売買も自由になっていった。これは、土地が取引市場の重要な対象となったことを意味している。
> 　商品交換の場である取引市場に労働生産物（商品）でない土地が現れたことに注目しておく必要があると同時に、そのための法制度の整備がなされたことにも注目すべきである。それは、土地登記簿制度の導入である。土地を一定の単位で区切り（地片）、それを公示することによってはじめて制度的に土地取引の安全が図られるようになったと考えてよい。

第2節　物権法定主義

1　近代社会と物権制度

　物権、とりわけ所有権は、上に述べたような歴史的発展を経て近代的な制度として確立したものであるため、不動産所有権を含めてすべての物権は対

世的効力を有する支配権でありながら、処分の自由を前提とし、取引の対象となる。そのため、物権の内容は社会一般から認識可能な画一的なものであるべきであり、当事者間の契約によってまったく自由に創設できるものではなく、その種類と内容は法律によって定められなければならないことを原則としている（175条）。

　物権の内容は、法定されなければならないとしても無限定的に法定されるものではなく、その社会の経済構造から考えて不可欠の権利は、これを社会的要請に合うように法定しなければならない。わが民法における諸種の物権も、基本的にはこのような要請を反映したものとなっているが、法典編纂の出発時点から不十分な点を有しており、またその後の社会・経済の発展に対応しきれない部分が生じている（とくに不動産利用権と担保物権法の領域において顕著である）。次に、商品取引との関連で民法上の各物権を位置づけて説明しておこう。

2　物権の種類

　Aがある物を単独で支配し、自由に使用・収益・処分できる権限を有しているとき、「Aはその物の所有者である」または「Aはその物について所有権を有している」ということができる（206条以下）。Aがその物を使用収益するときは、Aにとってそれは使用価値としての意味をもっており、Aがその物を処分する（例えば、Bに売却する）ときは、それはAにとって交換価値としての意味をもっている（Bが消費者であればBにとって最終的には使用価値を意味する）。処分前の所有者Aは、その物について使用価値と交換価値を独占しているのである。

　(1)　Aがある物の有する2つの価値を同時に手放す場合には、それと同時にAはその所有者ではなくなる、すなわち所有権の移転が生じる（売買、贈与、交換）。

　(2)　Aがある物の使用価値のみをBに移転する場合には、Aは依然として所有者であるが、その物についての利用権者はBとなる（地上権（265条以下）、永小作権（270条以下）、地役権（280条以下）――この場合には、権利の形態によりAも使用権限を留保している場合がある）。

(3)　Aがある物の有する交換価値のみをBに把握させる場合には、Aは依然として利用権を有する所有者であるが、Bの担保権による制約を受ける（Bのために質権（342条以下）、抵当権（369条以下）、根抵当権（398条の2以下）が設定される場合、さらに仮登記担保（仮登記担保法）、譲渡担保、所有権留保などの非典型担保も、ここに位置づけることができる）。この場合には、担保権者、例えば、抵当権者Bは目的物の交換価値を把握しているから、Aが期限までに債務を弁済できないときは、Bは抵当権を実行することができる。その結果、目的物の交換価値が実現され（具体的には競売〔国家＝裁判所による一種の強制的売買〕により金銭に変えられる）、Bは売却代金から優先的に弁済を受けることができる。

(4)　担保物権の中には、抵当権のように純粋に目的物の価値を把握するだけのものもあるが、質権のように、被担保債権の弁済を促すために担保権者が目的物の占有を取得する形態のものもある。この場合には、質権設定者の側にとっては、目的物の交換価値を質権者に把握されただけではなく、占有の移転もしなければならない結果、目的物の利用も不可能になってしまう。その不便さが質権設定者に心理的圧迫を与え、被担保債権の弁済を促すという構造になっているわけである。しかし、質権設定者は質権者に物の使用価値までも把握させてしまったわけではないから（不動産質権は別）、質権者は目的物を占有することはできるが使用収益することはできないのである。その意味では質権も担保物権として目的物の交換価値のみを把握している、ということができるだろう。

(5)　民法が規定している担保物権としては、ほかにも留置権（295条以下）や先取特権（303条以下）のような法定担保物権もある。これらの権利は、一定の要件を具備した場合に法律上当然に発生する担保物権であり、それぞれ独自の内容と機能を有している。ここでは、とりあえず、担保物権は法定担保物権も含めて物の交換価値を把握する権利であるという基本的性格を指摘するにとどめておこう。

(6)　最後に、占有権については、他の物権とはやや異なった観点から説明しなければならない。

(イ)　Aがある物を現実に支配している場合に、Bが「それは自分の所有物だ」と主張して実力で奪い返そうとしたとしよう。このような場合に、その

物についてのAの支配が所有権や地上権に基づく正当なものであるかどうかについて結論が出ない段階であっても、とりあえずAのその物についての現実の支配は法的に保護されるべきである。かりにBが真の所有者であるとしても、その物が現にAの支配下にある以上、その支配を破って自分で奪い返すことは、権力的要素をすべて国家が吸収することによって成立している市民法秩序を破壊する行為となるからである（自力救済の禁止）（第2章第2節1参照）。このようにして、Aのその物に関する現実の支配は占有権として保護されているのである（180条以下）。

㊁　このような占有権は、所有者CとDとの間で目的物の所有権が移転されたり、制限物権が設定または移転される場合には、CからDに移転されなければならない。より正確に言うならば、占有権の移転ではなく、物権の目的物に関する事実上の支配がCからDに移転されなければならないのである。その本質は目的物に対する事実上の支配（占有）であるから、所有権者や利用権者がその目的物に関する用益的利益を現実に享受するためには、目的物に関する現実の支配を取得しなければならないからである。その結果、Dは目的物につき占有権を取得することになる。

　所有権等と占有との間の、このような関係を前提として、ある物の占有があるところには、それに対応する権利が存在するという一般的推測が成立しうるのである。不動産のように、権利の公示制度（登記制度）が別個に発達している場合は別として、それを欠いている動産の場合には、物権の移転を公示するために占有の移転を要することとしている（178条）のも、このような関係を基礎としているからである。

3　物権法の法源

　物権法の法源として最も重要なものは、民法典第2編であるが、そのほかにも、次のような重要な法源がある。
(1)　所有権一般および用益物権に関するもの
　(a)　民法施行法（明31法11）
　(b)　不動産登記法（平16法123）
　(c)　建物の区分所有等に関する法律（昭37法69）

(d) 遺失物法（平18法73）

(e) 地上権ニ関スル法律（明33法72）

(f) 立木ニ関スル法律（明42法22）

(g) 借地借家法（平3法90）（なお、建物保護ニ関スル法律（明42法40）、借地法（大10法49）、借家法（大10法50）も、本法施行前の法律関係に適用される）

(h) 温泉法（昭23法125）

(i) 農地法（昭27法229）

(j) 判例によって、慣習法上の権利として認められているものとして、流水利用権（大判明32・2・1民録5輯2巻1頁など）、温泉専用権（大判昭15・9・18民集19巻1611頁）がある。

(2) 担保物権に関するもの

(a) 商法、とくに留置権（521条、557条、562条、753条）、会社法20条など、質権（515条）、船舶債権者の先取特権（842条）、船舶抵当権等（848条以下）に関する規定

(b) 財団抵当権に関するものとして、鉄道抵当法（明38法53）、工場抵当法（明38法54）、鉱業抵当法（明38法55）、軌道抵当法（明42法28）、運河法（大2法16）、漁業財団抵当法（大14法9）、道路交通事業法（昭27法204）、港湾運送事業法（昭26法161）、観光施設財団抵当法（昭43法91）

(c) 企業担保法（昭33法106）

(d) 抵当証券法（昭6法15）

(e) 農業動産信用法（昭8法30）、自動車抵当法（昭26法187）、航空機抵当法（昭28法66）、建設機械抵当法（昭29法97）

(f) 公益質屋法（昭2法35）、質屋営業法（昭25法158）、電話加入権質に関する臨時特例法（昭33法138）

(g) 仮登記担保契約に関する法律（昭53法78）

(h) 判例によって認められているものとして、譲渡担保権（最判昭41・4・28民集20巻4号900頁）などがある。

(3) 無体財産権に関するもの

特許法（昭34法121）、実用新案法（昭34法123）、意匠法（昭34法125）、著作権法（昭45法48）、商標法（昭34法127）

(4) その他物権法と密接な関連を有するもの

　鉱業法（昭25法289）、採石法（昭25法291）、森林法（昭26法249）、漁業法（昭24法267）、土地改良法（昭24法195）、都市計画法（昭43法100）、土地区画整理法（昭29法119）、国土総合開発法（昭25法205）、都市再開発法（昭44法38）、国土利用計画法（昭49法92）、建築基準法（昭25法201）、動産・債権譲渡特例法（平10法104）など。

第3節　物権と債権

1　物権の本質

　物権は、一定の物を直接に支配して利益を受ける排他的権利である（直接的・排他的支配権）。物権の通有するこの性質は債権と対比すると、より鮮明になる。債権とは、債権者が債務者に対して一定の給付（行為）を要求する権利であり、他人（＝債務者）の行為の介在を必要とする。これに対して物権は、土地所有者が所有地を耕作する場合を考えれば分かるように、権利内容を実現するために他人の行為を必要としない。地上権（265条以下）に基づいて他人の土地を利用する場合にも、地上権者が所有者（設定者）に対して自己の利用を認容するよう要求する権利として構成されているわけではない（賃借権＝債権であればこのように解してよい）。地上権者は、所有者から設定を受けた権利（地上権）に基づいて対象である土地を直接的・排他的に支配し、利用する権利を有しているのである。

2　債権との相違点

　債権については、物権と違って、同一内容のものが複数成立することがありうる。例えば、AがBとCを相手にして同日同時間帯に別の会場で講演する契約を結ぶことは可能である。もちろん、AはBとの契約を履行すればCとの契約を履行することはできないから、一方は必ず履行不能とならざるをえない。しかし、A－B、A－Cの契約は双方とも債権契約として有効に成立する。双方とも有効に成立するからこそ、一方の契約の不履行が問題となるのである。これに対して、物権は排他的支配権であるから、同一目的物について同一内容の権利が複数成立することはありえない。同一不動産に抵当

権が複数成立することはあるが、原則として相互の間に優劣関係が確立している（一番抵当権、二番抵当権など）。

3　債権の目的と物権の目的

　物権の目的物は、特定した独立の物であることを必要とする。物権は、目的物に対する直接的支配権であるから、目的物は特定していなければならない。この点も債権と対比してみると相違点が鮮明になり、理解が正確になるだろう。例えば、酒屋にA社のビール1ダースを注文し、酒屋が承諾した場合には、注文者はこの段階では酒屋に対しA社のビール1ダースを引き渡せという債権を取得しているが、いまだビールの所有権を取得してはいない。酒屋が在庫品の中から注文に応じてA社のビール1ダースを配達等の目的で分離したときに特定されたものと言えるから（401条2項前段）、この時に同ビールの所有権は注文者に移転すると解することが可能となる（所有権の移転時期をこのように理解すべきか否かは後に論ずるので、ここではとりあえず「可能となる」という表現にしておく）。

　債権の目的が最終的にある物を取得することである場合でも、債権の目的となっている限りは、独立の物である必要はない。しかし、物権の目的物は原則として独立の物であることを必要とする。この点で、一筆の土地の一部に所有権が成立するか（第4節2(2)参照）、集合物に譲渡担保権が成立するか（第4節2(5)参照）などが問題となる。

第4節　物権の客体

1　客体としての有体物

　物権の客体は原則として物であり、物とは有体物をいう、とされている（85条）。直接的・排他的支配権である物権は、沿革的には有体物を中心にして発達してきた制度であるが、最近では電気、熱、光などのような法律的支配の可能な自然力についても物権ないし物権的権利の成立を認めるようになってきた（末川9頁、松坂6頁など）。これに対し、電気等については一種の支配権の成立を認め、物権の成立を認めない見解もある（舟橋10頁、物権は有体物を中

心に発達してきたという沿革的理由によるものと思われる）。

　また物権の中には、有体物以外の財産権を対象とするものがある。例として、準占有（205条）、一般の先取特権（306条）、権利質（362条以下）などをあげることができる。このほかにも、地上権や永小作権も抵当権の客体となりうる（369条2項）。

2　一物一権主義

(1) 排他的支配性と共有　物権は排他的な支配権であるから、1個の物の上に内容的に両立しえない権利が並存することはありえない。例えば、1筆の土地のうえに所有権が2つ成立することはないし、地上権が同時に2つ成立することもありえない。これを一物一権主義と呼ぶ場合がある（「一物一権主義」民事法学辞典〔椿寿夫〕、広中10頁）。

　　＊　**一物一権主義と共有理論**　共有を「1個の所有権が量的に数人に分属する状態である」と解する説と、1個の物について複数の所有権の成立を認める説とが対立している。後説がたとえ「各所有権が一定の割合において制限し合って、その内容の総和が一個の所有権の内容と均しくなっている状態」（我妻〔有泉〕320頁）であると説いても、上に述べたような意味での一物一権主義に反することになりはしないか、との批判がなされている（末川308頁）。

(2) 土地の一部についての物権の成立　物権の目的物は独立の物であることを要する。物の一部ないし構成部分に対しては直接的支配の実益を収めえないのみならず、公示することが困難であって、排他的権利を認めるのに適さないからである。具体的に検討しよう。

　土地は無限に連続しているから、人為的に区分して個別の物として取引の対象とされている。人為的区分とはいっても実際の使用上の区分ではなく、土地登記簿の表題部（昭和35年の改正前の土地台帳に相当する）に記載された区画に従い、一区画を1筆としている。これによって土地の所在、地番、地目、地積などの現況が分かるようになっている。物権の対象となる土地は原則としてこのような意味における1筆の土地である。

　では、1筆の土地の一部に物権が成立するであろうか。まず、占有は土地の一部についても成立するから、これを基礎として取得時効が成立すること

は承認せざるをえない (162条)。これは判例も認めるところである (大連判大13・10・7民集3巻509頁)。

次に、一筆の土地の一部を取引の対象とすることができるか、ということも問題となりうる。実際にも、A―B間において標識等によって一筆の土地を区分してその一部を譲渡することは考えられることである。このような譲渡もA―B間の債権契約としては有効であることについては問題はない。すなわち、その土地の一部を分筆したうえでその部分の所有権をBに移転する契約として有効に成立する。さらに、分筆手続以前においても当事者間においては権利移転の効力が生じることを認めてよい (大判大13・10・7民集3巻476頁)。ただし、この譲渡をもって第三者に対抗するためには、分筆したうえで移転登記をしなければならない (最判昭30・6・24民集9巻7号919頁)。なお、岩石や土砂は土地の構成部分であって独立の物ではないが、一定の種類のものについては採石権 (一種の物権) が成立する (採石4条)。

(3) 土地と建物の分離　　日本民法は、建物を土地から完全に独立した物として把握している (86条1項、不登2条1号、34条以下、44条以下)。したがって、Aが甲地上に乙建物を築造した場合には、甲地と乙建物はそれぞれ別個の所有権の対象となる。建物を土地から独立した不動産とは考えない法制 (例えばドイツ) のもとでは、乙建物は原則として甲地の所有権の内容となる。この場合にも、Aの所有物であることに違いはないが、Aの土地所有権の内容であることによってAの所有物であるにすぎないのである。

さらに、1棟の建物の一部であっても、構造上区分された数個の部分であって、住居、店舗、事務所または倉庫その他建物としての用途に供することができるものであるときは、その各部分はそれぞれ独立の所有権の目的とすることができる (区分所有1条)。

(4) 立木の独自性　　立木は原則としてそれが生育する土地の一部であるが、立木法によって登記したものについては独立の不動産となる (建物と同様に考えればよい)。また、その登記がなされない場合でも、立木がとくに土地から独立したものとして一般に取引される場合には独立の不動産となる。ただし、明認方法と呼ばれる特殊の公示方法を施さなければならない。とくに高価な樹木や未分離の果実 (例えば稲立毛) なども、同様の取扱いを受ける

ことがある（第4章第1節3参照）。

　(5)　一物一権主義概念の整理　　1個の物権の目的物は1個の物であることを要する。逆に言えば、数個の物のうえに1個の物権を成立させることはできない。これを一物一権主義という（我妻〔有泉〕15頁）。目的物の特定性・独立性を確実にし、公示に便ならしめるためである。ここで一物一権主義をもち出すと、この概念をめぐってやや混乱が生じることになる。例えば、我妻説では一物一権主義の概念を上に述べたように最も狭い意味で理解しているが、これよりもやや広く理解する学説もある。「物の一部（ないし構成部分）または物の集団（ないし複数の物の総体）は原則として、1つの物権の客体とはなりえない。このことを一物一権主義の原則という」（舟橋11頁）という理解もその1つである。この考えによれば(2)で述べたことも一物一権主義の内容として理解されることになる。その根拠としては、①物の一部または物の集団の上に1つの物権を認める社会的必要性ないし実益がないこと、②物の一部または物の集団の上に1つの物権を認めると、その公示が困難であるし、あえて実施しても混乱をきたすことになる、ということがあげられている。

　さらに(1)で述べたように、1個の物のうえに両立しえない物権が並存することはありえない、ということを一物一権主義の内容に入れることもある（川島177頁以下、前掲民事法学辞典）。

　このように、「一物一権主義」の概念は、ほぼ共通の内容はもっているにせよ、概念把握の観点の相違に応じて多義的に用いられている。しかし、一物一権主義は、所有権の客体はその物質的存在性において統一性を有していなければならない、ということに基づいていると解すべきである。したがって、1個の物には1つの所有権しか成立せず、また逆に1つの所有権の客体は常に1個の物である、と解すべきである（川島178頁）。

　　＊　**集合物**　　商品の生産と流通が全社会的規模において展開されるようになると、同種の大量の商品が一括して生産され、保管され、取引されるようになる。さらに、工場制生産が行われるようになると、大規模な生産設備自体がその土地・建物と一体として評価されるようになる。一物一権主義の建前からすれば、土地、建物、各個の機械などそれぞれが物権の対象であるが、経済的には、これらを一体として評価するようになる。とくに、これらの財産の所有者がこれらを担保として金融を得ようとする場合には、個々の財産の評価額の総和と生産施設としての一体的評価と

の間には大きな差が生じることになる。そこで、資本主義の発展段階に対応した担保制度を確立するために、このような生産施設を法律的にも一体として把握して、これを1つの抵当権の対象となしうることが必要となる。このような集合物は、立法によって財団抵当ないし企業担保の対象とされるに至った（前述第2節3の関連法令参照）。

　しかし、資本主義経済の発展は、このような生産手段の担保化のみにとどまらず、生産物の集合体の担保化をも要求するに至っている。大量に生産された商品（動産）が取引に供される過程で、一時的に保管されることがあるが、その所有者がこれらの商品を担保に供して金融を得ることができれば大変に合理的である。しかし、各商品毎に担保権を設定しなければならないとすれば繁雑にすぎるし、かりにその手続を行ったとしても、その商品の集合体が新陳代謝をしている場合には、担保権の存続を確保することはほとんど不可能である。そこで、動産の集合体を1つの物として把握し、この全体に対して担保権を設定することが検討されるようになった。近時、判例も「構成部分の変動する集合動産についても、その種類、所在場所及び量的範囲を指定するなどなんらかの方法で目的物の範囲が特定される場合には、1個の集合物として譲渡担保の目的となりうるものと解するのが相当である」と判示するに至った（最判昭54・2・15民集33巻1号51頁——乾燥ネギ譲渡担保事件）。

　集合物に関するこのような発展を、一物一権主義との関係でどのように評価すべきかは難しい問題であるが、1個の集合物という観念を承認することによって、一物一権主義の枠内でこの問題を処理しようとしているものと考えてよいだろう。判例が提示している「要件」も、このような意味で理解すべきものである。

第2章　物権の効力

　物権は、その客体に対する直接的な排他的支配権である。そのことから、物権の優先的効力と物上請求権とが生じる。

第1節　優先的効力

　物権の優先的効力は、その法的性質の観点から、物権相互間における優先的効力の問題と、物権と債権との間における優先的効力の問題とに分けて考察することができる。

1　物権相互間の優先的効力

　内容的に両立しえない物権相互間においては、時間的に先に成立した物権が優先する。Aがある物について排他性を具備した所有権や地上権（265条以下）を取得している場合には、Bが重ねてこれらの権利を取得することはできない。この法理は、用益物権と担保物権（例えば、抵当権）の間においても妥当する。

　例えば、BがAから2004年12月1日に地上権を設定・取得し、登記をしていたが、2005年1月21日にAはこの土地に抵当権を設定してCから借金をしたという例で考えてみよう（図1参照）。

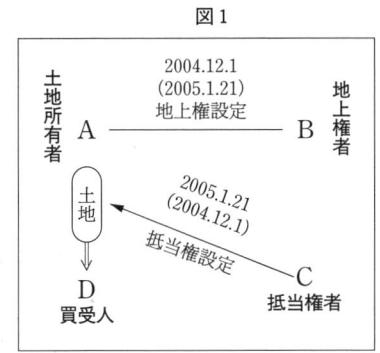

図1

　AがCに対する借金の返済ができない場合には、Cが抵当権を実行し、通常、第三者D（C自身も可能）が買受人として土地所有権を取得することになる。すでに述べたように、地上権（用益権）は土地の使用価値を把握しているのに対し、抵当権（担保権）は土地の交換価値を把握しているにすぎない

から、そのかぎりでは両者は互いに両立しうる権利である。しかし、抵当権が実行され買受人Dが登場すると、Dが取得するのは抵当権ではなく所有権であるから、土地の使用価値をめぐって地上権者Bと所有権者Dとの間で衝突が生じる。すなわち、同一の土地をめぐるBの地上権とDの所有権のいずれが優先するか、という問題が生じることになる。この場合には、Bの地上権設定・対抗要件具備の時期とDの所有権取得の根拠となったCの抵当権設定・対抗要件具備の時期の先後によって優劣が決定される。Bの地上権は2004年12月1日、Cの抵当権は2005年1月21日に成立しているから、Bの地上権がDの所有権に優先することになる。つまり、Dは、Bの地上権に制限された所有権を取得することになる。

　Bの地上権成立の時期とCの抵当権成立の時期を逆にした場合はどうであろうか（図1のカッコ内の日付）。結論から言えば、Dの取得する所有権がBの地上権に優先することになる。しかし、厳密に言えば、Dの所有権取得がBの地上権に優先するのではなく、そもそもCの抵当権がBの地上権に優先していたのであり、競売によって、その優先的効力がDのために具体化したにすぎないのである（民執59条2項参照）。

　以上の例からも明らかなように、物権の優先的効力を考える場合には、その物権が排他性を具備していることが前提とされる。つまり、公示（例えば、不動産物権における登記）がなされていない結果、完全な排他性を取得していない物権については優先的効力も認めることができないのである（本節2も参照）。

　なお、物権相互間における優先的効力が問題とされる場合にも、例外として公益的理由に基づいて認められている先取特権のように、法律がとくに規定している場合には、物権成立の時期とは関係なく優先的効力が決められることもある（329条-332条、334条-339条）。

2　物権と特定物債権との間の優先的効力

(1)　**原則**　債権の目的となっている物に物権が成立するときは物権の方が優先する。これも、具体例で考えてみよう。

　BがAとの間でその所有する土地を買う契約を締結し、そのさい後日代金

支払いと引換えに所有権移転の合意と移転登記とを行う旨の特約を交した。ところが、Bへの所有権移転の前に（この段階ではBは売買契約に基づく単なる債権者である）、Cが同土地に地上権を設定したいと言ってきたため、Aは同土地にCのために地上権を設定し、登記を済ませてしまった。BはAに対して代金と引換えに完全な所有権（地上権などによって制限を受けていない所有権）を移転するよう請求しうる権利（債権）を有しているが、一方で、Cが同一土地についてBの債権が満足を得ることができなくなるような内容の権利を取得している。つまり、BのAに対して有する債権と、CがAから取得した物権との優劣関係が問題となる。権利成立の前後から言えばBの債権の方が先であるが、この場合にはそのことと関係なく（ただし、仮登記がある場合を除く。不登105条2号参照）、常に物権が債権に優先する（Cの取得する物権が抵当権のような担保物権である場合も基本的に同様と考えてよい）。このような差は、物権が物に対する直接的支配権であるところから生じると解されている（我妻〔有泉〕20頁）。この場合に注意してほしいことは、物権と債権の効力関係とはいっても、債権と対抗力を具備した物権との効力関係を問題にしているという点である。かりに、Cの地上権が未登記であったとすれば、Cはこの地上権を第三者に対して主張することはできないため、Bとの間での権利の優先関係も問題となりうるのである（第3章第3節 4 2以下参照）。

　なお、上の例ではBがAに対して有する権利は債権であるという前提をとっているが、売買契約の場合には常にそうであるとはかぎらない。例えば、A－B間の売買契約で土地の引渡しおよび登記の移転と代金支払いを同時履行にしようという特約がなされていたにすぎない場合には、原則として所有権は契約成立の段階でBに移転している（例えば、判例の立場）とも考えられるから、登記を備えないBの所有権（排他性なき所有権）とCの排他性ある地上権との関係となり、結局、民法177条に従い、先に公示手段（登記）を施したCの方が勝つことになる。この点については、第3章「不動産物権の変動」で詳論する。

　(2)　例外　物権が債権に優先するという原則にも例外はある。
　(イ)　不動産物権変動を請求する債権は仮登記（不登105条2号）を備えることによってその後に成立する物権に優先する効力（順位の確保）が認められる。

もちろん、具体的に優先的効力を主張するためには、物権を取得して仮登記を本登記に改めることが必要である。

　㈡　不動産賃借権は、民法上債権とされているが、貸主の協力を得て登記をすることによって後に成立する物権に優先する効力が認められている（605条）。さらに、賃借権自体について登記がなされていなくても、特別法の規定（借地借家10条、31条、農地18条）に基づいて対抗力を備えることによって同様の効力が認められている。

3　担保物権と一般債権者

　物権と債権との優劣は、責任財産（一般財産）との関連でも問題となる。これも具体的に考察しておこう。

　BはAに対して売掛代金債権1,000万円を有しており、CはAに対して消費貸借（融資）上の債権1,500万円を有し、かつそれを担保するためにA所有の土地・建物（唯一の財産であり時価2,000万円）に抵当権を有している。

　このような事情のもとで、AがB、Cの債務を弁済することができなくなったとしよう。B、Cが一般債権者としてAの財産に強制執行するのであれば、BもCも債権者としては平等であるから、BとCは2対3の割合で配当加入することになる。しかし、Cは抵当権者であるから、抵当権（物権）を実行することができ、この場合には抵当権者であるCが一般債権者Bに優先することになる（369条1項）。すなわち、同土地建物の競売代金からCが優先的に弁済を受けることができるのである。Aが破産した場合にも同様である（破産65条以下）。

第2節　物上請求権（物権的請求権）

1　物上請求権の意義

　物上請求権とは、物権が侵害されもしくはその恐れがある場合に、物権を侵害以前もしくはその恐れが生じる以前の状態に回復するために認められる権利である。物権は物に対する直接的支配権であるから、その権利内容の実現が他人の支配に属する事情によって妨げられている場合には、その妨害を

除去することを法律上請求する力をもたなければならない。物権を有する者であっても、実力をもって他人の支配を排除して、自己の権利内容の実現を図ることは原則として許されないからである（自力救済の禁止＊）。

物上請求権一般については、民法上明文の規定はない。しかし、占有権について占有訴権（198条-200条）が認められている以上、これよりも強力な物権には当然に認められるべきであるし、民法には占有訴権のほかに「本権の訴」を前提とした規定（202条）も存在しているのであるから、物上請求権は承認されるべきである。この結論については、学説・判例上も争いはない。

＊　最判昭40・12・7民集19巻9号2101頁（板囲撤去事件）　「私力の行使は、原則として法の禁止するところであるが、法律の定める手続によったのでは、権利に対する違法な侵害に対抗して現状を維持することが不可能または著しく困難であると認められる緊急やむを得ない特別の事情が存する場合においてのみ、その必要の限度を超えない範囲内で、例外的に許されるものと解するを妨げない」（傍点筆者）。

2　物上請求権の法律的性質

物上請求権に関する基本的な考え方としては、①直接的支配権である物権の一作用にすぎないのであって独立の権利ではない、というもの、②物権が侵害されると特定の者に対して一定の行為を請求することができるのであるから、債権ないし債権類似の権利である、とするもの（現在ではあまり支持者はみられない）、③上に述べた2説の中間に位置するものとして、独立の請求権だが純粋の債権ではない、とするものがある（我妻〔有泉〕23頁、舟橋40頁ほか）。

以上述べた学説上の争いは、それ自体としては実益のあることではないとされているが、以下の諸問題とくに消滅時効の問題をどう説明しうるか、ということとの関連では、なお現代的意義を有している問題であると思われる。

1　物上請求権と消滅時効

物権とそれから生じる物上請求権とは、それぞれ別個に消滅時効にかかるのであろうか。

(1) 物権自体が時効消滅する場合　所有権は消滅時効にはかからないから（167条2項）、他物権（他人の所有物の上に成立する物権）である地上権を例にし

てみよう。地上権は20年以上行使しない場合には、時効によって消滅する（167条2項）。この場合には、物上請求権も運命を共にすることについては争いはない。

(2) 物上請求権のみの時効消滅の可否　次に、物権自体は存続しているのに物上請求権だけが時効消滅することがあるのであろうか。例えば、所有権や地上権が妨害されている状態が続いている場合に、これを一定期間放置しておくと物上請求権だけが時効によって消滅するのか、という問題である。

(イ)　判例は、物上請求権は「所有権ノ一作用ニシテ之ヨリ発スル独立ノ権利ニ非サルヲ以テ」所有権が消滅時効にかからないのと同様に、物上請求権も消滅時効にかからないとしている（大判大5・6・23民録22輯1161頁ほか）。所有権に基づく物上請求権については、通説もこの結果を支持していると考えてよいであろう（我妻・総則495頁ほか）。

(ロ)　上の通説・判例に対しては、有力な反対説がある。通説・判例は、物上請求権が消滅時効にかからないのは所有権の永久性という思想に由来するものであるとするが、反対説によれば、時効にかかるかどうかという問題はそれとは区別して、時効制度の趣旨との関連で考えるべきである、とする（川島・総則438頁以下も「所有権の永久性というイデオロギーが、このような問題の結論まで決定してよいかどうかは問題である」としている）。これによれば、所有権に対する「侵害」が適法であったのかどうかということは、長い年月の間に不明確になることがありうるし、また「侵害」が長年月継続することによって社会的にも法律的にも正当化されることもありうるから、他の一般の請求権と同様に物上請求権も時効にかかると解すべきであるとする（末川37頁ほか）。

(ハ)　思うに、物上請求権は特定の人に対する請求権であるから、物権が物に対する直接的（「直接的」とは人の行為を媒介としないという意味）支配権として構成されている以上、物権の一作用であるとの説明だけではやや不十分であろう。独立の請求権であり、かつ人に対する請求権である、という点を軽視すべきではない。しかし、同時に物権と極めて密接な関連を有しているものであるから、そのことに由来する特殊性は承認すべきである。その意味において、「独立の請求権であるが純粋の債権ではない」とする説が最も妥当である。この説によるときは、物上請求権は物権と運命を共にし、物権が存在

するかぎり不断にこれから発生すると解されるので、通常の債権と異なり、侵害時に発生し、その後不行使の状態が続くことはありえないことになる。つまり、支分権的物上請求権※についてみても、侵害時以降、湧水のように不断に発生するものであるから、ある時点で発生した権利の不行使状態はありえないのであり、したがって時効消滅ということはありえないと解すべきである。もっとも、侵害の形態によっては、侵害者がその物または一部分を時効取得することはありうるが、別個の問題である。

* **物上請求権の構成**　近時、物上請求権について、これを基本権的物上請求権と支分権的物上請求権とに分けて考えるべきであるという主張がある（新版注民(6)111頁〔好美清光〕）。この説では上の傍点部分のような表現はとっていないが、利息債権のアナロジーとして説明する方が分かりやすいだろうと考え、私の責任において上のような表現を用いた。ところで、この区別の実益は、基本権的物上請求権は時効によって消滅することはないが、支分権的請求権は少なくとも論理的には時効によって消滅すると解する余地がある、とする点にある。物上請求権について時効消滅を肯定するにせよ否定するにせよ、支分権的物上請求権について論ずべきであり、基本権的物上請求権については時効消滅を考えるべきではないとの指摘は妥当である。例えば、BがAに対して物上請求権を10年以上の間行使しないでいたために、時効によってAに対する物上請求権が消滅したとしても、その後にCがBの同一土地所有権を侵害した場合には、BはCに対して物上請求権を行使することができるのである。つまり、物上請求権の時効消滅を認めるとしても、その結果、一般的に物上請求権を奪われた所有権なるものが生まれる、ということはありえないということを明確に理解すべきであろう。

2　物上請求権の性質

物上請求権は物権の内容を実現するため、すなわち物権保護のために認められているものであるから、物権（例えば、地上権）が消滅すれば物上請求権も消滅し、物権が譲渡されれば物上請求権もこれに伴って移転する（大判昭3・11・8民集7巻970頁）。基本権的物上請求権は物権自体と不可分のものであるから、当然に物権と運命を共にするが、支分権的物上請求権も、その性質上物権と運命を共にし、随伴すると解すべきである。当事者間においてとくに物上請求権だけを分離して譲渡することは許されないと解すべきである。考え方としては、独立の譲渡可能性を肯定し、指名債権の譲渡方式（466条以下）に従うべきだとの主張もありうるが（末弘・上54頁）、物上請求権の性質上

3 物上請求権と権利濫用

物に対する直接的支配権である物権を行使することが権利の濫用にあたる具体的場合としては、土地（所有権）の利用の仕方が近隣に多大の迷惑をかけるような事例をあげることができるだろう。しかし、その多くは民法の相隣関係規定（209条以下）によって調整されているので、その枠を超える場合に権利濫用が問題となる。しかも、通常は物上請求権が行使され、それが権利の濫用であるか否かをめぐって議論がなされる。例えば、温泉の樋管の敷地2坪を含む土地を買収した者が、その侵害者に対して樋管の除去を迫り、他方では樋管の敷地2坪とその隣接地を巨額の代金で買い取るよう強引に要求するのは、所有権の行使とはいえず、不当な利益を得ようとする行為であって権利の濫用であるとした判例がある（大判昭10・10・5民集14巻1965頁――宇奈月温泉事件）。なお、理論的には権利濫用だけではなく、信義則や公序良俗についても物上請求権との関連が問題となりうるが、わが国ではこうした場面では、権利濫用理論が広汎に機能しうる状況にあるため、他の諸原則は物上請求権との関連で独立して用いられることはほとんどない。

3 物上請求権の類型と内容

(1) 妨害排除請求権　物権を有する者が物に対する支配を部分的に妨げられている場合、換言すれば占有の侵奪以外の方法によって現実に侵害されている場合には、物権者は侵害者に対してその妨害を排除すべきことを請求することができる。この請求権は、通常、動産について用いられることはなく、不動産、とくに土地について問題となることが多い。

この場合の妨害といえるためには、物権のあるべき状態に反する妨害であって、かつ継続的なものでなければならない。例えば、隣家の増築部分が越境しているような場合である。敷地内への立入りや通過は、それが1回限りのものであれば、妨害排除請求の対象とはなりえない。また、一般論としては、妨害がとくに違法性を欠く場合（例えば、「お互いさま」として処理すべき事例）には、妨害排除請求権が認められないことは当然である。

請求（権）の内容は、その侵害の多様性に応じて多種多様である。例えば、

B宅の庭と隣接する土地の所有者Aが、自己の土地を掘り下げてB地との間に1メートルほどの段差を設けたが、ある日その段差が崩壊してB地の庭石が転落した場合においては、AはBに対して庭石その他の土砂の除去を請求しうることになる。

なお、崩壊の主たる原因がAの行為にあり、BはAに対して損害賠償の請求ができる場合であっても、なおAの側からの妨害排除請求権の行使を認めておく必要はあるだろう。Bが庭石の返還について常に利益を有するとはかぎらないし、利益を有していても速やかに返還請求をするとはかぎらないからである。ただし、費用負担の問題は別個に考えなくてはならない（後述 **5** 以下および図2参照）。

上に述べたように、何らかの形で人の行為に基づいて妨害が生じた場合に物上請求権が発生することについては争いはないが、上の例における段差の崩壊が天災とでもいうべき「大雨」、すなわち不可抗力によって生じたというような場合にも物上請求権の発生を認めるべきか、ということになると、判例と学説とで大きな差が生じてくる。判例は、妨害の原因が不可抗力である場合には物上請求権は発生しないと解する立場をとっていると思われる（大判昭12・11・19民集16巻1881頁——危険予防設備請求事件）。しかし、物上請求権は現在の客観的違法状態を真のあるべき状態に回復することを本質的目的とするものである以上、その違法状態がいかなる原因に基づいて発生したものであるかは問題にすべきではないだろう（通説）。

(2) 返還請求権　物権を有する者が、目的物に関する支配をまったく奪われている場合（占有侵奪の場合）には、物権者は侵害者に対してその占有を解いて物を返還すべきことを請求できる。物権者の占有が奪われるに至った理由は問わない。要するに、物権者によって占有されるべき物が、他の者によって占有されている状態があり、その状態が客観的にみて違法であれば足りる。前述の例の場合には、B所有の庭石がAの敷地内に存在し、Aがそれを占有する権限を有していないことは明らかであるから、BはAに対して庭石の返還を請求することができる。この場合の「大雨」が、通常予測しうる程度のものであったとすれば、Aの行為によって段差の崩壊が生じたとも考えられるから、Aの不法行為責任も問題となりうる（**5**(1)参照）。

所有物返還請求権の内容は、目的物の占有の移転を請求することである。目的物が動産である場合には、通常「引渡請求」と呼ばれ、目的物が不動産であるときは、「明渡請求」と呼ばれる。

(3) 妨害予防請求権　AがBとの地境を掘り下げた時点で、大雨による崩壊の危険が発生していたとすれば、BはAに対して崩壊を予防する設備をするよう請求することができるだろうか。侵害が具体的に発生した後に初めて侵害の除去を請求しうると解したのでは、物権の保護としては不十分である。しかし、だからといって少しでもその危険性があれば必ず妨害予防を請求しうることを認めるのも適切ではない。そこで、一般的基準として侵害が発生する危険性が明らかに大であると認められる場合に妨害予防請求権が発生すると解されている（前掲大判昭12・11・19）。

この請求権の内容は、侵害の生じうる原因を除去して侵害を未然に防ぐ措置を請求することである。相手方に対して一定の不作為を要求する場合＊（危険な工事などをしないように要求する場合）と、一定の行為を要求する場合（段差の崩壊を阻止するために石垣を設置させる場合）とがある。解釈論上の根拠としては、占有保全の訴え（199条）と相隣関係における類似規定（216条ほか）があげられている（末川39頁）。

> ＊　差止請求権　これは、物権に対する相手方の侵害行為を中止するように請求する権利である。過去の侵害行為については損害賠償請求の問題となるから、物権に基づく差止請求権は妨害予防請求権である（侵害行為が占有の侵害を伴う場合には妨害排除請求も問題となる）。差止請求権は物権のみではなく、物権とみなされる権利やこれに準ずる権利についても、認められるべきである。例えば、鉱業権（鉱業12条）、租鉱権（同71条）、漁業権（漁業23条）、入漁権（同43条）、採石権（採石4条）、さらには慣習法上の物権である流水利用権や温泉権などがある。なお、対抗要件を具備した不動産賃借権も同様に考えてよい。
> 　特許権などのような無体財産権については、その侵害に対して差止請求権が明文をもって認められており（特許100条、実用新案27条、意匠37条、商標36条、著作権112条）、商標、商号については、不正競争による侵害がある場合に差止請求が認められている（商20条、21条、不正競争防止3条）。
> 　さらに人格権や環境権に基づく差止請求も問題となっているが、不法行為法との関連を考慮しつつ検討すべき問題である（最大判昭56・12・16民集35巻10号1369頁——大阪国際空港公害訴訟など）。

4　物権的請求権の行使の相手方

物権的請求権を行使すべき相手方は、現に無権限で他人の物を占有している者または妨害物の所有者など他人の物への侵害状態を除去しうべき地位にある者である（新版注民(6)142頁〔好美清光〕）。しかし、妨害物が不動産である場合には、建物の実質的所有者と登記簿上の所有者とが一致しない場合があるので（日本民法は、物権変動において意思主義をとっている）、そのような場合において、土地所有者が地上建物の除去を請求するときに、誰を相手とすべきかが問題となる。判例は、「他人の土地上の建物の所有権を取得した者が自らの意思に基づいて所有権取得の登記を経由した場合には、たとい建物を他に譲渡したとしても、引き続き右登記名義を保有する限り、土地所有者に対し、右譲渡による建物所有権の喪失を主張して建物収去・土地明渡しの義務を免れることはできない」としている（最判平6・2・8民集48巻2号373頁）。

5　物上請求権相互の競合と費用負担

1　物上請求権の競合

上に述べたA・Bのような立場にある者相互の間において、物上請求権は競合して成立するのであろうか。ここでは、まず物上請求権行使のさいの費用負担の問題を考える前提として、問題点の所在を明らかにしておこう。

(1) 請求権競合説　上の例において、BのAに対する庭石等の返還請求を認め、AのBに対する庭石等の除去請求も認めるとすれば、Bの所有物返還請求権とAの所有物妨害排除請求権とが対立し、衝突することになる。つまり、一般的には具体的事情に応じてA・Bのいずれの方から物上請求権の行使をしてもよい、と考えられているため、費用負担との関係で困難な問題が生じてくることになる（次項2参照）。しかし、実は両請求権は観念的に対立しているだけであって、その内容は客観的にはほとんど同一のものである。つまり、Aにとっては他人の庭石が自己の敷地内に転がっていても妨害物でこそあれ、ほかに何の意味もないから除去を希望する

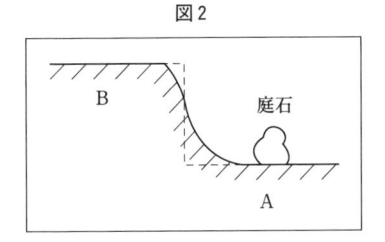

図2

であろうが、Bは、通常、ぜひともその返還を希望するであろう（前頁の図2参照）。この点がこの問題を考えるうえでのポイントである。

(2) 請求権非競合説　そこで、最近では、上のような場合には、実は物上請求権の競合は存在しないのではないかという主張がみられる。すなわち、AはBの庭石等については占有（＝支配）しているとはみられない、ということを理由として、BのAに対する庭石等の返還請求については語る余地はなく、AのBに対する妨害排除請求が問題となるだけである、と主張する（石田4頁。なお新版注民(6)163頁以下〔好美清光〕にも同趣旨の問題提起がある）。

(3) 引取忍容請求権説　前述(2)の説と同様に目的物についてAの占有の成立を認めない立場をとりながら、一種の物上請求権を認める説もある。この説によれば、例えば、洗濯物が強風によってAの敷地内に落ちたという場合に、それによってAはその洗濯物について、当然に占有を取得するわけではない、という前提に立ったうえで、BはAに対して洗濯物を引き取ることを忍容するよう請求することができる、と解すべきであるという（広中251頁）。

前述(2)の考えに立つとしても、Aがイニシアティブをとるかぎり問題は生じないし、法律構成が簡明であるという長所があると思われるが、Aが積極的に行動を起こさない場合も考えられるし、その場合にBの方からの回復行為に法律上の根拠が与えられないのは妥当でないと思われるので、やはりAとBとの間において物上請求権の競合を認めておくべきであろう。(3)の説は、そこであげられているような例においては、妥当な結論を導くことができるが、目的物の返還に費用を要する場合については、結局その物の所有者が費用を負担することになるのであれば、妥当でない場合が生じるであろう（次項2をも参照）。

2　物上請求権と費用負担

A—B間において物上請求権の競合を認めるとしても、実際に庭石をBの敷地に戻すためには、庭石の大きさ等にもよるが、通常かなりの費用がかかるから、それをA・Bのいずれが負担すべきかということが問題となる。この点については、学説・判例においても争われているから、主要な考え方を順次検討してみよう。

(1) 通説・判例の見解　物上請求権は侵害に関する相手方の責任の有無

を問わず、常に相手方の費用で返還ないし妨害排除（予防）を請求しうる権利である。判例が、前述（3(1)）のように不可抗力を原因とする侵害の場合には、物上請求権の成立を認めないのは、常に相手方が費用を負担するということが前提になっているからであると解することも可能であろう（渡辺洋三「物権的返還請求権と妨害排除請求権」民法演習Ⅱ（旧版）98頁）。だとすれば、判例はそれなりに一貫していると言うことができよう。

しかし、通説のように、不可抗力を原因とする場合でも、物上請求権の成立を認めたうえで費用は常に相手方が負担するものと考えるならば、相手方に対しては酷な負担を要求することになる。つまり、上の設例のA－B間においては2つの物上請求権が相互に対立しているから、その費用については結局、A・Bいずれか早く物上請求権を行使した者が、その相手方に費用を負担させることができることになってしまう（この不合理に関する批判につき、川島116頁参照）。

(2) 通説・判例修正説　そこで、基本的には通説・判例の立場に立ったうえで、上に述べた不合理な点を修正しようとする考えがある。上記(1)の考え方によった場合に不合理が最も著しいのは、返還請求の場合、とりわけ、相手方である占有者が自らの意思で占有を取得したのではない場合である。この場合には、相手方に対しその費用によって目的物を返還させるのは妥当ではない。このような場合には、むしろ占有者が単に目的物に関する占有（支配）を解いて、所有者が目的物をもち去ることを忍容するだけで、所有者側の目的も十分に達成されると考えられる（我妻〔有泉〕265頁ほか）。例えば、前述の洗濯物の返還請求の事例はこれにあたる。この説の根底には、費用負担は、妨害を生じさせている物の所有者に帰するという原則があると言われている（所有者責任説）。

しかし、この考え方も、以下の2点において批判されている。①返還請求と妨害排除請求とを区別するのは結論に対する実際的配慮からであって、理論的根拠が明確でない。②具体的事案の処理にさいして、妥当な結論を引き出しうる場合もあるが（例えば、前述1(3)の洗濯物の返還請求の例）、次のような事例では所有者に酷な結果となる。

BはAから借りた家にCから借りた機械を搬入して作業をしていたが、借

家契約終了後、機械を残したまま借家を去ってしまった。そこで、家主Aが機械の所有者Cに対して妨害物である機械の排除を請求した（大判昭5・10・31民集9巻1009頁の事例）。これは、AからCに対する妨害排除の事例であるから、Cの帰責事由の有無に関係なく、機械の所有者であるCは、自己の費用で積極的に機械を除去する義務があることになる。かりに、Cの方から先に所有物返還請求をした場合であっても、Aは機械の占有（支配）を解くだけでよいことになるから、結局、除去の費用はCの負担ということになる。Cは負担した費用を法的にはBに対して求償しうるとはいっても、その請求権が実際に満足されるかどうかは不確実なのであり、その「危険」をCに負担させることになるのである。所有者にとって過酷であると言われるゆえんである。

　(3)　請求権者費用負担説　　以上(1)、(2)の考え方はいずれも、返還請求の相手方が帰責事由の有無に関係なく費用を負担することを前提としており、その結果、場合によっては相手方に無過失責任と同様な過酷を強いる結果となっている。

　そこで、過失責任主義との調和を主張する考え方が現れる。これによれば、物上請求権の相手方の義務は、物権者が妨害の排除をすることを忍容すべき消極的義務を負うにとどまることになる。したがって、妨害の除去に必要な労働および費用は、原則として物上請求権者が負担する。ただし、侵害を惹起した原因が相手方にあるときは、その限度において相手方に対して回復のための費用を、不法行為に基づく損害賠償として、請求することができる（鈴木18頁）。

　この考え方に対しては、Aの所有地にBが越境して増築したような場合に妥当な結論を引き出しえないという批判がなされている。Aは自己の費用で侵害を除去したうえで、Bの不法行為を立証しえた場合にのみ損害賠償を請求することができるにすぎないからである。Aが損害賠償を得た場合には、妥当な結果のようにも思われるが、いったん自分で費用負担をしなければならない点と、Bの帰責事由の立証が困難な場合もありうるという点において妥当な結論を導きえないし、物上請求権制度の形成過程における「歴史的事実やこれに基づく比較法上の現実を無視している」点で説得力が弱いとの批判がなされている（新版注民(6)161頁〔好美清光〕）。

(4) 「支配と責任」区分説　　最後に、物上請求権は単に相手方に忍容を請求しうるだけであるという一般原則を承認し（このかぎりで(3)の考え方と共通の基盤に立つ）、それ以上にどの程度の請求をなしうるかは「責任」原理によって決定すべきであるという主張がある。この主張は、「物上請求権における支配と責任の分化」という考え方をその根底にもっている。つまり、物上請求権をめぐる問題について、支配権としての物権が客観的な違法状態を排除しうるという問題と、そのために必然的に生じる費用を誰が負担するかという問題とを区別して処理すべきであり、前者は物上請求権に固有の問題であるが、後者は「責任」原理の問題であると主張する。この場合の「責任」原理としては、不法行為、契約その他の領域における「責任」原理が考えられるが、不動産物権に基づく物上請求権が隣接不動産相互の間で行使される場合には、相隣関係に関する法定責任原理が導入されるべきである、とする（川島127頁）。このような基本的な考えに立ったうえで、「責任」原理によっても当事者のいずれに費用負担をさせるべきか明確でない場合には、除去行為は請求者が行い、その費用は両当事者の「共同の費用」（223条、226条参照）とすべきであるとの主張がなされている（渡辺・前掲101頁）。私も、費用負担については、この説が妥当であると考えている。

以上述べたところを総合するならば、物上請求権の競合を認めたうえで、その内容は相手方に対して忍容を請求できるだけであると解し、権利実現に必要な費用は「責任」原理に従って処理するのが最も妥当であろう。

6　物上請求権と他の請求権との競合

Aが駅前にとめて置いた自転車を、Bが無断で使用してCの庭先に乗り捨てていった、というような場合には、AはCに対して、物上請求権に基づいて返還請求をする以外に方法はないであろう。しかし、多くの場合においては、他の請求権が同時に発生している場合が多い。

(1)　不法行為責任との競合　　3の冒頭の設例においても、段差の崩壊についてAに帰責事由があれば、BはAに対して不法行為責任（709条、具体的事情によっては717条）を追及することができる。しかし、不法行為責任の追及においては、民法が金銭賠償主義の原則に立っていることから、BはAに対し

て、不法行為責任として原状回復（物上請求権と同様の内容）を請求することは原則としてできない。したがって、Bが庭石その他の物を取り戻すには不法行為責任では不十分であるということになる。

そこで、物上請求権の行使が必要となるため、両請求権の関係が問題となる。ただし、物上請求権は、その内容として費用負担の要素を含まない、と解するならば（5 2⑶参照）、これとは別に不法行為が成立しているというだけのことであり、「競合」の問題は生じない。しかし、物上請求権はその内容として費用負担の要素を含むと解する場合には、不法行為等に基づく損害賠償請求と実質的にも競合することになる。この場合において、費用負担を含む物上請求権が行使されたときは、その後においてなお塡補されない損失が物権者側に残っているならば、さらに不法行為に基づく損害賠償請求は可能であるが、通常は、同時に損害が塡補される（費用の問題として処理される）であろうから、不法行為に基づく損害賠償請求権は目的を失って消滅すると解すべきであろう。

(2) **契約上の責任との競合**　契約に基づく返還請求権との競合も問題となる。例えば、不動産の賃貸借契約が終了し、所有者である貸主が借主に対して返還請求するさいに、賃貸借契約に基づいて返還請求することができることは疑いないが、同時に所有物返還請求権も行使できるのか、という点が問題となる。貸主はどちらの請求権を行使してもよいとする考え（請求権競合説）と貸主は契約に基づく返還請求権を行使すべきであるとする考え（法条競合説）とがある。後者の説は、貸主は賃貸借契約によって借主と特別な関係に立っているのであるから、契約関係法規が一般的な物権関係法規に優先して適用されるべきである、と主張する（この説では、両者の関係は特別法が一般法に優先するのと同様の関係であると解されている）。

(3) **不当利得返還請求権との競合**　上にあげた場合のほかにも、物上請求権との競合はありうる。例えば、売買契約に基づいて目的物を給付したが、その契約が無効であった場合の売主の返還請求権などがその例である。契約の無効という点から考えれば、不当利得に基づく返還請求権になるであろうし（この場合には何が「利得」であるのか理論的には問題であるが）、売主は依然として所有者であると考えることができるから、所有物返還請求権も行使しうる

ことになる。この点についても上記(2)において述べたのと同様な立場の対立がある。

　さらに、上述の売買契約の無効が公序良俗違反（90条）であった場合には、単に不当利得だけの問題ではなくなる。つまり、無効な契約に基づいてなされた給付が不法原因給付になるとすれば、返還請求が否定されることになるが（708条）、そのさい否定されるのは不当利得に基づく返還請求権だけなのか（708条は不当利得の章に置かれていることに注意）それとも物上請求権も同時に否定されるのか、ということが問題となる[*]。詳細は不当利得論（民法第3編第4章参照）に譲るが、708条を90条に対応する規定として理解して、708条の要件を充足する場合には、不当利得に基づく返還請求権のみならず、物上請求権の行使も認められないと解すべきである。

　　[*]　最大判昭45・10・21民集24巻11号1560頁（妾への贈与家屋明渡請求事件）　「贈与による所有権の移転は認められない場合であっても贈与に基づく履行行為が不法原因給付に当たるときは、本件建物の所有権は受贈者に帰属するにいたったと解するのが相当である」とし、こう解することが708条の趣旨に合致するとしている。なお、この場合には、贈与者が返還請求できなくなることの反射的効果として、目的物の所有権は受贈者に帰属するに至る。

第3章　不動産物権の変動

第1節　物権変動・総説

1　物権変動の種類

　物権変動とは、物権の発生・変更・消滅の総称である。物権の発生には、絶対的発生の場合（家屋の新築など）と相対的発生（既存の物権の原始的取得と承継的取得とを含む）の場合とがある。物権の変更としては、物権の内容の変更（地上権の存続期間の変更など）や作用の変更（共有物の分割禁止など）が考えられる。物権の消滅についても、絶対的消滅（客体の滅失や動産所有権の放棄）と相対的消滅（他の者にとって相対的発生を意味する）に分けられる。

　物権変動を生じさせる原因（法律要件）は、法律行為とその他のものに分けられる。後者に属するものとしては、時効、混同、先占、遺失物拾得、埋蔵物発見、付合・混和・加工、公用徴収、没収などがある。なお、相続は、その本質論との関係で理論的には問題があるが*、物権変動の重要な原因の一つと考えてよい。

　物権変動の中で、理論的にも実際的にも最も重要なものとされているのは、法律行為による物権の承継的取得である。もっとも、物権の客体は動産である場合と不動産である場合とがあり、それぞれ公示手段が異なっている結果、物権変動過程の説明もかなり違ったものにならざるをえない。不動産の登記の方が、動産の占有よりも公示手段としての特質をより十分に備えていると考えられるから、本書では、まず不動産物権の変動を念頭に置きながら検討をすすめることにする。

　　＊　**相続に関する基本的理解と物権変動**　　相続は、相続人が被相続人の法的地位をそのまま承継するものであるとの考え方に立つならば、そこにおいては具体的な財産権について権利の変動を生じないと解すべきであるとの理解も成り立つが、被相続人に帰属していた権利が相続人に帰属するようになったという変化の側面も、無視できない点である（第4節3参照）。

2　物権取引と公示手段

(1)　占有　　物権は目的物に対する直接的・排他的な支配権であるから、その権利が誰に帰属しているかが公示されている必要がある。とくに、その権利について取引関係に立つ者にとっては、これは決定的に重要なことである。

物権を有する者がその対象である物を占有しているという前提をおくとすれば、物権は占有によって公示されるという建前に立つことも可能である。しかし、所有権や用益物権のような占有を伴う物権だけしか存在しないのであればそれでもよいが、抵当権のように客体の交換価値のみを把握し占有を伴わない物権が登場すると、これについては占有は公示機能をまったく果たすことができない。かりに、土地登記簿制度が存在しない状態で、BがAの土地にCの抵当権が設定されているのを知らないで土地を購入してしまった場合には、後にCが抵当権を実行すれば、その買受人Dによって所有権を奪われることになってしまうのである。もちろん、BとAとの間で売買契約の清算（契約の解除や損害賠償の請求）をすることはできるが、Bはせっかく入手した土地を手離さなくてはならない。これでは何人も安心して土地取引をすることはできない。

(2)　登記　　このような事態を回避するためには、抵当権のような物権を設定するには必ず公の帳簿に記入し、誰でもそれを閲覧することができるようにし、この帳簿には誰の所有地に誰の抵当権が何時設定されたかが記入されるべきである。これを前提として、他の物権についても、この帳簿に記入させるようにしておけば、土地取引をしようと思う者はこの帳簿によってこの土地についての権利関係を知ることができる。しかも、ここに現れていない権利関係は、当該土地につき新たな権利関係に入った者に対しては対抗することができないということにしておけば、安心して土地取引を行うことができるのである。

このような趣旨で設けられているのが土地登記簿であり、日本では建物をも独立の不動産としているため、建物についても同様の登記簿が設けられている（改正不動産登記法では、2つの登記簿を必ずしも区別していない）。

以上の説明は、公示制度の歴史的発展をも考慮しつつ、その必要性の一面

を強調したものであるから、このことから不動産の登記制度は、単に抵当権との関連で公示機能を発揮するために発達してきたものにすぎない、と速断してはならない。登記制度の必要性は単に抵当権制度の発展だけではなく、物権一般の観念化とも密接な関連を有しているからである。所有権自体も常に客体に対する現実的支配を伴っているとは限らず、まったく観念的な移転も可能となっていることを考えれば、占有による公示だけでは極めて不十分であることが理解できるだろう（所有権の観念化につき、第2節3参照）。

3 公示の原則と公信の原則

(1) 公示の原則　　近代的公示制度は、近代市民社会における物権取引の安全に奉仕するために設けられたものである。

公示制度の基本的な意義は、公示されている物権の現状を公示と無関係に変更する物権変動が行われても、正当な利害関係を有する者との関係では、その物権変動は存在しないものとして取り扱われるというところにある。換言すれば、ある物権変動を対社会的にも有効なものにするためには、それに対応する公示方法を具備しなければならない（対抗要件主義）。日本民法は「物権の設定及び移転は、当事者の意思表示のみによって、その効力を生ずる」(176条) と規定し、公示との関係については「不動産に関する物権の得喪及び変更は、不動産登記法（平成16年法律第123号）その他の登記に関する法律の定めるところに従いその登記をしなければ、第三者に対抗することができない」(177条) と規定している。

このように、日本民法は、公示とは無関係に物権変動がなされることを承認しているが、それに対応する公示がなされない間は、当事者以外の者（第三者）は原則としてその物権変動を存在しないものとして扱ってよいとしている（公示の原則）。例えば、A―B間の土地売買契約において、判例の見解によれば、契約の成立により土地の所有権も買主Bに移転していると考えてよい（詳しくは、第2節6参照）。つまり、A―B間において登記（公示）はなされていないが、意思表示のみによって物権変動が生じているのである (176条)。しかし、Bはその物権変動に対応する登記を経由していないから、登記を備えた第三者Cから上記のA→Bの物権変動は存在しないとの主張がな

されれば、これを承認せざるをえないことになる (177条)。つまり、この事例において、登記はBにとって自己の所有権の取得（物権変動）をCに対して対抗するための手段としての意義と機能を有しているのである。換言すれば、この場合にはA―B間の取引においても、A―C間の取引においても、Aのもとに所有権が存在していたという前提に立っており、そのうえでBまたはCの承継取得のいずれが法律的に完全なものとなりうるか、ということが問題とされている。この事例では、Cが先に登記を取得したためにCの承継取得が完全なものとなり、Bの承継取得は否定されるのである。

  ＊ **形式主義との関係** 物権変動は公示を伴ってのみ存在しうるという考え方に立つことも可能であるが（ドイツ民法にみられる立法主義）、これは通常、公示の問題としてよりも、物権行為論として考察される（第2節1参照）。

 (2) **公信の原則** これに対して、そもそもAが単なる登記簿上の所有者名義を有していただけであり、所有権者ではなかった場合にはどうであろうか（例えば、Aの所有権取得の原因となった甲―A間の売買契約が無効なものであった場合など）。

 上の(1)の事例でBが存在しないものとして考えてみよう。CはAを所有者として、登記を信頼して売買契約を結び、代金も支払って登記も取得している。しかし、Aには所有権はなかったのであるから、CはAから所有権を承継的に取得することは不可能である。そこで、取引安全の保護の観点に立って、このような場合のCをも保護するためには、Cの登記に対する信頼を保護して登記簿に表示されている通りの権利をCに取得させてやる以外にない。このような考え方を公信の原則*という。しかし、日本民法では、94条2項を類推適用しうる場合を除いて、不動産取引においては公信の原則は採用されていないと解するのが通説・判例の立場である（反対説につき、第3節2(4)参照）。

 動産取引においては公信の原則が採用されているが (192条)、それに関する説明は第4章（動産物権の変動）に譲る。

  ＊ **公信の原則** 物権は対世的効力を有するため、その存在を公示する必要がある。不動産においては登記、動産においては占有が公示手段である。このような制度を前提にすると、人は一般に公示手段の存在する場合には、それに相応する権利が存在するであろうとの信頼を有するに至る。ここに、過失なくそのように信頼した者を保護しようとの考えが成り立つ基盤がある。民法は動産の占有を信頼した者につ

いては公信の原則を適用する（192条参照）が、不動産については、登記に公信力を認めず、これを対抗要件にとどめている（177条）。

第2節　物権行為の基礎理論

1　意思主義と形式主義

　A―B間において土地の売買が行われると、土地の所有権はAからBに移転する。この結論自体は、誰もが承認しているが、そのプロセスをどのように説明するか、という問題となると、判例を含めて諸説が対立している。

　この論争は、「物権の設定及び移転は、当事者の意思表示のみによって、その効力を生ずる」旨の規定の解釈（176条）をめぐって展開してきた。

　まず、A―B間の土地売買契約の例で考えてみよう。AからBに土地の所有権が移転するのは、A―B間の意思表示に、法律がそのような効果を付与するからである。その場合に、この意思表示は一定の形式（例えば、登記）と結合されていなければならないのか（条件や期限を付すことの許されない、このような形式の意思表示をドイツ法では、とくにAuflassungと呼んでいる）、それとも所有権移転の意思表示のみで足りるのか、という問題が生じる。前者の考え方に立った立法主義を形式主義と呼び、後者の考え方に立った立法主義を意思主義という。

　日本民法典の制定に際しては、全般的にヨーロッパ諸国、とりわけ独仏両国の立法が参考に供されたが、物権の設定・移転の方式についても同様であった。上に引用した日本民法の176条は、2つの立法主義のうち、形式主義を採用しない旨を宣言していることは確かなことである。しかし、所有権は意思表示のみによって移転するとは言っても、その意思表示は債権的意思表示で足りるのか、これとは別個になされるべき物権的意思表示であることを要するのか、という点は明らかではない。

　　＊　**独仏民法の影響**　日本民法典の編別構成はドイツ民法第一草案（1888年）等を範としたものであり、その結果、総則、物権、債権、親族、相続というパンデクテンシステムをとっている。このことは、この時期に日本において急速にドイツ法学が隆盛となったことと併せて、ドイツ法の影響として考えることができる。これに対してフランス法は、ボワソナード民法（旧民法）の影響等も含めて早くから圧倒

的な影響を与えていたが、物権変動における対抗要件主義はその影響の典型ということができる。

2　物権契約

物権の設定・移転は、意思表示のみによって行うことができる、という場合の「意思表示」とは一体何を意味するのであろうか。具体的に考えてみよう。

Aが「ある土地を売りたい」と言い、Bが「その土地を買いたい」と意思表示することによって売買契約が成立する。売買契約は、民法典の編別上の位置づけからみても分かるように債権契約である。したがって、売買契約の本質的構成要素としての意思表示に与えられる法律効果も債権的効果のみであると解することができる。この考え方を前提とすれば、上記の売買契約の成立によって生じる主要な法律効果は、Aについてはその目的物の所有権をBに移転する債務を負担することであり、Bについてはその対価として代金をAに支払うべき債務を負担することである、と言うことができよう。

このように考えてくると、売買契約の成立のために最少限度必要とされる意思表示からは、所有権の移転という物権的効果は生じてくる余地はないというのが論理的・体系的帰結である。そこで、売買契約の当事者であるAとBは、さらに目的物の所有権を移転させるという物権的効果を目的とした意思表示を行う必要がある。この意思表示を行うことは、売主Aにとっては売買契約によって負担した債務の履行であり、買主Bにとっては、同契約によって取得した債権の実現である。ここで行われたA―B間の意思表示の合致が、物権契約と呼ばれているものである。

この考え方を前提とすれば、176条にいう「意思表示」とは物権契約の構成要素としての意思表示を意味する、ということになる。つまり、物権契約における意思表示は登記や引渡しなどの形式と結合される必要はなく、意思表示のみによってその効力を生ずるというのが、176条の意味するところとなるのである。

3　物権契約と日本民法

　売買契約における所有権移転のプロセスを上記のような論理的構造において理解することが可能であるとしても、そのように考えるべきであるかどうかについては、さらに吟味を必要とする。

　(1)　債権的契約説　　例えば、「わが民法においては、意思表示による物権変動は、独立して物権変動のみの問題として存在するのではなく、常に経済的実質をなすところの『原因』と一体をなして存在する。すなわち、物権変動は当事者の債権的契約関係の一部にすぎない」(川島222頁) という主張がある。この考え方によれば物権変動は、債権的意思表示自体の法律効果なのであって、物権契約という介在を必要としないのである。したがって、176条の「意思表示」も債権的意思表示を意味することになる*。

　この考え方の根底には、日本民法の意思主義 (176条) は、フランス民法から由来するものであり、したがってフランス民法とその歴史的性格において、またその法的構造において本質的には異なるところはないという認識が存在する。これを前提として、フランス民法における物権変動理論に依拠しつつ、「所有権の観念性のゆえに、所有権の移転を目的とする物権行為はその原因たる観念的な債権契約に吸収せられ、物権変動は『債権契約の効力として』行われることになる」と説く (川島219頁)。

　この考え方に立って、176条を理解するならば、同条にいう意思表示は債権的意思表示であるが、それによって債権的法律効果のみならず、物権的な法律効果も生じることになる。

> ＊　**形式主義の否定と物権契約**　この考え方の背景ないし前提としては、物権的意思表示は、それが債権的意思表示と別個独立に存在するためには債権的意思表示と区別されるためのメルクマールを必要とするとの考えがある、と思われる。日本における物権契約の観念は、ドイツ法の影響下において生まれ主張されたものであるから、ドイツ法上の物権契約が所有権移転の意思表示 (Auflassung) と登記 (動産の場合には合意 Einigung と引渡し) の結合のもとに理解されているのと同様に、形式主義を採用していない日本においても、物権契約は何らかの外形と結合されなければならないとの考え方が存在するためである。確かに、物権契約の沿革についてはその通りであるが、形式主義を採用しなかった日本においては、ドイツ法とは異なった物権契約の観念が発展しても、決して不自然なことではない (本節 4 (2)参

照)。

(2) 実益否認説　同様の結論を「物権行為の独自性を認めても、格別実益がない」という理由によって導き出す考え方もある(我妻〔有泉〕57頁)。この立場は、ドイツ民法のように物権的意思表示が一定の外形と結びついている場合には2つの意思表示を理論的に区別する実益があるが、わが民法は形式主義を採用していないから両者を区別する実益はないというのである。「実益がない」ということは、解釈論におけるプラス面がないというだけでなく、物権変動論の構造を必要以上に複雑なものにしてしまうことにもなりかねないというマイナス面をも意味していると考えてよいだろう。

(3) 独自性肯定説　では、物権契約概念は本当に無用の長物なのであろうか。通常、物権契約は債権契約とは別に独自なものとして存在する必要があるのか、という形で問題がたてられるため、これを肯定する説は、物権契約(行為)独自性説と呼ばれている。

　この説は、物権と債権との峻別を前提とし、しかもこの峻別は日本民法典の基本構造に根ざすものであるという認識に立っていると思われる。つまり、日本民法典はパンデクテン方式に従って総則・物権・債権・親族・相続の5編によって編成され、物権と債権とは構造的に峻別されている。売買契約は債権編に規定され、物権変動の意思表示については物権編に規定(176条)が置かれているのである。こうした法構造を前提として考えるならば、2で述べたように、売主は売買契約によって目的物の所有権を買主に移転すべき義務を負い、その履行行為として所有権の移転を行うと考えることが体系的ないし論理的にみて優れているということになろう。換言するならば、このような構造を有する民法を前提としながら、何故、債権契約である売買契約によって(「売買契約のさいに」ではない)所有権が移転するということを認めることができるのであろうか、という疑問が生じてくる(石田喜久夫・物権変動論111頁)。これは、単なる形式論理的問題以上の要素、すなわち民法典の構造の理解とのかかわりを有する問題である[*]。

　民法176条が物権変動における形式主義を否定していることは明確なことであり、その限りにおいてドイツ民法とは異なっていることも明らかである。しかし、だからといって176条はフランス民法と同趣旨に解すべきだという

ことにはならないであろう（日本民法の編纂にあたってフランス民法の影響があったということは一般的に認めるとしても）。つまり、日本民法による形式主義の否定を前提としても、なおかつ物権契約の存在を論理的に前提としているのかどうかという問題は残るのであり、176条自体はこれに対する答えを出すことができないのである。

すでに述べたように、物権と債権の峻別を前提として考える以上、176条の意思表示は物権的意思表示であるとみる方が、体系的観点からも論理的観点からみても妥当であると思われる。とすれば、少なくとも日本民法の解釈として物権契約の観念を認めることは不可能だとする考えは妥当ではない、というべきであろう。

> ＊　**フランス法的意思主義（独自性否認説）と同時履行の抗弁権**　両説の違いを明らかにするために、同時履行の抗弁権（533条）が行使された場合を考えてみよう。まず、Ａ―Ｂ間の売買契約において、売主Ａは買主Ｂが代金を提供するまでは原則として土地の移転登記と引渡しを拒みうることは明らかである。独自性説によれば、この場合には、単に移転登記と引渡しを拒否しているのではなく、実は所有権の移転（物権契約の締結）をも拒否しているということになる。
>
> これに対して独自性否認説によれば、所有権の移転は債権契約としての売買契約によって生じうるのであるから、所有権はすでに買主に移転しているという構成が可能となる（別の可能性については所有権の移転時期の問題として後に論ずる）。すなわち、代金支払いと所有権の移転とが同時履行の関係に立つのではなく、それ自体としては対価的意義を有しない移転登記や引渡しが代金支払いと同時履行の関係に立つことになる。したがって、533条は買主Ｂが代金を提供せずに債権契約である売買契約に基づいて移転登記や引渡しを請求してきた場合はもとより、所有権に基づいて引渡しの請求をしてきた場合においても、これを拒否する権限を売主に与えたものである、という理解になる。つまり、債権法上の制度である同時履行の抗弁権が物上請求権との関係でも機能するのであり、物権と債権との峻別はその限りで否定されているのである。

4　物権契約独自性説

176条の「意思表示」は、民法典の構造ないしは物権と債権の峻別論から考えて、物権的意思表示であると解しうるといえるとしても、理由づけとしてはいまだ形式論のレベルにとどまっている。以下では、より実質的理由と

の関連で独自性説を検討しておこう。

(1) 取引慣行合致説　「民法のような日常の私生活に関する法律の解釈では一般に世間で行われている実際の取引やそこに支配する現実の社会的法則をあるがままに率直に観察して、これを法律的にいかに意味づけるかという実証的な態度を採ることを忘れてはならない。……このことは物権の変動というような日常最も頻繁に行われている生活現象について法律的に解明をするに当って特に留意せらるべきである」という認識に立って、わが国における従来の実際の取引慣行に合致するのは物権契約の独自性を認める考え方であると主張する学説がある（末川59頁以下）。この説によれば、代金の支払い、登記申請書類の交付もしくは目的物の引渡しなど外部的徴表を伴う行為がなされたときに、原則として所有権移転のための物権契約が存在すると解されている。ここで注目すべきであるのは、所有権の移転時期ではなく（本節6参照）、そのような外部的徴表を伴う行為があったときに、当事者間において所有権の移転に関する合意すなわち物権契約があったと解する点である。これは債権契約とは区別された独自のものではあるが、何らの形式（これは外部的徴表とは異なり、物権契約の成立にとって不可欠な要素）も必要としない契約である点で形式主義とは異なる。その意味において、フランス法上の概念でもなければドイツ法上の概念でもない、日本民法特有の概念であるとされている（以下、これを独自性説と呼ぶ）。

(2) 観念的物権契約説　上記のように物権行為を常に外部的徴表と結合させて理解すべきか否かは、それ自体問題であろう。たしかに、物権契約の沿革にはそのような考え方が最も適しているというべきであるが、そのように考えなければならない必然性はないように思われる。物権契約の観念を外部的徴表とは切断して理解したうえで物権契約独自性説を主張することも可能であり、そうすることによって、むしろ日本民法の物権変動論としては適切な理論構成ができると思われる。すなわち、物権契約は債権契約とは観念上区別すべきであるが、具体的な契約（例えば、売買契約）を締結するさいに双方の合意を同時にすることが可能であり、また現実にも売買契約の当事者は、双方の法律効果を意欲していると思われる。もちろん、当事者は双方の意思表示を契約にさいして明示的に区別して行う必要はないのであり、「売

買契約」として行われる現実の法律行為の解釈の問題として処理されるべきである。観念的には峻別すべき2つの行為が、個別具体的な契約にさいして同時になされるということは、決して無理な解釈ではなく、むしろ当事者の意思に最も適合的であると考える（槇50頁も同趣旨と思われる）。

このような考えに立ったうえで、所有権の移転は物権契約の成立の問題と切り離して、登記の移転、引渡し、または代金の支払いのときに生じると解すべきである（本節6参照）。

5 債権契約と物権契約

独自性説に立つと、債権契約（売買契約）と物権契約（所有権の移転）との関係をどう理解すべきかの問題が生じる。すなわち、売買契約が無効、取消し、解除などを理由として効力を失った場合に既発生の所有権移転の効果にどのような影響を与えるのか、という問題である。

(1) 無因説　何ら直接的な影響を与えないとする考え方、つまり債権契約と物権契約とは何ら因果関係に立たないという考え方を無因説[*]という。

> ＊　**無因説の構成**　これは、さらに理論的には絶対的無因説と相対的無因説とに分類することができる。絶対的無因説によれば、物権契約は原因関係である債権契約の無効、取消し等の影響を絶対に受けない、つまり売買契約が無効であった場合には物権契約も効力を失う旨の特約も許されないということになる。絶対的無因説は、形式主義と結合される場合には、その特質を最も効果的に発揮することができる。例えば、ドイツ民法のように、土地所有権の移転の意思表示が登記と結合されており、原因関係である売買の無効、取消し等の影響を受けないということは、登記に公信力を与えるための基礎となる。立法政策上の問題として、これが妥当であるか否かは別として、日本民法は形式主義を採用していないのであるから、解釈論の次元で絶対的無因説の特質を生かすことはできない。
>
> そこで、原因関係である売買契約と物権契約とは原則として因果関係に立たないと解すべきであるが、当事者の合意によって因果関係に立たせることはできる、とする考えが実際的な考え方として登場してくる。これを相対的無因説という。この考え方によれば、A―B間の土地売買契約において、当事者がとくに所有権の移転について合意していない限り、売買契約の成立によって当然に所有権の移転が生じることはなく、代金支払い、登記申請書類の交付、引渡しなどを外部的徴表とする物権契約がなされた時にはじめて生じる。その原因関係である売買契約が、無効または取り消された場合にも、それ故に所有権が当然にBからAに復帰するというこ

とはない（取消しの原因が制限行為能力であった場合には物権契約そのものも取り消されることが多いであろうが、それは物権契約自体に取消しもしくは無効原因があるからであって、原因関係が直接に影響を及ぼすからではない。ちなみに、取消原因が詐欺であった場合には原因関係のみの問題であるから、それは物権契約の取消原因とはなりえない）。売主Aが代金をBに返還するなど外部的徴表を伴う物権契約がなされるときにはじめて、所有権はBからAに復帰するものと解されている。

(2) 有因説　以上のような無因説に対して、物権契約の存在を承認する点では共通するが、原因関係である売買契約と物権契約とは原則として因果関係に立っていると解する立場がある。これを有因説という。これも考え方としては無因説と同様に絶対的有因説と相対的有因説との区別が可能であろうが、有因説と言えば実際上は、相対的有因説をさすものと解してよい。すなわち、当事者がとくに物権契約を原因関係から断絶させる旨の特約を結ばない以上、原因である売買契約が取り消されれば、当然に物権契約も遡及的に効力を失うことになる。この見解が当事者の意思にも合致しており、妥当である。

＊　**例外的無因的契約**　「無因性」は通常、物権契約の独自性を認める立場において問題となるが、独自性を否認する学説においても、例外的に物権契約を別個に行うことを認める立場では、その場合に無因性をも認める例がある（我妻〔旧版〕57頁）。

6　所有権の移転時期

上述の諸学説を「売買契約における所有権の移転時期」との関連で整理するならば、意思主義（独自性否認説）は契約成立時（移転）説と、物権契約独自性説は――有因説か無因説かとは関係なく――代金支払いないし引渡し・登記時（移転）説と結合しやすいように思われる。しかし、現存の所有権の移転時期に関する学説を、そのような観点から整理することは原則論としてではあっても、誤りである。以下詳論しよう。

1　契約成立時説

意思主義（独自性否認説）に立脚する判例や学説（例えば、我妻〔有泉〕60頁）は、特定物に関する所有権の移転時期は法的支障がない限り、原則として売買契約成立時であると解している（最判昭33・6・20民集12巻10号1585頁――土地建物

売買事件)。不特定物については、物権変動の要件(特定など)が充足された時に移転する(最判昭35・6・24民集14巻8号1528頁——亜鉛華売買事件)。

前述の学説・判例(抽象的原理のレベルでのもの)の範囲内においては、意思主義と所有権移転に関する契約時説とは、一定の論理的関連を有している。

* **他人物売買と所有権の移転時期** 他人物売買の場合には、所有権移転効果は生じえないが、売主が他人所有の特定物を売り渡した後に同物件の所有権を取得した場合には、買主への所有権移転の時期・方法について特段の約定がない限り、同物件の所有権は、何らの意思表示がなくても売主の所有権取得と同時に買主に移転すると解している(最判昭40・11・19民集19巻8号2003頁——他人物たる汽船売買事件)。これは法的支障がなくなったからであると解してよい。

** **判例理論** 判例においては、抽象的原理としては本文のように解することができるが、判決の結論とその抽象的原理との間に論理的必然関係があるわけではないとの指摘もなされている(原島重義「特定物売買と所有権移転時期」民法の判例〔第3版〕51頁以下は、先例的位置づけがなされている大判大2・10・25民録19輯857頁について、この点を指摘している。石田・前掲112頁も参照)。なお、最高裁判例にも、次のような例外を認めたものがある。倉庫に寄託中のハンカチーフ(特定物)の売買契約において、代金を約3日後の午後4時までに支払うべく、その支払いがないときは契約は失効する旨の解除条件が付されているときは、特段の事情のない限り、同ハンカチーフの所有権は契約により当然買主に移転するものではない(最判昭35・3・22民集14巻4号501頁——荷渡依頼書による寄託中のハンカチーフ売買事件)。

2 代金支払時原則説(有償説)

近時、意思主義(独自性否認説)の基礎のうえに立ちながら、目的物の所有権は売買契約においては原則として代金支払い、登記、もしくは引渡しの時に移転する、と解する立場が有力に主張されている。

有償契約の最も本質的な内容は、対価的給付の相互規定的牽連関係(同時履行の抗弁権)であるから、当事者は相手方の給付が履行されない限り、みずからもまた給付(所有権の移転)をしないことが認められている。したがって、所有権の移転時期は原則として代金支払いか登記もしくは引渡しの時である、と説く(川島222頁)。そして、売買契約と所有権の移転との論理的関係については、「当事者は登記・引渡のときに、所有権を移転せしめる新たな合意をするのではなく、むしろ所有権移転を含む売買契約の前提の上に、その効力の完成のために、ただ前になされた契約の履行に必要な事実行為をなすにす

ぎない」と考えられている(川島223頁)。

しかし、不特定物の売買においては、契約成立時ではなく目的物が特定されたときにはじめて所有権の移転が可能となるから、当事者間においてもそのように意識され、「引渡」は「単なる事実的履行ではなく、所有権移転行為として独立してゆく傾向」をもつようになるという(川島224頁、舟橋87頁も同旨)。なお、この考え方は、契約成立時説によると対価たる代金がいまだ支払われる以前においても売買契約と同時に目的物の所有権が当然に移転することになり、物権変動と債権関係とを統一する民法の主義にかえって適合しない結果となる、との批判を前提としている(川島248頁以下)。

3　果実収取権移転時説

同じく意思主義(独自性否認説)の立場に立って、売買契約における所有権の移転時期を果実収取権の移転時期と解する説がある(広中54頁)。所有権が売主から買主に移転するということは目的物に関する使用・収益・処分権(206条)が買主に移転することを意味するが、所有権自体の移転時期については民法に規定はない。しかし、所有権の内容の一つである果実収取権に関しては、別段の合意がない限り、引渡しによって買主に移転する旨の規定(575条1項)がある以上、これを当事者の意思解釈の基準の一つとすべきであるとしている。この説は、不動産の場合には引渡しよりも大きい効果をもつ移転登記がなされれば、これによっても果実収取権の移転が生じると解している。さらに、買主側の代金支払いによっても果実収取権は移転すると解しているから、結局、当事者間で所有権の移転時期を特約していなかった場合には、買主の代金支払いもしくは売主の引渡しまたは移転登記がなされたときは、当事者間において所有権は買主に移転するという結論に到達する。

4　意思主義(独自性否認説)に基づく諸学説のまとめ

(1)　意思主義と所有権の移転時期　　意思主義を基盤とする代表的学説における所有権の移転時期について概観してきたが、川島説が、意思主義という点では判例・我妻説と同一の基盤に立ちながら、所有権の移転時期について異なった見解を主張するに至った理由は2つあったと思われる。その1つは、わが国の取引慣行である。しかし、これは末川説(独自性説)も根拠としている点であり、意思主義を前提とした場合の論理的説明とは無関係であ

る。もう1つの根拠は、売買契約の有償性である。つまり、相手方の給付（代金支払い）がなされない限り、反対給付（所有権の移転）もなされない、という契約債権関係（同時履行）が、わが民法においてはそのまま物権関係に反映されるべきであるという点である（原島・前掲論文55頁は、こうした観点からの配慮を欠くものとして、最高裁昭和33年6月20日の土地建物売買事件判決（前掲）を批判している。なお、後述5(2)＊参照）。

しかし、代金支払いによって所有権が移転するという限りにおいては、有償性によって理解できるが、代金未払いの段階で引渡しや移転登記がなされた場合にも、所有権の移転が生じるというのであれば、これは有償性によっては説明できないとの批判がなされている（石田・変動論114頁ほか）。代金支払いという買主側にとってのマイナスの行為があったから、所有権の移転という売主側にとってのマイナス効果が発生する、という主張は、両者が本来対価関係をなしているものであるだけに理解できる（マイナス効果の対立がある）。しかし、引渡しや移転登記という売主側にとってのマイナス行為があると、代金支払いという買主側の・マ・イ・ナ・ス・行・為・が・な・く・て・も所有権の移転という売主側のマイナス効果が生じるというのでは、有償性の原則に反することになる（この場合には、マイナス効果は売主側にのみある）。

そこで、上記のような場合（特約がないことが前提である）にも所有権の移転がありうることを認めるためには、別の判断基準が必要となる。そのような場合には、「売主が買主にもっとも完全な信用を与え、売主は一切の物権的保護を放棄しても代金債権さえもっていればそれでよい、と考えられる取引関係」がある場合にのみ、所有権の移転を認めようとする考えもその一つである（原島・前掲論文55頁、後述5(2)＊参照）。

(2) 一般的移転時期確定不要説　　意思主義（独自性否認説）の基盤に立ちながら、所有権の移転時期を一般的に確定する必要はないのであって、この問題は、果実収取権や危険負担などの具体的な問題との関連で個別的に解決されればよい、との主張もある。

＊　**鈴木説**　この説は、次の諸点を検討したうえで、所有権移転の時期を確定する必要はないとする（売主をX、買主をY、XとYの債権者をそれぞれA、Bとする）。①X－Y間では危険負担（534条以下）、果実収取権（575条）、登記請求権等の

帰属、②目的物に関する特定債権者AとYとの間の紛争（広義の二重譲渡）、一般債権者AとYとの間の紛争（Aの差押え等）、③Xと目的物に関する特定物債権者Bとの間の紛争（中間省略登記）、Xと一般債権者Bとの間の紛争（Bの差押え）、④さらに、XYと取引関係に立たないZとの間で生じうる紛争として目的物に関する不法行為者Z（709条）に対するXとYの損害賠償請求権と妨害排除請求権、目的物に関する被害者Zに対するXとYの責任（717条）など（鈴木・研究109頁以下）。

5 独自性説に基づく考え方

(1) 伝統的な考え方　物権行為独自性説によれば、すでに述べたように、債権契約である売買契約により所有権の移転が当然に生ずることはない。しかも、伝統的な物権行為独自性説によれば、目的物の引渡し、登記（または必要書類の交付）、代金支払いなどの外部的徴表を伴う物権契約が締結された時に、目的物の所有権は買主に移転する。

(2) 私見　私は、上に述べた伝統的な物権行為独自性説とはやや異なった見解に立っている。すでに述べたように、物権行為（比喩的に言うならば、物権移転のための橋の建設行為）は、通常、債権行為としての売買契約のさいに同時になされていると解すべきである。その根拠は、売買契約の買主はその対象物の所有権を取得するために契約を締結するのであり、売主も逆の関係ではあるが、同趣旨で契約を締結するという点に求めることができる。そうであるならば、売買契約締結時に物権変動のための意思表示（物権契約）もなされていると解するのが素直な解釈である。しかし、売買契約の有償性に鑑みるならば、売主としては通常、売買代金を受領しない限り、対象物の所有権を相手方に移転させる意思を有しないと考えるべきである。したがって、売買契約のさいになされた物権契約に基づいて所有権が買主に移転する時期（比喩的に言うならば、物権が橋を渡る時期）は基本的には代金支払時であると解すべきものと思う。換言すれば、あたかも売買契約成立時の物権契約は代金支払いを停止条件としているのに類似した関係になる。

では、買主が代金を支払わない段階で、売主が目的物の登記または占有を買主に移転したというような例外的な場合については、どう解すべきであろうか。この点は、前述の原島説（前述4(1)）の考え方が説得力を有していると思う。つまり、その当事者には有償性を度外視してまで先履行する関係が存

在するのであるから、原則論を適用すべき基盤が欠けているのであり、それぞれの具体的事情に応じた処理をすべきである。*

　なお、当事者間において所有権移転のための特約がある場合には、それに従って所有権が移転することは当然のことである（仮登記担保の場合には制限規定がある（仮登記担保2条参照））。

> ＊　**例外的事例**　　有償性を度外視してまで先履行する関係として、原島・前掲論文（前述4(1)）は「ある製鉄会社が薄板を自動車製造会社に大量的に継続的に売り渡す場合」をあげ、このような場合には、代金支払いは2カ月あるいは3カ月後として、売主は商品をまず引き渡す場合が多い、としている。このような場合には、目的物の所有権の移転を肯定すべきである。

第3節　物権変動と登記

1　物権の二重譲渡と登記

(1)　**物権の二重譲渡**　　二重譲渡の問題は、動産、不動産を問わず生じうるが、重要な問題は、主として即時取得制度の存在しない不動産取引の領域で生じている。例えば、AがBにその所有地を売り、Bは代金を支払っているとしよう。この場合には、原則として所有権はすでにBに移転していると解してよい。Bが所有権を取得したということが、直ちにAが完全な無権利者になったということを意味するのであれば、この時点でCがA名義になっている同土地を、Aから購入し登記を取得したとしても、無権利者Aから土地を買ったことになり、所有権を取得できるはずはないということになる。しかし、これを認めてしまったのでは177条はほとんど無意味となってしまう。そこで、最終的に完全な所有者になるのはB、Cのいずれであるのかを177条によって決定できるように解釈するのが妥当であり、そのために**2**以下で述べるような学説が主張されている。

> ＊　**不動産登記と登記簿**　　不動産登記とは、登記記録が記録されるべき帳簿に一定の事項を記載することである。登記事務は、その不動産の所在地を管轄する法務局または地方法務局（支局もしくは出張所を含む）においてなされる（不登6条、7条）。登記簿とは、登記記録が記載される帳簿であって磁気ディスク（これに準ずる方法により一定の事項を確実に記録することができる物を含む）をもって調整す

るものであり、登記記録とは、表示に関する登記または権利に関する登記について、1筆の土地または1個の建物ごとに不動産登記法12条の規定により作成される電磁的記録（電子的方式、磁気的方式その他人の知覚によっては認識することができない方式で作られる記録であって、電子計算機による情報整理の用に供されるものをいう）である（不登2条5号、9号）。新法による登記録については、土地登記簿と建物登記簿の区別をしていない。このように、登記の客体を単位として登記簿を編成する方法を物的編成主義という。表題部には、土地または建物に関する事項（土地の所在地、地番、地目、地積など、建物の所在地、家屋番号、建物の種類・構造・床面積など）を記載する。事項欄甲区には表題部に示された不動産の所有権に関する事項（売買による移転など）、同乙区には所有権以外の権利（抵当権など）に関する事項を記載する。表題部になされる登記を表示登記と呼び、所有者はその申請義務を負っているが、登記官も職権により行うことができる。登記の対象である権利の保存（新築建物の場合など）または変動に関する登記（売買による所有権の移転の場合など）を、権利に関する登記という。

(2) **登記の効力** 登記の効力としては、公信力と推定力が問題となる。

(イ) **公信力** 日本の登記制度のもとでは、登記官による形式審査主義がとられており、登記簿の記載には、一般的な公信力*はないという点では学説上も異論はない（二重譲渡に関する公信力説は、その場合に限定されている）。

(ロ) **推定力** ある土地の所有者が登記簿上Aとされている場合には、Aが所有者であると推定すべきである。この場合の登記の効力を推定力と呼ぶ。民法上、登記の推定力を認める規定は存在しないが、推定力は、これを承認しても真の権利者の利益を害することにはならないし、登記の有する権利徴表としての機能から考えて当然に承認すべきである。学説・判例上も異論はない（最判昭34・1・8民集13巻1号1頁）。

登記の推定力と占有の推定力（188条）との関係については、既登記不動産については、占有の推定力は排除されると解すべきである（詳細は第2編第1章第3節1(1)参照）。

* **抵当証券と公信力** 抵当証券を発行するに当たって、登記官は一定の者に対して異議申立てをなすべき旨催告をなし（抵当証券6条、7条）、この者から異議申立てがなく、かつ2ヵ月以内に訴えの提起もなされない場合には、以後、抵当証券の善意取得者に対しては、その事由を主張できなくなる。その限りで、抵当証券には公信力が認められていることになる。

2 二重譲渡の法的構成

(1) **債権的二重譲渡説**　まず、1(1)の設例において、B、Cのいずれかが登記を取得するまでは当事者間でも物権的効力を生じない、と解する立場がある。A—B、A—Cの双方について同一内容の債権的法律効果が同時に生じることは法律的にも当然に可能であり、これが二重譲渡であるという。この考え方は、登記によって物権的効果が生じるというのであるから、結果的にみて物権行為に関する形式主義を採用した場合と近いことになり、物権変動は意思表示のみによって生じる旨規定している176条と相容れないと思われる。
＊

＊　**債権的二重譲渡説への批判**　物権変動における意思主義（独自性否認説）（本章第2節1、3参照）のうち、契約の成立と同時に所有権が移転すると解する場合はもちろんのこと、有償説（前述6 2参照）に立つ場合でも、Bが代金を支払っている場合には、その時点で（登記の前であっても）AからBへの所有権の移転があったものとせざるをえないから、債権的二重譲渡説は妥当とは言えない。

(2) **相対的効力説**　当事者間においては、登記がなくても完全な物権変動の効力を生じるが、第三者との関係では登記を取得しない限り、まったく効力を生じないと解する立場である。この立場は、正確に言うとさらにいくつかに分かれるが、ここではそれらについて詳論する必要はないだろう。この説の問題点は、何故、1つの法律行為について当事者間における効力と第三者に対する効力との間で決定的な差が生じてくるのかについての根拠を、結果ないし効果に対する配慮以外に、明らかにすることができない点である。

(3) **物権的二重譲渡説**　前2説と異なり、当事者間においても第三者との関係においても物権変動の効力が生じることを前提とする立場である。この立場はさらにいくつかに分けられる。①登記を取得しない限り、物権変動は完全な効力を生じない、とする説、②第三者CがBの登記欠缺を積極的に主張するか、177条に基づく否認権の行使によって、Cとの関係においてA—B間の物権変動の効力を否認することができるとする説 (末弘154頁ほか)、③必ずしも登記欠缺の積極的主張でなくても、CがA—B間の物権変動と両立しない事実の主張をすれば、Cとの関係においてその物権変動の効力を否認することができるとする説 (舟橋141頁以下)、④さらに最近では、意思表示

のみによって生じた物権変動（176条）は、177条所定の「第三者」の出現を許容するという意味における法定の制限がついていると解する説が現れている（広中70頁）。

(4) **公信力説** 　以上の諸説は、いずれも177条の「対抗することができない」の意味を対抗力の問題として理解しているが、これを公信力の問題として理解しようとする説もある。すなわち、設例において、AはBに所有権を譲渡してしまって無権利者となったにもかかわらず、このAから土地を譲り受けて登記を取得したCが、土地の所有権を取得できるのは、登記に公信力があるからであると説く（篠塚100頁以下）。ここでは、公信の原則が適用されるわけであるから、Cについて善意・無過失、Bについても一定の帰責事由が必要とされる。

以上紹介した物権の二重譲渡に関する諸学説についての比較検討は、他の文献（例えば、舟橋141頁以下、新版注民(6)423頁以下〔原島〕など）に譲るが、本書は、後述(5)の説に従って以下の論述を進めてゆくことにする。

* **公信力説の問題**　一般に公信力説が解釈論として成り立つためには、次の諸点を克服すべきであるとされている（半田正夫「不動産登記と公信力」民法講座2(1)198頁参照）。①まず根本的な問題点として、ⓐ登記に公信力を認めてまで不動産取引の保護を図らなければならない社会的必要は存在しないとの認識（舟橋218頁）、ⓑ逆に、公信力を認めると不動産取引を容易にし不動産の商品化を促進し、反面で用益権を脆弱にする結果をもたらすとの認識（我妻〔有泉〕241頁）がある。②現行法ないし法制度との関連において、ⓐ登記官に実質的審査権が認められていない現状では、登記に公信力を付与すると、結局は静的安全が害される（我妻〔有泉〕242頁）、ⓑ民法の意思主義＝対抗要件主義と矛盾する（原島重義「不動産登記に公信力を賦与すべきか」学説展望133頁）、ⓒ地積などを含む権利の実態が正確に登記に反映されていない状態で登記に公信力を付与することは危険である（我妻〔有泉〕241頁）。

** **公信力説と94条2項類推適用説**　A－B間の土地売買が虚偽表示であった場合に、第三者Cがこれを有効なものと信じて同土地を購入すれば、Cは同土地所有権を取得することができる（94条2項）。この場合に、Cが所有権を取得することができるのは、登記に公信力があるからではなく、虚偽表示の効果としてであるが、最近では、A－B間が虚偽表示でなくても、これに類似した関係である場合、例えば、Aの所有地が登記簿上Bの名義になっているのをAが知っていながら放置しておいたような場合にも、Bの権利者らしい外観を信頼したCを保護するために、94条2項を類推適用する判例が現れている（最判昭45・9・22民集24巻10号1424頁ほ

か)。このような判例理論は、登記に公信力がないことを前提としたものではあるが、94条2項類推適用の要件を充足する事例においては、登記に公信力が付与されたのと同様の結果をもたらすことになる。

(5) 私見　物権の二重譲渡の法的構成は、所有権の移転時期をめぐる新しい理論状況との関連をふまえて検討する必要がある。すなわち、A—B間において土地売買契約が成立しても、代金支払い、移転登記、引渡しのいずれかがなされなければ、原則としてAからBへの所有権の移転は生じないから、そのような状態でAが同土地をさらにCに譲渡しても、BとCとが二重に同土地の所有者になることはないのである。A—B間、A—C間のいずれについても、代金支払いかまたは引渡し（移転登記があれば二重譲渡について決着がつく）がなされている場合にのみ、BとCへの所有権の二重譲渡が存在することになる。この点につき、場合を分けて整理しておこう。

(イ)　A—B、A—C間において、売買契約が締結されただけで代金支払いも引渡しもなされていない場合には、所有権の二重移転は生じておらず、A—B、A—C間において同一物に関する物権契約が並存しているにすぎない。

(ロ)　A—B、A—C間のいずれか一方についてのみ代金支払いまたは引渡しがなされている場合にも、所有権の二重移転は生じていないが、同一物に関する物権契約は並存している。

(ハ)　A—B、A—C間の双方について代金支払いまたは引渡しがなされている場合には、単に同一物に関する物権契約が並存するだけでなく、同一物の所有権の二重移転も生じている。

(二)　伝統的な意味における物権の二重譲渡は、B、C共に所有権を取得している（不完全な取得と構成するか法定条件付取得と構成するか等の相違はあるとしても）ことを前提としていた。しかし、所有権の移転時期について契約成立時説に立たない以上、そのような理解ないし法的構成では、物権の二重譲渡が生じる場合が極めて狭くなってしまう。その結果、177条の適用領域を狭めてしまうことは妥当でないと思われる。したがって、上の(イ)ないし(ハ)のいずれの場合についても「物権の二重譲渡」が生じているものと解すべきである。厳密に言えば、「物権の二重譲渡」とは、同一物に関する物権契約の併存（物権変動の有無は問わない）であると理解すべきである。

このような理解に立つ場合には、前述の(イ)の場合にCが先に登記を取得すれば、それによって所有権移転が生じ、Cは所有権の取得と同時にその対抗要件を具備することになるので、177条により完全な所有権者となる。(ロ)の場合には、B、Cのうち物権変動が生じていない方の者が先に登記を取得したときでも、(イ)の場合と同様に、その者が177条により完全な所有権者となる。(ハ)の場合には、伝統的理論と同様に対抗要件を先に取得した者が最終的な所有者となる。

3　登記前の法律関係

設例（本節1(1)）において、BもCも未登記であるという場合には、いくつかの場合を想定しうるが、A―B間の物権変動とA―C間の物権変動が併存しているとすれば（論理的には、2(5)(ハ)を前提とする）、B・C間の法律関係、さらにはB・Cそれぞれの権利の効力などが問題となる。

(1) 譲受人相互の優劣関係　　まず、B・C間においては、いずれの権利が優位に立つのかが問題となるが、物権変動を生じた時期の前後に関係なく、B・C両者の地位に優劣はないと解すべきである。未登記のままでBがCに、またはCがBに自己の権利取得を主張しても、相手方が任意に他方の主張を承認しない限り、いずれの権利主張も認められない。結局は、いずれか早く登記を経由した方が確定的な所有者となる。*

> *　**未登記権利者と訴訟**　　上記の関係をBが原告、Cが被告となった訴訟の次元で考えるならば、Bはまず、Aからの権利の承継を主張・立証しなければならない。Bの立証がなされた場合において、Cが自己のAからの権利の承継を主張・立証できなければ、それだけでBは勝訴できるが、Cにおいてその主張・立証ができたときは、次の段階としてBは自己に対抗要件（登記）があることを主張・立証しなければならない。それができなければBは敗訴する。

(2) 譲渡人・譲受人と転得者等の第三者との法律関係　　A―B間の不動産売買において、登記は物権の取得を第三者に主張するための要件にすぎないから、買主Bが未登記のままでも、第三者DがA―B間の物権変動の効力を認めてBから同土地をさらに譲り受けることは可能である。譲渡人Aからの第二譲受人Cが出現しても登記を取得しなければ、Dは後にBを経由して

登記（場合によっては、BのAに対する登記請求権を代位行使する）を取得すればよいわけである。

　(3)　第三者に対する不法行為責任　　移転登記完了前の段階で取引関係に立たない第三者に対して土地所有者が責任を負うべき場合については、後述（4 2(4)ハ）する。

4　登記を要する第三者の範囲

1　制限説と無制限説

　177条にいう「第三者」とは、設例のA—B間の物権変動を中心に考察する場合には、当事者であるAおよびB（相続人などの包括承継人を含む）以外の者を指すことは疑いない。公示制度の理想からすれば、すべての第三者に対する関係が登記によって画一的に決定されることが望ましいから、古くは学説も177条の第三者の範囲をそのように解釈していた（無制限説）。

　しかし、すべての物権変動を登記に反映させることは、公示の制度の理想ではあるが、わが国の法制（例えば、登記官の形式審査主義）のもとでは不可能であると考えられるようになり、判例も当初は必ずしも明確ではなかったが、明治41年の大審院連合部判決により、登記の欠缺を主張するについて正当な利益を有する第三者に限る、との見解を示した。学説の中には判例と同様に抽象的な基準（「当該不動産に関して有効な取引関係に立つ者」）を主張するもの（我妻〔有泉〕154頁）と、より具体的な基準（「物的支配を相争う相互関係の存在」）を主張するもの（舟橋156頁以下、182頁、鈴木127頁以下ほか）とがあるが[*]、一定の基準によって第三者の範囲を制限しようとしている点では、学説・判例とも一致していると考えてよい（制限説）[**]。

　　＊　**両説の対立の意味**　　この学説の対立は、他の分野での問題点を考えるうえで重要な影響を与えることがある。例えば、A—B間の不動産賃貸借において、貸主Aが第三者Cに賃貸目的物の所有権を譲渡したが、移転登記未了の間にCがBに対して賃料を請求した場合に、BはCの登記の欠缺を主張して賃料の支払いを拒否することができるであろうか。Bが目的物に関する新たな物権取得者に対抗しうる賃借権を有している場合（借地借家10条）には、BとCとの間には、目的物に関する支配を相争う関係は存在しないから、具体的基準説によれば、Bは賃料の支払いを拒否できないことになる（Cが真の所有者でない場合におけるBの救済は、債権の準

占有者への弁済等によることになろう)。これに対して抽象的基準説によれば、上記のような権利関係の確実な証明を必要とする場合にも、対抗要件の具備を要求することになろう。

＊＊ **無制限説と制限説の相違点を考えるための事例** A―B、A―C間の二重譲渡において、①A―C間の取引が詐欺等によって取り消された場合、②同じく錯誤によって無効であった場合、③Cが違法な手段(必要書類の偽造)によって登記を取得した場合、さらには、④Cが表見相続人であった場合等において、Bは登記なくしてCに所有権を主張しうるだろうか。

　無制限説によれば、上記のようなCも、第三者に含まれることになる(BはCに登記請求できない)が、制限説によれば第三者の範囲から除かれることになる(BはCに登記請求できる)。もっとも、無制限説に立ってもB→C間における登記請求の問題に限定して考えるならば、BはAに代位して(423条)Cに登記を請求することはできる(鈴木3訂版108頁以下)。上の①―④の場合には、さらにCの登記を信頼して取引関係に立った第三者Dの保護が、問題になりうる(94条2項)。

　なお、「第三者の範囲」の問題に関する近時の学説・判例の動向につき、鎌田薫「対抗問題と第三者」(民法講座2　67頁以下)参照。

2　第三者の範囲を制限する具体的基準

(1)　**目的物に関する物権取得者**　譲渡人Aから同一土地を二重に譲り受けたCが、第一譲受人Bとの関係において原則として第三者に該当する、という点については疑問の余地はない。

(2)　**目的物についての特定物債権者**

(イ)　**権利内容が両立しえない場合**　第三者は物権の取得者に限られる、と解すべきであろうか。例えば、Aが自己所有の更地をCのために青空駐車場として賃貸していたが、金策のため同地をBに売却した。Bは未登記のままでCに対して明渡しの請求ができるか。A―Cの賃貸借について605条の登記はないものとする(〔例1〕)。

　「物権取得者」ということにこだわれば、債権たる賃借権を取得したCは第三者の範囲から排除されることになるが、不動産賃借権であるという点で例外的な扱いができるかどうかが問題となる。一つの考え方としては、「賃借権について排他性を備えることができるものだから」(我妻〔旧版〕99頁)というように賃借権の物権化を理由とすることは可能である。しかし、この理由を貫徹すれば、上の例の賃借権は物権化のための特別立法とは無関係の存

在であり、かつ605条の登記もA（ないしB）の任意の同意がなければ不可能なのであるから（通説）、本事例のCは「第三者」の範囲から除かれてしまうことになろう。

したがって、登記を伴わない物権変動を生じた不動産について賃借権その他の特定債権を取得した者を「第三者」に含めるためには、「登記なき物権取得には債権に優先する権利をも認むべきではない」（我妻〔有泉〕157頁）という理由だけで十分であろう。すなわち、Bの所有権取得がCの賃借権に優位するのは「売買は賃貸借を破る」という原則が適用される結果であるから、Bの所有権取得が第三者に対してその効果を発揮するためには対抗要件を具備することによって完全な排他性を取得する必要があると解すべきである。

* **対抗問題と証明問題** Cの賃借権が新たな物権取得者に対抗しうる場合（この場合には、Cの賃借権を前提とする新所有者Bからの賃料請求のみが問題となる）とは異なり、新所有者Bは、AC間の賃貸借関係を承継しなければならないわけではないから（この場合にはBの地位の証明の問題）、Cの賃借権を無視しうる立場にある。すなわち「売買は賃貸借を破る」という原則が妥当しうる場合である。そのための要件として、売買による物権取得者は、対抗要件をも具備する必要があると解すべきである（前頁＊＊参照）。

** **対抗問題との区別** 第2章第1節2(1)の事例において、Cが地上権について登記を経由することによりBに対しても権利を主張することができるようになるのは、B－C間に対抗関係が存在するからであると解すべきではない。判例（最判昭28・9・18民集7巻9号954頁──明認方法による立木売買事件）は、対抗要件を具備しない所有権者にとって、所有権移転請求権を有するにすぎない者も第三者（177条）に該当すると解しているようであるが、妥当でない。Cが先に対抗要件を具備することによって地上権が完全な物権となり、その結果、Cの物権がBの債権に優位することになったと解すべきである。かりに、代金未払いのために債権者にすぎないBが先に登記をしても（仮登記であれば別）、所有権を有していない以上（登記と同時に所有権が移転する場合は別）、Bが所有者になることはありえないのであるから、このような関係を177条で律するのは妥当でないと言うべきである。

(ロ) **権利内容自体は両立しうる場合** Aが自己所有の土地をCに賃貸して、Cは同地上に家屋を建て自己名義で保存登記をしていたが、Aは金策のため同土地をBに譲渡した。Bは未登記のままでCに対して賃料の請求ができるか。また、Cの債務不履行があった場合に、Bは賃貸借契約の解除ができるか（〔例2〕）。

〔例2〕と〔例1〕との根本的な差は、〔例1〕の場合には、賃借人Cの地位が新所有者Bの地位と相容れない関係に立っているのに対して、〔例2〕の場合には、新所有者Bは賃借人との契約関係の存在を認めたうえで契約上の権利を行使しているのであり、B、C相互の法的地位が相容れない関係に立っているわけではないという点にある。Bが解除権を行使する場合についても、いったんB―C間の契約関係を承認したうえでそれを解除するのであるから、論理的には「相互に相容れない関係」ではない。すなわち、〔例2〕においては「相互に相容れない関係」は、Cが借地上の建物について自己名義の登記をしたことによって、CはBに対抗できるという形で決着がついているのであり（借地借家10条）、それを前提にしたうえでBが賃貸人の権利を行使する場合の要件が問題にされていると考えるべきであろう（広中91頁参照）。換言すれば、新賃貸人Bに対して貸主としての地位の確実な証明を要求することが、賃借人Cの地位の保護にとって必要であるか否かの問題である（我妻〔有泉〕159頁）。

　賃料請求だけに限って考えれば、上のCを第三者の範囲に含めなくても、債権の準占有者への弁済制度（478条）や供託制度（494条後段）の利用により、実際上の差*はほとんど生じない。しかし、解除の問題については重要な差が生じることになる。この点については、Bの権利が未登記である理由がBの代金の一部未払いである場合を考えてみれば、Cの法的地位の不安定性は明らかであろう。CがBの賃料請求に応じないのであれば、Bは解除したいであろうが、そもそもBの貸主としての地位がAの契約解除により遡及的に（直接効果説による場合）消滅するかもしれないのであり、しかも、Aには賃貸借契約を解除する意思はない、という事態も十分に考えられるのである（家屋の譲受人Bが借家人Cに解約申入れをする場合についても同様の問題が生じる）。BのCに対する賃料請求は、Bの法定解除権行使の前提（催告）としての意味をもちうるので、債権の準占有者への弁済などの制度を利用して処理しうる問題の次元を超えた要素を含んでいるというべきだろう。Cは供託（494条以下）により解除を回避することができるが、供託の要件を充足していなければならない。

　上のような点を考慮するならば、「相互に相容れない関係」に決着をつけ

る場合に限らず、賃貸人の地位の確実な証明の問題についても177条の基準を用いることを承認すべきである（結論同旨、最判昭49・3・19民集28巻2号325頁）。ただし、これは本質を異にする事例への適用を意味するから、「177条の転用である」と考える方が正しいだろう（広中91頁）。

* **両説間の差異** 177条の適用を否定し、478条によって弁済者を救済すると解する場合には、賃借目的物の譲渡という、賃借人にはまったく無関係な事件から生じた債権者の不明確性に関するリスクを賃借人に負担させるという結果になる。このリスクは、新地主との間において賃料不払いを理由とする解除の問題にまで発展した場合には、決定的なものとなろう。

(3) **特定物の譲渡人の一般債権者** 第三者CがAの所有権の譲受人ではなく、Aの一般債権者であり、Bが未登記の間に目的不動産をAの所有物として差し押さえた場合に、Bは自己の所有権の取得をCに対して主張することができるだろうか。学説・判例とも上のCを「第三者」の範囲に含めることを認め、Cの差押えの当時に未登記であったBは、Cの差押えに異議を申し立てることはできないと解している（大判昭14・5・24民集18巻623号、民執38条参照）。

* **差押前の一般債権者** 未だ差押えまたは配当加入をしていない債権者を「第三者」の範囲に含めるか否かについては、判例（大判大4・7・12民録21輯1126頁）は否定的に解しているが、学説は分かれている（詳細は新版注民(6)579頁〔吉原〕）。一般債権者が差押えまたは配当加入しても、とくに債権が強くなるわけではないとしてこれを肯定的に解するか（我妻〔有泉〕158頁）、差押えまたは配当加入がなされれば債権の効力はその物に集中するから（舟橋199頁以下はこれを「物的支配関係」という）、その場合にのみ「第三者」に含め、その他の一般債権者を除くと解すべきかが、理論的には注目すべき点である。

(4) **正当な利益を有しない第三者**

(イ) **実質的無権利者** ①BがA所有の不動産について、登記関係書類を偽造して所有権移転登記を経由した場合のB、②共同相続人C、Dのうち、Dから相続財産中の不動産をEが取得し移転登記を経由したが、Dが相続欠格者であった場合のE、③FG間の売買契約に基づいて買主Gへ目的不動産の移転登記がなされたが、同契約が無効または取り消された場合のGについては、A、C、Fは、それぞれB、E、Gに対して登記なくして自己の所有権を対抗することができる。

* **Bの第三者性** この場合のAB間は、いわば当事者間であり、Bが同不動産を

Hに譲渡した場合に、AH間において初めて対抗関係が生じるとの理解も可能である。このように解しても、Aが登記なくしてBに所有権を主張しうることに違いはない。

**　無効と取消しの区別　A・B間の売買の買主Bからの転得者Iが生じた場合には、無効と取消しの場合を区別しなければならない。取消しの効果として復帰的物権変動が生じ、B—A、B—I間において二重譲渡類似の関係が生じうるからである（第4節1 2(2)参照）。

(ロ)　不動産登記法5条の第三者　制限説の立場から「第三者」に該当すると判断される者であっても、「詐欺又は強迫によって登記の申請を妨げた第三者」(不登5条1項)と「他人のために登記を申請する義務を負う第三者」(同5条2項)は、登記の欠缺を主張することができない。すなわち、BがAから不動産を購入した場合において、Cが詐欺または強迫によってBの登記の申請を妨害した場合や、CがBのために登記申請をすべき立場にあったという場合には、Bは未登記のままでCに対して所有権を主張することができる。

(ハ)　不法行為者　上に述べたような者が「第三者」の範囲から排除されることは明文上明らかであるが、そのような者に準じて考えてよいと思われる者も「第三者」の範囲から排除すべきである。例えば、Aから土地を購入したBが、その土地の不法占拠者Cに対して損害賠償を請求する場合には、移転登記を必要としない。Cは目的物について有効な取引関係に立つ第三者ではないからである。

*　関連事例　これに対して、BがAから譲り受けた土地の工作物の設置または保存に瑕疵があり、そのために第三者Cが損害を被ったという場合には、Aは登記名義を保有したままでCに対して所有権がBに移転していることを対抗できるか。Aはいつでも登記をBに移転することができる立場にある以上、それをせずにこのような抗弁をすることは認められないと解すべきだろう。

　また、判例は、建物による土地の不法占拠者Aが、その地上家屋をBに譲渡したが未登記である事例において、Aは敷地所有者Cに対して同家屋の所有権がBに移転していることを対抗できる旨判示しているが（大判大9・2・25民録26輯152頁）、学説は賛否両論に分かれている（賛成論につき舟橋199頁。反対論につき我妻〔有泉〕172頁）。近時、最高裁は、「土地所有者が建物譲渡人に対して所有権に基づき建物収去・土地明渡しを請求する場合の両者の関係は、土地所有者が地上建物の譲渡による所有権の喪失を否定してその帰属を争う点で、あたかも建物についての物権変

動における対抗関係にも似た関係というべく、建物所有者は、自らの意思に基づいて自己所有の登記を経由し、これを保有する以上、右土地所有者との関係においては、建物所有権の喪失を主張できないというべきである」（最判平6・2・8民集48巻2号373頁）と判示した（傍点筆者）（第2章第2節**4**も参照）。

(ニ) 背信的悪意者(i)　売主Ａと第一買主Ｂとの間の事情を知っている第三者Ｃが、その目的物をＡから二重に譲り受けた場合において、Ｃは不動産登記法5条の「二類型」には該当しないし、またＢとの関係で不法行為者とも断定し難いが、著しく信義則に反するということができるような場合について、昭和30年代初頭からの最高裁判決が蓄積され、次のような形で定式化された。「実体法上物権変動があった事実を知りながら当該不動産について利害関係を持つに至った者において、右物権変動についての登記の欠缺を主張することが信義に反するものと認められる事情がある場合には、かかる背信的悪意者は登記の欠缺を主張するについて正当な利益を有しない者であって、民法177条にいう『第三者』にあたらない」（最判昭44・1・16民集23巻1号18頁）。学説も、信義則に反する悪意者は背信的悪意者[*]として「第三者」の範囲から除外すべきであるとしている[**]（舟橋183頁以下など）。

　　[*]　**背信的悪意者の諸類型**　背信的悪意者として類型的に第三者の範囲から除外すべきであるとされているのは、次のような場合である。

　　①もっぱら第一譲受人を害する目的で目的不動産を譲り受けて登記を取得した場合。例えば、ＢがＡから山林を買い受けその引渡しを受けて三十数年経過後に、同事実を熟知していたＣがＢの未登記に乗じ、Ｂに対する別の紛争につき復讐するため、Ａの相続人Ｄに懇請し低廉な価格でこれを同人から買い受け登記した場合（最判昭36・4・27民集15巻4号901頁）。当該判決は、Ａ（Ｄ）－Ｃ間の売買を民法90条に違反するものとして無効と判断している。したがって、本来はこの判決を背信的悪意者に関するものとして引用することは妥当ではない。

　　しかし、未だ背信的悪意者の理論が確立されていなかった時期のものであることを考慮すれば、背信的悪意者の理論により解決することが可能であったし、むしろ望ましかった事例として引用することは許されるだろう。とくに、Ｃからの転得者がいる場合を考えると背信的悪意者の理論による解決の方が優れていると言えよう。

　　②　第二譲受人が第一譲渡の立会人・代理人等であり、不動産登記法5条の「二類型」には該当しないがこれに準ずると評価しうる場合。例えば、Ａ－Ｂ間の山林贈与に関して紛争が生じ、和解がなされ、同山林はＢに帰属することが確認され、Ａはすみやかに Ｂに移転登記することになったが、そのさい、Ｃ（後の第二譲受

人)が立会人として同交渉に関与し、かつ当該和解の書面に立会人として署名捺印した等の事情がある場合(最判昭43・11・15民集22巻12号2671頁)、A所有の土地建物がBに贈与されたが登記未了の間に紛争が生じ、BはAを相手に処分禁止の仮処分をした事例において、AおよびBと永年交際し同建物を賃借しているC(不動産周旋業者)が、その事情を承知のうえで、AのBに対する欺罔行為による同仮処分の取消しと当該土地建物の登記名義のBへの移転を妨害することにつき協力しつつ、Aから同土地建物を譲り受けた場合(最判昭44・4・25民集23巻4号904頁)、前掲最判昭44・1・16も、この類型に属すると考えてよい(以上、不登5条1項)。なお、同法5条2項の法意を類推するものとして東京高判昭53・6・28判夕370号85頁(土地所有権移転登記請求事件)がある。

③ 第二譲受人が譲渡人の近親者である場合。いずれも下級審の判決であるが、第二譲受人が子(2件)、妻、夫、姉、妻の妹、その他の親戚(各1件)などがみられる。また、譲渡人が第二譲受人である会社の代表取締役である事例もこれに含めてよいだろう。このタイプの場合には、第二譲受人はワラ人形的性格を有しうるので譲渡人の背信性に注目すべきである。

④ 第一譲渡の結果を前提とする法律行為を行うことによって、第三者としての利益を失ったとされる場合(一種の禁反言。この点につき、槇93頁参照)。例えば、不動産の第一譲受人を所有者として財産税を徴収した国(税務署)が登記名義人である国税滞納者に対する滞納処分として同不動産を公売処分に付した場合(最判昭31・4・24民集10巻4号417頁、最判昭35・3・31民集14巻4号663頁)、第1の物権変動である競売において配当を受けた債権者が、その移転登記未了を奇貨として登記名義人の財産として強制競売の申立てをした場合(大判昭9・3・6民集13巻230頁)。

＊＊ **背信的悪意者理論の特殊性** 判例のいう「登記の欠缺を主張するについて正当の利益を有する者」という要件は、無権利者や不法行為者等を排除することによって第三者の範囲を制限するために定められたものであった。しかし、背信的悪意者の理論は、信義則違反という個別具体的な基準を用いる点で、従来の抽象的・類型的基準を用いる理論とは異質なものである。この問題は、背信的悪意者の問題を177条の枠内で処理するか否かという理論構成上の問題と関連し、とくに背信的悪意者からの転得者の地位をめぐって問題となる(後述(5)参照)。

(ホ) **背信的悪意者(ⅱ)** 背信的悪意者の概念を上記の注＊のように定式化できるとしても、そのようなタイプに該当しない悪意者について背信性を判断する場合には、この概念は依然として一般条項的性格を有しているから、その具体的に妥当な適用を確保するための基準がさらに設けられなければならない。不動産取引に関して最近呈示されている「基準」に依拠して検討してみよう(水本浩「不動産物権変動における利益衡量」我妻追悼269頁以下、槇悌次「民法一七

七条と背信的悪意者」(判批)法時38巻11号108頁、広中101頁以下)。

　Aからの第二譲受人Cが、当該土地について利害関係をもつに至った時点において、第一譲受人Bが権原に基づいて当該土地の利用を開始していたかどうかが一つの基準となる。

　　(a)　自由競争原理と背信性　　Bが同土地の利用を開始していないときは、Cとの関係においては基本的に「自由競争の原理」が支配する。したがって、この場合には、原則としてCの善意・悪意は問わない。例外として、Cが前述の4類型に該当する場合にのみ「第三者」としての地位を否定される。

　　(b)　利用保護の理念と背信性　　Bが当該土地の利用をすでに開始していたとき*は、Bは単に所有権取得という抽象的な段階を超えて、その土地について居住もしくは営業という具体的な利益を取得しつつあるから、単なる所有権取得という抽象的行為をしたにすぎないCとの間には、決定的に重要な差があると言うべきである。Cの地位は、Bのそのような立場を知ったうえで形成されたものであり、このような悪意は、原則としてCを背信的悪意者として「第三者」の範囲から排除する理由となると解すべきである。物権の二重譲渡の問題は、対抗要件主義を前提とする民法のもとでは、原則として対抗要件具備の時点において、これを基準として決すべきであるが、不動産物権変動においてはその「取引の結果の生産や生存の過程での深化の度合」***(槇94頁)を考慮し、さしあたっては利用保護の理念のもとに不動産の占有と利用を中心に権利者を確定しようとするものであると考えてよい。判例も、「通行地役権の承役地が譲渡された場合において、譲渡の時に、右承役地が要役地の所有者にとって継続的に通路として使用されていることがその位置、形状、構造等の物理的状況から客観的に明らかであり、かつ、譲受人がそのことを認識していたか又は認識することが可能であったときは、譲受人は、通行地役権が設定されていることを知らなかったとしても、特段の事情がない限り、地役権設定登記の欠缺を主張するについて正当な利益を有する第三者に当たらないと解するのが相当である」(最判平10・2・13民集52巻1号65頁)とし、さらにAの取得時効完成後に当該不動産を譲り受け登記をしたBが、背信的悪意者と認められるためには、Aが取得時効の成立要件を充

足していることをすべて具体的に認識している必要はないが、少なくとも、Aによる多年にわたる占有の事実を認識している必要がある（最判平18・1・17民集60巻1号27頁）としている。

 ＊ **総合的判断の必要性** 二重譲渡は実際にさまざまな状況のもとで生じるから、Bの目的物利用の開始を絶対視してはならず、他の事情と総合して判断しなければならない。例えば、Aが地主Cから賃借中の土地に所有する家屋をBらに贈与し、登録税その他の費用の支払いと同時に移転登記を行うこととし、かつAも一部保証人となりつつ同土地の賃貸借契約がCとBらとの間で締結され、9年余が経過したが、Bらは上記登録税等をAに提供せず、Cに対する地代をも滞納するに及んで、Aは保証人としての責任を果たした後、同家屋をCに買い取ってくれるよう求めたので、Cがこれを買い取った場合には、Cは背信的悪意者とはいえない（最判昭40・12・21民集19巻9号2221頁）。

 ＊＊ **自由競争原理の修正** 槇教授は、これを「第一の譲渡の結果が社会的な定着を進め、自由競争の段階が終了したとして、第二の譲受人が第三者資格を奪われる」類型とし、これとの対比において前述の㈢＊の①〜④の類型を「古典的市民法の法理の延長・具体化」として把握されている。

 ＊＊＊ **具体例** 具体的に言うならば、不動産の第一譲受人が、そこにおいてすでに生業を営み、もしくは現実に居住しているというような場合が考えられよう。第二譲受人がそのような事実を認識していながらあえて譲り受けようとする場合には、もはや単なる自由競争の原理は妥当しないと解すべきである。

 (5) **転得者** 以上述べたような意味における背信的悪意者は「第三者」の範囲から排除されるが、すでに目的物について転得者が生じていた場合についてどのように解すべきであろうか。Cが背信的悪意者であったとして、BがCに土地の引渡しを請求したところ、土地はすでにDに譲渡され、登記も移転されていたとすれば、Dは独自にBとの関係で背信的悪意者と評価されない限り、177条の第三者として保護されると解すべきである（最判平8・10・29民集50巻9号2506頁）。すなわち、CもAから有効に土地の所有権を取得しているが、Bに対してはその権利主張が信義則によって制約されているにすぎないから、Dは、原則としてCから同土地の所有権を承継取得することができると解すべきである（信義則によるCの権利主張の制約は、Dに当然には承継されない）。しかし、土地に関するBの現実の利用がCの背信性の基礎となっている場合（前述(4)㈢(b)）には、Cからの転得者Dも通常、背信性を帯びることになろう（通常、現地見分なしに不動産を購入することはない）。

5 登記請求権
1 登記手続
　登記簿への記載は、国の機関としての登記官によってなされるが、権利に関する登記は私的自治の問題であることの手続面への反映として、関係私人の申請に基づいてなされるのが原則である（申請主義の原則──不登16条参照）。この申請は、原則として登記権利者と登記義務者とが共同して行うことになっている（共同申請の原則──同法60条）。例えば、Aが自己所有の土地をBに売却した場合には、買主Bは登記の実行により所有権の取得が登記簿上に直接表示される権利名義人（手続上の登記権利者）であり、売主Aは登記の実行により権利の喪失が登記簿上に直接に表示される権利名義人（手続上の登記義務者）である（後述2(2)参照）。
　登記の申請がなされると、登記官はこれを受理して登記すべきか否かについて審査するが、審査の方法は裁判所の審理とは異なり、書面による窓口的審査である。

2 登記請求権の意義と概念
　まず、典型的な事例を用いて登記請求権の意義と諸概念を明らかにしておこう。
(1) 物権的登記請求権と債権的登記請求権
　(イ) 債権的登記請求権　　BはA所有の不動産を購入し、代金も支払ったが、売主Aが移転登記に応じない。このような場合に、買主BがAに対して登記を移転するよう請求できることは確かであるが、これを理論的にどう説明すべきであろうか。
　まず、B—A間の問題として考察するかぎりは、実体法上、BはAに対していかなる権利を有しているかが問題となる。B—A間には不動産の売買契約が存在しているのであるから、BはAに対して売買契約上の義務履行として登記の移転をも請求することができる（債権的登記請求権については、舟橋126頁、広中289頁ほか参照）。ただし、物権変動論において意思主義（独自性否認説）をとり、かつ原則として契約成立と同時に物権が移転するという説（例えば我妻説）に立つときは、債権的登記請求権だけが成立することは契約による物権変動の場面では、原則としてありえないことになろう。

＊　**債権的登記請求権**　　この概念については、これを明らかに認めていない説もあることに注意すべきである（末川143頁ほか）。この考え方によれば、売買契約によって生じるのは、売主の所有権移転義務であって（555条）、その履行として買主に所有権が移転されることによって（登記と真実の不一致が生じるから）、買主は登記請求権を取得することになる。したがって、この説においては代金支払いと登記が同時に履行される場合には、登記請求権が問題となる余地はない。

　(ロ)　**物権的登記請求権**　　上の事例において、Bに所有権が移転している場合には（学説により移転時期は異なるが、Bは代金支払済であるから、所有権を取得していると考えてよい）、Bは所有権に基づいて、Aに対して登記の移転を請求することができるだろうか。Bは売買契約によって取得した所有権について、登記を取得しなければこれをもって第三者に対抗することができないから(177条)、原則としてBはAに対して所有権に基づいて登記請求ができなければならない。この点については、債権的登記請求権を認める説を含めて異論はないが、さらに突っこんだ理論的説明となると、学説も分かれる。大別すれば、この種の登記請求権は物権的請求権（またはこれと同種のもの）であると解する説と、A→B間の物権の変動に応じて物権と登記の不一致が生じるから登記請求権が発生すると解する説に分けられる。いずれにしても、Bのもとに物権が帰属していることを前提としているから、この登記請求権は前述の「債権的登記請求権」と区別して「物権的登記請求権*」と呼ばれている。**

　　　＊　**物権的登記請求権のみが問題となる場合**　　A所有の土地の登記名義をBが偽造書類を用いてB名義にしてしまった場合や、手続の過誤によりA名義とすべきところをB名義としてしまった場合などである。こうした場合には、Aは所有権に基づいて抹消登記または移転登記を求めることができなければならない（後述3(2)参照）。

　　＊＊　**2つの登記請求権の関係**　　当事者間における所有権の移転時期は原則として代金支払時または移転登記もしくは引渡しの時であると解する説によれば、買主は契約の成立によって、債権的登記請求権を取得し、代金の支払いによって（代金支払いが先履行の場合）所有権を取得するので、それ以後は観念的には物権的登記請求権をも取得することになる。したがって、理論的には、この段階では、債権的登記請求権と物権的登記請求権が競合すると解することも可能であるが（舟橋126頁）、A－B間の法律関係は、「財貨移転秩序」（商品交換秩序）に属するから、所有権に基づく物権的登記請求権の行使は認められないと解する説もある（広中295頁）。広中説による場合でも、債権的登記請求権が時効によって消滅した場合には、物権的

登記請求権の行使が認められる。この場合には、A―B間の法律関係は「財貨帰属秩序」（商品の私的所有秩序）に属することになったからであるとされている。

(2) **実体法上の登記請求権と手続法上の登記請求権**　上に述べた2つの種類の登記請求権は実体法上の権利である。これらの権利・義務の主体は、それぞれ「登記請求権者」「登記協力義務者」（幾代通・登記請求権の用語法に従った）と呼ばれるが、これらと区別して手続法上の資格としては、「登記権利者」「登記義務者」という概念が用いられている（不登2条12号、13号）。「登記権利者」とは、登記をなすことによって登記簿上直接に利益を受ける者、例えば、売買契約において所有権を取得した買主Bのことを意味し、「登記義務者」とは、登記をなすことによって登記簿上直接に不利益を受ける者、例えば、移転登記によって所有者名義を失う売主Aのことを意味する。

「登記請求権者」と「登記権利者」とは原則として一致する（上の例では買主B）。しかし、かりに前述の例で、売主Aは代金も受領済であるので登記を移転したいと思っているのに、買主Bが登記を取得しようとしないのであれば、Aの側からBに対して移転登記に協力するよう要求できると解すべきである。さもなければ、Aは固定資産税の請求を受けたり、場合によっては土地工作物所有者としての責任（717条1項ただし書）を引き受けたりしなければならないからである。この場合には、手続法上の「登記義務者」であるAが実体法上の登記請求権者であり、手続法上の「登記権利者」であるBが実体法上の登記協力義務者であるということになる。

以上述べた登記請求権に関する諸概念を図式化すれば図3のようになる。図のカッコ内は、登記権利者が登記を受領しない場合の権利者、義務者を表示している。

* **具体例**　売主Aが移転登記は完了したが、本旨に従った引渡しを履行しなかったため、買主Bが債務不履行を理由として契約を解除し、Aに対して「A→B間の移転登記」の抹消を訴求した事案において、Bの請求を認めた判例がある（最判昭36・11・24民集15巻10号2573頁）。これは契約解除の事例であるため、登記権利者は売主Aであり、登記義務者は買主Bであるが、Bが自己名義となっている登記をAに対して引き取るよう請求し、これが認められたわけである。この判例によれば、真実の権利関係に合致しない登記があるときは、その登記の当事者の一方は、他の当事者に対して登記を真実に合致させることに協力するよう請求する権利を有し、

図3

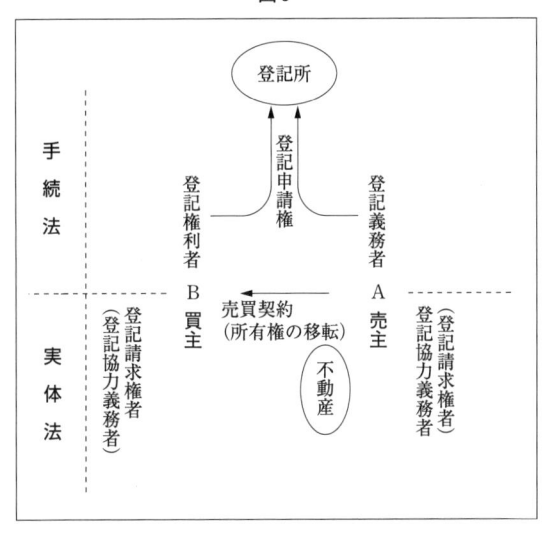

```
         ┌─────────────────────────────────────┐
         │              ╭─────╮                │
         │              │登記所│                │
         │              ╰─────╯                │
手         │            登    ↑ ↑              │
続         │            記   登 登             │
法         │   登        申   記 記    登       │
         │   記   登    請   権 義    記       │
         │   権   記    権   利 務    義       │
         │   利   申        者 者    務       │
         │   者   請                  者       │
         │   B   権   ←────  A              │
         │   買        売買契約  売            │
──────── │   主        (所有権の移転) 主       │──────
         │  (登  登                 (登  登    │
実         │   記   記    ╭────╮    記   記    │
体         │   協   請    │不動産│   請   協    │
法         │   力   求    ╰────╯    求   力    │
         │   義   権              権   義    │
         │   務   者              者   務    │
         │   者)                       者)   │
         └─────────────────────────────────────┘
```

他方はこれに協力する義務を負う。すなわち、実体法上は、いずれが登記請求権者であるかは、事情によって異なることになる。これに対して、手続法上の「登記権利者」「登記義務者」の概念は、前述のように登記簿上の利害との関連で決定されている（不登2条12号、13号などを素材として考えてみよ）。

3 登記請求権の発生原因

　従来は、登記請求権をめぐる最も重要な問題点は、その発生原因を一元的に理解するか、多元的に理解するかにあるとされていた。しかし、ここでは従来の議論にこだわらず、通常の売買契約において登記が問題となる場合を出発点として、考察してみることにしよう。

　まず、通常の土地売買契約においては、買主は、契約に基づいて売主に対して所有権の移転とともに、登記と引渡しをも請求することができると解することが自然であろう。これを前提とすれば、このような場面においては登記請求権として、売買契約に基づく登記請求権（債権的登記請求権）と所有権取得後は所有権に基づく登記請求権（物権的登記請求権）とが発生すると考えることができる。本書では、このような理解に基づいて、2つの、性質の異なる登記請求権概念の存在を前提として、具体的問題点を考察してみようと思う。[*]

＊ **一元説への配慮** 登記請求権について「一元説」の立場に立っている学説は、債権的登記請求権を想定していないものが多い点に注意すべきである（舟橋説は例外、舟橋126頁参照）。

(1) 実体的な物権変動のある場合――契約当事者間における登記請求

すでに述べたように、この場合の物権変動が最もオーソドックスな登記請求権の発生原因である。しかし、不動産取引においては、登記が対抗要件であるから、買主は通常、代金支払いと引換えに登記を取得するよう努力する（同時履行の抗弁権の行使）。その結果、債権的登記請求権も物権的登記請求権もそれが実際に単独で問題となることは少ない。

買主Bが代金全額を先履行したが、約束の期日に売主Aが移転登記に応じないというような場合には、買主の登記請求権が行使される事態が考えられ、これこそが登記請求権の最も基本的な意義であると考えられるが、そのこと自体については、理論的にとりたてて論ずべき困難な問題は生じない。

しかし、買主Bが代金全額の支払を先履行しているので、売主Aが登記を移転したいと思うが、Bがこれに応じないという場合には、売主AからBに対して登記の引取りを請求できるかという点が問題になる。前述のように（2(2)参照）、これを肯定すべきであるが、その法律的性質については学説も分かれている。

＊ **登記引取請求権の法律的性質** 「債権的登記請求権」を認める説に立つのであれば、「登記引取請求権」も債権的登記請求権として理解する方が自然であろう。この場合には、買主の目的物受領義務（債権者遅滞の理解をめぐって、この義務を一般的に認める説と売買契約等の一定の契約についてのみ認める説とがある）の内容として登記受領義務を認めることが可能であるからである。しかし、買主についてこの種の義務を認める学説のなかにも、登記引取義務の根拠を買主の受領義務にではなく、売主に対して不当に不利益を与えることをしないようにすべき契約上の附随義務に求める見解もある（広中290頁）。

「債権的登記請求権」を認めない説も、「登記引取請求権」を承認している（末川138頁、石田・変動論146頁）。その理由は、それぞれ売主も「登記を真実に合するようにしてもらう利益」を有しているから（末川）、登記請求権は「物権変動の効果を強化し又は完全ならしめる」ための物権的請求権であるから（石田）であると説いている。

いったん履行された契約関係が取消しや解除によって解消された場合に、元の買主から売主に対して登記の引取りを請求することもありうる。例えば、A―B間の

売買契約が解除され、売主Aは代金を返還してきたが、目的不動産の登記については受領しようとしない、という場合である（ただし、通常は、いずれが解除した場合でも、売主側から原状回復請求の内容として登記の返還を請求するであろう）。この場合には、登記引取請求権を契約関係自体から説明することはできないが、一種の原状回復請求権（買主の代金返還請求権を積極的原状回復請求権と言うとすれば、買主からの消極的原状回復請求権とでも言うべきか）の内容として説明することができるであろう。上の事例について物権的登記請求権一元説に立って理解するならば、取消し・解除により所有権は売主に復帰しているから（代金は返還されていることに注意せよ）、買主の所有権に基づく物上請求権としては説明できないが、B→A間の復帰的物権変動の効果を完全ならしめるために、BのAに対する登記引取請求権が発生すると説くことになろう。

なお、契約が無効であった場合も、最小限度、給付利得について給付当事者相互間において不当利得の返還請求を本質とする一種の原状回復請求権が成立すると考えられるから、前記と同様に考えてよい。

(2) **登記に関する特約がある場合**（中間省略登記）

(イ) **三者間の合意**　Aが自己所有の土地をBに売却したが、未登記の段階でBが同土地をCに転売したという事例において、A、B、C三者の合意によって、A→C間の移転登記を行うことができるであろうか。

A→B間の土地売買契約において、登記に関する特約がなされなくても、買主BがA契約自体に基づいてAに対して登記請求権を有することはすでに述べた。しかし、BがAに対して、CがBに対してそれぞれ債権的登記請求権を有していても、Cが直接にAに対して債権的登記請求権を有することにはならない。A―C間には何らの契約関係もないからである（Cが、423条に基づいて、BのAに対する登記請求権を代位行使できるか否かは別問題である）。しかし、上の設例では、A、B、C三者の合意により、A→C間の移転登記を実現しようとしているのであるから、これを原因とする債権的登記請求権の成立を認めてよいと解されてきた（判例も同旨、大判大 8・5・16民録25輯776頁、最判昭40・9・21民集19巻 6 号1560頁参照）。なお、この場合にも判例によれば、中間者Bは当然にはAに対する移転登記請求権を失うものではないと解されていた（最判昭46・11・30民集25巻 8 号1422頁）。

この結論について「債権的登記請求権」の概念を認めない立場または中間省略登記に関する特約の有効性を認めない立場からなされる理論的批判は別

として、実際上の不都合が生じるとすれば、権利変動の過程をできるだけ正確に反映しようとする登記制度の理想に反する、という点だけであろう。

しかし、登記が物権変動の対抗要件とされている法制のもとで、かつ登記官に実質的審査権が与えられていない現状では、そもそも登記簿上に実体的権利変動を正確に反映させることは困難であることを考えなくてはならない。また、このような「中間省略登記」の合意を無効なものと解し、したがって無効な合意に基づく登記も無効であると解するならば（そのような登記を現実には阻止できないのであるから）、逆に無効な登記を増大させてしまう結果になりかねないとも言われていた。

＊　**合意の無効と登記の有効性**　　A、B、C三者による中間省略登記の合意を無効と考える場合には、当該の合意の有効性と、なされた登記の有効性の問題を切り離して考える必要が生じていた。換言すれば、登記の効力を登記請求権の問題とは切り離して、なされてしまった登記が実体法上の対抗要件（177条）としての効力を有するかどうかという問題として考えるべきであるとされていた。実体法上の所有者Cが、所有名義人とされているかぎりにおいて、物権変動の現状を正しく表示しているから、中間省略登記の合意を無効と解する学説も、このような登記を有効と解していた。

　　なお、債権的登記請求権を認めない説の中には、このような中間省略登記の特約は、登記請求権の行使方法に関する特約であると解する説もあった（末川144頁）。この場合には、当該特約は一定の債権的効力を有する特約として有効であるが、登記請求権の発生原因となることはないから、CはAに対して直接に登記請求権を取得することはないと解されていた。

(ロ)　**不動産登記法の改正と中間省略登記**　　前述のように、2004年の不動産登記法の改正前から、中間省略登記が積極的・合法的にできると解されていたわけではないが、なされてしまった中間省略登記の効力が問題にされていたのである。権利移転のプロセスをできるだけ正確に反映しようとする登記法制度の理想に反するような登記がなぜ頻繁になされたかに関する理由については、登録税の節約などの理由もあったが、手続法である不動産登記法がそれを可能にしていたともいえるのである。例えば、A―B―Cと土地が売買された場合に、登記はA―B、B―Cについて、なされなければならない。しかし、中間者Bの同意があれば、A―Cの移転登記を申請することが可能であった。法律改正前から、「登記原因を証する書面」が必要であった

が、申請書副本で代用することができたため、登記官は中間者を省略しているか否かを確認することができなかったのである。実態調査を必要と感じても、形式的審査権限のみを有している結果、それを実施することは不可能であった。

　しかし、前記の法改正により、登記申請に当たっては、原則として、「登記原因証明情報」の添付が必須となったため（申請書副本による代用が不可能となったため）、虚偽の登記原因証明情報を用いない限り、従来のような中間省略登記はできないこととなった。司法書士のような有資格者代理人は、例えば、資格剝奪のようなリスクを負ってまでそのようなことはしないであろうし、日本司法書士連合会もそのようなことを厳に戒めている。

　その結果、従来通りの、物権変動と合致しない「中間省略登記」はできなくなったが（東京地判平19・6・15、控訴中、も消極）、それに対するニーズがなくなったわけではなかった。そこで、「物権変動の過程を可能な限り忠実に登記に反映する」という登記制度の理想に反しない方法で、中間省略登記と同様の効果を実現することが可能か、という点が検討された。

　　(a)　買主の地位の移転による方法　　A－B間で不動産売買契約が成立しているが、移転登記は未了（A名義）の状態で、当該不動産をBがCに譲渡した（債権契約としての売買契約）。これを前提としたうえで、Bの買主としての契約上の地位をCに譲渡することによって（通常は、A・B・Cの3面契約であるが、B－C間で行う場合には、Aの同意が必要である）、当該不動産の譲渡契約の関係をA－Bではなく、A－Cに変更する方法である。もちろん、実際上は、A－B、B－C間において、代金関係などについて清算などを必要とすることはあろうが、A－C間に登記原因（契約関係）が発生していることは確かなことである。これは、従来の意味における「中間省略登記」ではないが、中間者Bが実質的な所有者とならない場合などには、可能な方法であろう。

　　(b)　第三者のためにする契約による方法　　前記の例で、A－Bにおいて「当該契約に基づく物権移転を第三者である新権利者に対して行う」とする不動産売買契約を締結する方法である。法改正前の方法（中間省略登記の合意）は、物権変動は、A－B、B－Cとしたままで、移転登記のみをA－

Cとするものであったが、前記の方法は、合意の内容が物権の移転に関するものとなっている点が重要である（これは、「規制改革・民間開放推進会議」の平成18年12月25日の答申に盛り込まれた方法である）。これを第三者のためにする契約として理解するのであれば、第三者Cの受益の意思表示が必要となる。そのうえで、CからAへの登記請求ということになろう。

　(ハ)　他人物売買の方法　　BはA所有の不動産をCに売却する。BはCに対して所有権移転義務を負うが、その義務はAがBのために履行する（第三者弁済）。その結果、当該不動産の所有権はAからCに直接に移転する。ただし、この場合にはB－C間において何らの合意もないとは考えられないので、このような説明をすることになるが、AからCへの移転登記とは関係がない。すなわち、B－C間の、このような合意は、登記原因証明情報として提出する必要はないものである。なお、宅建業者は「自己の所有に属しない宅地又は建物について、自ら売主となる売買契約（予約を含む）を締結してはならない」（宅建業33条の2）が、その適用が除外される場合として、同法施行規則15条の6において「宅地又は建物について、宅地建物取引業者が買主となる売買契約であって当該宅地又は建物の所有権を当該宅地建物取引業者が指定する自己又は第三者に移転することを約するものを締結しているとき」が追加された。

　上記のうち、(a)および(b)については、規制改革・民間開放推進会議から法務省に対して照会がなされ（平成18年12月21日）、そこでの記載例である「買主の地位の譲渡」や「第三者のためにする契約」については、登記可能である旨の回答が、法務省民事局第二課長通知としてなされた（平成18年12月22日民二第2878号）。いずれの方法においても、AからBへの所有権移転が生じないようにしておく必要があるから（所有権移転に関する契約成立時説）、Aに所有権を留保しておく特約が必要になろう。Bにも所有権が移転しているということになれば、A－BとA－Cとの間で二重譲渡がなされたという理論構成になる。そのうえで、Cに先に登記が移転されたので、Cが最終的な所有者となるのであろう（177条）。

　(ニ)　従来方式による中間省略登記の効力　　なお、実際に従来方式の中間省略登記が実行されてしまった場合には、原則として「A→C間の移転登

記」は抹消請求の対象となると解すべきである。しかし、そのような登記もCが所有権者であることを表示している限りでは正しい登記であると考えるべきであるから、中間者B以外の者がその登記の抹消を請求することはできないし（最判昭44・5・2民集23巻6号951頁）、またCが登記取得後当該土地を第三者Dに譲渡してしまった場合には、中間者BはDに対して登記の抹消を請求することはできないと解すべきである。Cの登記は第三者との関係では権利変動の現状を公示するものとして有効とみるべきだからである。

　(3)　実体的な物権変動ないし物権が存在しない場合

　(イ)　無効登記が存在する場合　　A所有の不動産についてBが所有権の移転登記をして所有名義人になっている場合（例えば、Bが登記関係書類を偽造して不正登記をしたような場合）には、真の所有者Aはその名義人Bに対して登記請求権を有する。AはBに対して不正登記を抹消するよう請求しうるが、A－B間には、契約関係は存在しないから、契約に基づく登記請求権を想定することはできない。そこで、Aは所有権に基づいてBに対してA→B間の移転登記の抹消請求をするか、または物権変動（物権の発生）がないのに存在したかのような登記がなされているとして、真の物権変動（この場合には不変動）の当事者であるAからBに対して、A→B間の移転登記の抹消を請求することができる。なお、判例は、登記抹消の手続によるかB→Aという所有権移転の手続によるかは当事者の随意である、としている（大判大7・4・4民録24輯465頁）。

　上の場合において、Aが同土地をCに売却したが、AがBに抹消登記をさせず、B→C間の所有権移転登記をさせた場合（新法のもとでは手続的に困難であろう）に、この登記は有効であろうか。このようにして受理された登記も物権変動のプロセスを別とすれば実体的権利関係の現状を反映している限りにおいて、その効力が問題となる。

　(ロ)　二段の無効登記が連続する場合　　A－B間の実体的物権変動が無効であるためにA→B間の土地所有権の移転登記が無効である場合において、Bがさらに同土地をCに転売し移転登記を完了した場合には、AはCに対していかなる登記請求権を有しているであろうか。

　まず、法律関係を整理しておこう。A－B間の取引が無効であるから、B

―C間の売買契約は債権契約としては（他人物売買としては）有効でありえても、物権的効果は生じない。したがって、B→C間の移転登記は、実体的物権変動を伴わない無効な登記である。

　真実の所有者であるAの登記名義を回復するためには、現在の登記名義人を起点として順次手続をふまなければならない、というのが手続法上の建前である（いわゆる「巻き戻し式」）。したがって、AはCに対して、まず「B→C間の移転登記」の抹消を請求すべきことになる。学説・判例も異論はない（例えば、最判昭36・4・28民集15巻4号1230頁参照）。なお、「B→C間の移転登記」の抹消を判決によって実現する場合には、AはCのみを被告とすべきである、とするのが判例である（大連判明41・3・17民録14輯303頁）。

　しかし、BがCに対して「B→C間の移転登記」の抹消を請求しうるか否かについては、学説・判例は一致していない。判例（前掲最判昭36・4・28）および多数説（舟橋129頁、末川145頁ほか）はこれを肯定するが、これを否定する学説もある（鈴木146頁。なお、広中294頁は、B―C間に契約関係が存在するときに限り解除や取消による原状回復請求権の内容として、BのCに対する債権的登記請求権を認める）。

　(ハ)　**例外的事例**　A―B間の無効な法律関係に基づく無効な登記を信頼して、第三者CがBからその登記に対応する権利を取得すべき契約を締結し、移転登記を受けても、原則としてAはCに対して登記の抹消を請求できることは(ロ)で述べたとおりであるが、A―B間の法律関係が無効であってもB―C間の法律関係が例外的に有効とされる場合には、登記請求権の理論もこれに応じて修正されなければならない。

　例えば、A―B間が虚偽表示であり、善意の第三者CがBから地上権の設定を受けていたというような場合である。この場合には、原則論どおりに、「A→B間の移転登記」の抹消を認めると、Cの地上権者としての地位を適切に処理することができないという問題が生じる。実体法上は、A―B間は無効であるが（94条1項）、Cの地上権取得は有効である（同条2項）。理論的にみる限り、A―B間は抹消登記でよいが、Cの地上権登記を抹消することはできない（94条2項が手続法上にも反映されることになると考えてよい（不登68条参照））。ここで原則論を押し通せば、A―B間の移転登記が抹消されたが、Cの地上権登記だけが残存しているということになり、手続法上は奇異な状態

が生じることになる。そこで、抹消登記に代えてB→A間の移転登記をすれば、実体的物権変動を正確に反映させたことにはならないが、Cの地上権登記を存置したままで手続法上は自然な解決を図ることが可能である。判例はこれを早くから認めており（大判大4・12・17民録21輯2124頁）、学説もこの種の事例については例外的に移転登記を認めている（舟橋134頁ほか）。

第4節　物権変動の諸態様と登記

1　復帰的物権変動と登記

1　復帰的物権変動

　A―B間の売買契約が履行されると、売主Aから買主Bへ目的物の所有権が移転するが、これが取り消されたり、解除されたりすると、その所有権は再びAに復帰することになる。そのプロセスを物権の復帰として理論構成すべきか、物権の不移転として構成すべきかという点が問題となる（広中「法律行為の取消と不動産取引における第三者の保護」法時49巻6号48頁以下）。各場合について、具体的に検討してみよう。

　(1)　取消しと物権変動　　AがBに自己所有の土地を売却し、移転登記を済ませたが、そのA―B間の土地売買契約がBの詐欺によるものであったため、Aがこれを取り消した場合には（96条1項）、A→B間の所有権の移転は初めから無効であったものとみなされる（121条本文）。この点に関する理論構成としては、A―B間の契約が取り消されるまでは、同土地の所有権はBに帰属していたのであるから、所有権は取消しによって遡及的に（＝契約成立時に遡って）BからAに復帰したと考えることが可能である。これを復帰的物権変動という。この物権復帰の法律的性質については、通常の物権変動と同様に、177条の「第三者」の出現を許容する法定の制限がついた物権変動（または不完全な物権変動）と解すべきである＊（広中120頁、または我妻〔有泉〕100頁）。

　　＊　**遡及的無効説**　　しかし「初めから無効であったものとみなす」という点を重視すれば、A→B間の物権変動は初めから無効であったのであり、終始一貫同土地所有権はAのもとにあったという理論構成も可能となる。この場合には、Bは、現に

まったくの無権利者であるし、過去においても無権利者であったということになる。つまり、取り消されるまではBが所有者であったという社会的事実が、理論構成上は無視される結果となる。

(2) **解除と物権変動** 解除についても取消しと同様の問題が生じうるが、解除の効果については121条のような規定がないので、「原状回復義務」(545条)の法律的性質については、学説も分かれている。

* **解除学説と原状回復義務の構成** 直接効果説によれば、A―B間の土地売買契約が解除されると、A―B間の契約は遡及的に消滅するから、A→B間の土地所有権の移転という効果も遡及的に消滅する。この場合にも、解除されるまでは、同土地所有権はBのもとに帰属していたが、解除によって遡及的にB→A間において復帰したと解することが可能である。この理論構成は取消しの場合と基本的に同じであり、原状回復義務の本質は不当利得の返還義務である。

間接効果説によれば、AがA―B間の売買契約を解除すると、未履行債務については履行拒絶の抗弁権が生じ、既履行債務については新たに返還債務が生じる。

折衷説によれば、解除によって未履行債務はその時点で消滅し、既履行債務については、新たに返還債務が生じる。このように、後二者のいずれの説によっても、既履行債務の処理については同じ理論構成となる。ただし、土地所有権のAへの復帰については、Aによる原状回復請求の結果としてAに復帰すると解することも、売買契約の解除の効果は物権行為にも及び（有因説）、解除と同時に所有権はAに復帰すると解することも可能である。後者の考え方が契約当事者の通常の意思に合致しており、妥当である（法定解除の効果については、田山・契約法105頁以下参照）。

上に述べた解除に関する学説のうち直接効果説による場合には、取消しと同種の問題と考えてよいが（したがって復帰的物権変動について肯定説と否定説とに分かれる）、他の2説に従う場合には原状に回復すべき新たな義務に基づいてB→A間の所有権の復帰が生じることになるのであるから、これは通常の物権変動と考えられないこともない。しかし、原状回復の実質に着眼して、復帰的物権変動の一種と考えることができよう。

2 詐欺による取消しと第三者
(1) **取消し後の第三者** AがBに土地を売却したが、詐欺を理由に取り消した。しかし、登記をB名義のまま残しておいたところ、Bは同土地をCに売却してしまった（〔例1〕）。

(イ) **通説・判例** 上の例において、Aの取消しによる物権の復帰的変動は通常の物権変動に準じて考えることができるから、これも不完全物権変動

または第三者の出現を許容するという法定制限付の物権変動と解すべきであり、後にBがCに同土地を売却したことにより、B→A間の物権変動とB→C間の物権変動との関係は、二重譲渡の関係（対抗関係）となる。

(ロ)　遡及的無効説　　取消しによる遡及的無効を重視する考えによれば、Aの取消しにより、Bのもとに存在していた所有権は初めからAのもとに在ったものとみなされるので、BがCに同土地を売却したときは、Bはまったくの無権利者であったことになる。

したがって、第三者Cが同土地所有権を承継的に取得することはありえない。しかし、Aが取り消した後、B名義の登記を除去しうるのに、これを放置しておいたという事情のもとで、第三者Cがその登記を信頼してBから同土地を買ったというような場合には、94条2項を類推適用してCの権利取得を認めるべきであるとする（四宮・総則186頁）。この考え方は、公信の原則の一適用であるから、94条2項の第三者については単なる善意ではなく、無過失をも要求している。

(ハ)　通説・判例修正説　　これに対して、二重譲渡の関係として理解する点では通説・判例と共通であり、したがって登記を先に取得した方が勝つことになるが、A―B間の契約が取り消されたことを知っていたCは、原則として背信的悪意者*となる、と解する立場がある（広中129頁）。この考え方によれば、登記を先に取得することによって権利を取得することのできる第三者は、原則として善意者に限ることになる。

この説が基本的に妥当であると考える。ただし、「背信性」の判断は実質的なものであるから、悪意の第三者Cはそれだけで自動的に背信的悪意者とされるわけではない。例えば、Aが取消し後、抹消登記もせずに放置し、Cからの問合せに対しても誠意ある返事をしないなどの事情がある場合には、Cが二重に譲り受けて登記を取得しても背信性があるとは言えないだろう。

＊　**背信性の根拠**　通常の二重譲渡の場合には、自由競争の原理の枠内で考えられており、したがってB（譲渡人）は、Aとの関係でも、Cとの関係においても、権利者と考えてよいが、取消しの場合には、Cが悪意である以上、Bを権利者と考えるべき実質的理由に乏しいと言うべきである。

(2)　取消し前の第三者　　AがBに土地を売り、Bが同土地をCに転売し

た後に、AがBを理由にA—B間の契約を取り消した（〔例2〕）。

(イ) 通説・判例　AがA—B間の契約を取り消すと、論理的に考えれば取消しの遡及効によりCの権利取得も遡及的に効力を失うことになる。つまり、A—B間の契約の取消しの遡及効が第三者Cに及ぶことになるから、一定の要件のもとに第三者を保護する必要が生じる。そこで、96条3項はそのような意味において、善意の第三者には詐欺による取消しをもって対抗できないものと規定した。論理的に言えば、96条3項は第三者Cの承継的取得を保護するために、A—B間の契約の取消しの遡及効を制限した規定である（我妻〔有泉〕96頁）。

しかし、96条3項は、善意の第三者のために取消しの遡及効を制限するにあたって第三者が登記等の対抗要件（保護要件の意味）を備えていることを要するか否かについては明らかにしていない。登記等の対抗要件を必要とすると解する説（我妻・総則312頁）もあるが、判例は必ずしも必要ではないと解している（最判昭49・9・26民集28巻6号1213頁）。〔例2〕において第三者Cが登記を取得していない場合に、登記必要説によれば、Cは96条3項の第三者ではないから、Aの取消しにより無権利者になっており、誰に対してであれ、所有者であることを主張することはできないことになる。

登記不要説によれば、未登記の第三者でもよいことになるが、そのさい、未登記の譲受人以上の権利を有するとは解していないものと考えられるから、CもAも未登記である以上、通常の二重譲渡の場合と同様に、実体法上はいずれも自分の方が優先する旨を主張することはできないと言うべきだろう（ただし、四宮／能見・総則208頁は、取消しの理論構成の点で立場は異なるが、前掲判例をふまえたうえで、A—C間の関係は対抗問題ではないので、Cは未登記でもAに権利取得を主張できると説く（後述(ロ)参照））。

なお、関連して述べるならば、〔例2〕において、Aが取消し後に同土地をDに譲渡した場合には、第三者Cは、登記がなければ、取消し後のAに対して自己の権利取得を主張できない以上、Aの承継者Dに対しても同様に主張することができない、と解すべきであろう。

＊　判例（最判昭49・9・26民集28巻6号1213頁——農地売買詐欺取消事件）の評価
　　XがAに農地を売却し所有権移転請求権保全の仮登記のみを行った状態で、Aが同

農地を第三者Yに転売し仮登記の付記登記を行った。その後に、XがAの詐欺を理由としてX—A間の売買契約を取り消した。この場合の第三者Yは、農地の所有権取得について本登記を具備していないため、96条3項の適用の可否が争われた。判決では、第三者は物権取得者である必要はない旨を述べ、AからYへの仮登記移転の付記登記を認定したうえで、Yは「もし本件売買契約について農地法5条の許可がありAが本件農地の所有権を取得した場合には、その所有権を正当に転得することのできる地位を得たもの」として第三者にあたると判断されている。しかし、これだけでは、登記の要否につき、判例がいずれの立場にあるかを判断することは困難であろう。Yは取消し前の段階において同農地の所有権の取得と対抗要件の具備に向けて可能なすべての手段を尽していると考えられるから、96条3項による保護に値すると考えてよい。つまり、本来の意味での対抗要件を具備することができない場合に、Yはこれと同等の評価（保護要件の充足という観点からみて）をなしうる手段を講じたものと解してよいだろう。このような理解のもとでは、同判決を対抗要件不要説に立ったものと評することは妥当でない、と解されている（ただし有力な反対説がある。四宮／能見・総則208頁以下）。

　＊＊　**保護要件と対抗要件の区別**　　保護要件としての登記を不要と解すると、Cが96条3項に基づいて権利を取得するためには登記は不要であるが（対A）、取得した権利を第三者D（例えば、Bからの二重譲受人）に対抗するには対抗要件が必要である、と解すべきであろう。

　(ロ)　遡及的無効説　　〔例2〕において、Aの取消しの遡及効を重視する立場は、96条3項の理解にも影響を与える。すなわち、Aの取消しにより、Cの権利取得も無効となるが、虚偽表示の94条2項の場合と同じように、96条3項も善意の第三者をとくに保護するために、一定の限度でBのもとにある登記に公信力を与えたのと同様の結果になるという理解に立っている（四宮／能見・総則206頁）。この説によれば、両規定とも表見法理を具体化したものであるから、第三者Cは単なる善意ではなく無過失でなければならないが、登記は不要とされている。以上の要件を充足しない場合には、第三者Cは保護されない。

　(ハ)　通説・判例修正説　　基本的には、B→C間の物権変動と、B→A間の復帰的物権変動が生じたことになり、Bを中心として二重譲渡が行われたのと同様の関係が成立すると解する（広中129頁）。〔例1〕の場合を二重譲渡として法律構成する以上、〔例2〕の場合も基本的には同様のものとして理解すべきである。B—C間において転売契約は成立したが、登記はまだBの

もとにあるうちに、AがA―B間の契約を取り消した場合と、〔例1〕で登記がBのもとにある場合とを比較して考えてみれば、Aの取消しとB―C間の転売行為のいずれが先に行われたかによって理論構成を変えることは妥当でないと言うべきだろう。したがって、いずれの場合にもA―C間には対抗関係が生ずる。しかし、詐欺による意思表示の取消しは、これをもって善意の第三者に対抗することはできない(96条3項)とされているから、Cが取消権の存在について善意であれば権利を取得できることになる。すなわち、登記を取得していても、単純悪意の第三者Cは権利を取得できないことになる。したがって、この結論と二重譲渡理論との間の理論的調整が必要となる。この点について、広中説は、Cが悪意であったときは原則として背信的悪意となる、と主張する(広中129頁)。

しかし、詐欺の場合に関して言えば、Aの取消権の存在を知っていたCを背信的悪意者と構成しなくても96条3項そのものを根拠として同様の結論を引き出すことはできる。CがA―B間の契約に取消原因があることを知っていた(悪意)ときは、Cは将来Aが取消権を行使するかもしれないことを甘受すべき立場にあったのであるから、取消しの効果がCに及ぶと解すべきであろう(96条3項の反対解釈)。つまり、96条3項の解釈とその反対解釈の可能な範囲内において二重譲渡の理論は修正されると解することも可能である。

結局、広中説は、96条3項に相当する規定を欠いている強迫による取消しの場合にも、詐欺の場合と同様の結論を引き出しうるという点において、特徴点を有していると言うべきであろう(次項3の場合参照)。

権利の承継取得の枠内で最も妥当な結論を導くことができるという意味で、この説が妥当であると考える。

　　　* **二重譲渡の理論構成との関係**　　B―C間の契約関係において、代金支払い、移転登記および引渡しがなされていない場合には、所有権移転に関する契約成立時説に立たないかぎり、BC間において目的物の所有権移転は生じていないが、これをも二重譲渡の関係として処理してよいという点については、本章第3節**2**(5)参照。
　　　** **原則論としての承継取得**　　類似の結論を導きうる場合において、承継取得による説明と公信の原則を適用して原始取得による説明が可能であることはしばしばありうる。民法理論はできる限り市民生活に密着した分かりやすいものであるべきであるから、前述のいずれの方法も可能である場合には、できる限り承継取得によ

る説明によるべきである。

　3　強迫による取消しと第三者
　Aが強迫を理由にして契約を取り消した後に、第三者Cが出現した場合においては、前述2(1)(イ)〜(ハ)と変わるところはない。
　Aが強迫を理由にして契約を取り消す前に、第三者Cが出現した場合には、前述2(2)の場合とは、結論を異にする。
　(イ)　通説・判例　　強迫による取消しの場合には、96条3項は適用されないから、同条1項の原則の通り、Aは取消しの効果をCに対して主張することができる。したがって、Cは善意であっても、Bからの権利取得をAに対抗することはできない。
　(ロ)　遡及的無効説　　この説に立っても、取消し前に出現した第三者については、第三者保護の規定によって保護されるだけであると解する（四宮／能見・総則209頁）ならば、結局そのような規定は96条3項しかないから、強迫の場合には第三者は保護されないことになる。
　取消し前であっても、Aが取消権を行使しうる状態にあるのに、これを放置している場合に、第三者CがBのもとの登記を信頼してBから権利を取得したときは、94条2項の類推適用を認めて、Aの取消しがあってもCの権利取得を保護しようとする考え方もある（幾代「法律行為の取消と登記」於保還暦論文集・上61頁以下）。しかし、この説に対しては、取消権を行使しないでいたAについて、その間の取消権の不行使を94条2項における本人の帰責事由と同程度の帰責事由として構成せざるをえない点に理論的弱点があるとされている（広中124頁）。この点は、取り消しうるのに放置している場合と、取消し後登記を放置している場合につき、Aの帰責事由（94条2項類推の要件）を比較してみれば明らかであろう。
　(ハ)　通説・判例修正説　　この場合にも、基本的にはB→A間の復帰的物権変動とB→C間の物権変動とを二重譲渡の関係において理解すべきである。強迫の場合には、96条3項は適用されないから、第三者CがA－B間の契約の取消前に現われた場合には取消しにより、CがA－B間の契約の取消し後に現れた場合にはB－C間の契約の成立により、AとCとは二重譲渡の関係（＝対抗関係）に立つと理解する。

この考え方によると、取消し前に現れた第三者が登記を取得している場合には、取消し自体が無意味になってしまう。そこで、取消原因を知って取引関係に立った第三者は、原則として背信的悪意者と考える（広中129頁）。この考え方では、第三者の出現時期は要件（悪意のさいの認識対象、すなわち取消しの可能性か取消しの事実か）との関係で一定の意味を有しているが、基本的な法律構成との関係では意味をもたない。

A―B間の契約の取消原因（取消しの可能性）を知っていただけのCを、原則として背信的悪意者と解することについてはやや疑問が残るが、96条3項が強迫の場合を除外している点を重視し（すなわち、詐欺の被害者と強迫の被害者とを区別し、民法は後者をより厚く保護していると理解し）、民法がとくに第三者の善意・悪意を区別せずに保護を要するとして取消権を与えている者（A）が取消権を行使しさえすれば権利を取得することを知りながら、Cがみずからその物の所有権を取得したという点に、背信性を認めることが可能であろう。

Cが取消原因を知らなかった（重過失がないことを要すると解すべき）場合には、96条1項に基づいてAは復帰的に所有権を取得し、B→C、B→A間の関係は原則として二重譲渡となる。しかし、この場合には、Cの背信性は問題にならないから二重譲渡の一般理論に従って最終的には登記を先に取得した者が勝つと解すべきである（この点で、Cの地位は詐欺の場合よりも弱い）。ただし、Aが取り消して登記を取得しうる状態（強迫から脱した状態）にない時点で、すでに第三者Cに移転登記がなされていた場合には、強迫状態から脱した後にAは遅滞なく取消権を行使し、177条の適用基礎（現実の登記可能性）が欠けていたことを主張することができる、と解すべきである（広中130頁）。その結果、Aは登記なくしてCに所有権の復帰的取得を主張することができる。すなわち、Cが権利を取得しうるのは、Aが取り消しうるのに取り消さないでいるうちに、Cが善意・無重過失で権利を取得した場合である。

4 解除と第三者

(1) 解除後の第三者　Aが自己所有の土地をBに売却したが、Bの債務不履行を理由としてA―B間の契約を解除した。その後、登記を抹消しないでいたところ、Bが同土地をCに売却し、登記を移転してしまった（〔例

5 〕)。

(イ) **直接効果説（通説・判例）**　解除に関する直接効果説に従えば、Aの解除によりBは遡及的に無権利者となるから、第三者Cも権利を喪失すべきところであるが、それでは公示（登記）を信頼して取引を行ったCの利益が害されることになる。しかし、545条1項ただし書の適用の可否については、Cは解除当時の第三者ではないから、解除の遡及効に制限を加える規定（我妻・債権各論上197頁参照）を、本事例のCに適用することはできない。そこで、解除によるB→A間の所有権の復帰と、B→C間の所有権の移転を二重譲渡と同様に理論構成して、対抗問題として処理すべきであると主張する。したがって、本事例では先に登記を取得したCが、所有権を取得することになる。

(ロ) **間接効果説（または折衷説）**　解除の理論構成に関するこの2つの学説は、解除によって既履行の給付については新たな返還債務を生じるという点で一致している。そこで（物権契約について独自性否認説または有因説に立てば）、Aの解除により、その時点においてB→A間において所有権が復帰することになるから、後に行われたB→C間の物権変動との関係で二重譲渡の問題（対抗問題）が生じることになる。本事例の場合には、Cが先に登記を取得しているから、Cの権利取得が優先する（177条）。

* **独自性・無因説**　物権契約について独自性説に立ち、かつ無因説に立つ場合には、解除の対象となるのは債権契約としての売買契約であるから、Aの解除によってBは目的土地の所有権をAに移転する債務を負うにすぎない。したがって、この説に立つ場合は解除の理論構成についていかなる学説（直接効果説か否かなど）に従うかによる差は、結果的には生じてこない。本事例の場合には、B→C間においては物権契約もなされている（Cが先に登記までも取得している）から、B→A間において復帰的物権契約がなされていたとしても（物権契約の存否は不明であるが）、Cの権利取得が優先することになる。

(2) **解除前の第三者**　Aが自己所有の土地をBに売却し、Bは同土地をCに転売し、登記もCに移転した。その後、AがBの債務不履行を理由としてA−B間の契約を解除した（〔例6〕）。

(イ) **直接効果説（通説・判例）**　通説・判例は、意思主義を前提として、解除については直接効果説（前述(1)(イ)参照）に立っている。

AがA−B間の契約を解除すると、契約は遡及的に消滅するから、取消し

について述べたのと同様の関係において、解除の遡及効が当事者間だけでなく第三者Cにも及ぶべきはずであるが、民法はとくに第三者に対する関係において解除の遡及効を制限している(545条1項ただし書)。したがって、〔例6〕における第三者Cは同規定によって保護されるから、権利を追奪されることはない。この説によれば、第三者Cが権利を取得しうる直接の根拠は545条1項ただし書であるから、登記等の対抗要件を取得していることを要するか否かは同規定の解釈の問題となる。すなわち、保護に値する第三者と言うためには、登記等の対抗要件を備えていることを要すると解すべきか否かが問題となる。判例によれば、第三者は対抗要件を備えることを要する (大判大10・5・17民録27輯929頁。ただし、最判昭45・3・26判時591号57頁は、例外を認める)。この場合の「対抗要件」は、判例理論によるときは、厳密には対抗要件 (177条) ではなく、第三者の保護要件 (545条1項ただし書のための) と解すべきである。

(ロ) 間接効果説(または折衷説)＊ 〔例6〕では、既履行債務が問題となっているから、間接効果説に立っても折衷説に立っても、理論構成について差は生じない。

Aが解除をすると、その時点において、B→A間に復帰的物権変動が生じるべきところであるが、所有権はすでにCに移転してしまっており、かつ、解除に遡及効はないから、B→C間の転売契約成立時におけるBの処分権限は失効せず、したがってB→C間の転売契約の効果は、Aの解除にもかかわらず消滅しない。その意味では、545条1項ただし書は、当然の結果を注意的に規定したにすぎないことになる。

　　＊　**物権変動論と解除学説**　物権変動論において意思主義(独自性否認説)に立つか否かという問題と、解除に関する学説について直接効果説に立つか否かという問題とは、必ずしも論理必然的な関係にはない。したがって、ここでいう間接効果説、折衷説には、意思主義を前提とするものも当然に含まれている。

(ハ) 対抗要件説　物権契約否認説にたち、解除については折衷説に立ったうえで、545条1項ただし書を対抗要件主義に基づいて理解しようとする説もある。第三者Cが解除前にすでに登記を取得している場合には、Cが勝つが (545条1項ただし書)、登記がBのもとにとどまっている場合でも、CがAよりも先に登記を取得すればCが勝つことになる。Aの解除により、その時

点においてB→A間の復帰的物権変動が生じ、それ以前に行われていたB→C間の物権変動との間で二重譲渡の関係が成立すると解するからである。第三者Cが、Aの解除の時点ですでに登記を取得している場合には、二重譲渡の関係として構成することに意味があるのかどうか問題となりうるが、Cが背信的悪意者であるという場合*もありうるので、そのような構成をとることによって、Aを救済しうる余地を残しておくという意味はあると思われる。

> ＊ **解除と背信的悪意** 売主Aが買主Bの残代金不払を理由として、相当な期間を定めた催告をしているのを知りながら、第三者Cが、Bから、AB間の契約の目的物である土地を安価で購入したような場合には、Cに背信性があると考えてよいだろう。なお、判例の中から参考になると思われるものをあげておこう。Aと転得者Cとの間で中間省略登記を行う旨の特約（不登法改正前）がA－B間でなされていた場合において、転得者が出現した後にAがA－B間の売買契約を解除し、Cの登記の欠缺を主張した事例において、AのCに対する主張は信義則に反し許されないとしたものがある（前掲最判昭45・3・26。この判例では、登記がAのもとに残っており、本事例とは登記の所在の点で逆である）。これを対抗要件説によって理解すれば、A－C間の関係は二重譲渡の譲受人同士の関係となり、原則として登記によって優劣を決すべきであるが、背信的悪意者またはこれに準ずる者は、登記の欠缺を主張することができないということになる（広中117頁以下）。妥当な結論というべきだろう。

5　無効の場合——補論

取消しや解除の場合に復帰的物権変動を認める学説の中には、無効の場合についても、同様の法律関係において理解しようとするものもある。すなわち、無効を理由として登記の回復を主張する不動産売買の当事者は、その主張をなしうる状態になった以降に出現した第三者Cに対しては、登記なくして対抗することができない、と解する（鈴木125頁）。

取消しや解除（直接効果説）という法的手順を踏んだうえで遡及的無効を主張して登記や占有の回復を求める場合と、契約の無効原因を主張して登記等の回復を求める場合とでは、共通する要素を有していることは確かである。しかし、取消しや解除の場合のように、いったんはA→B間で所有権の移転があった場合には、復帰的物権変動のための論理的前提が存在しているが、初めから無効であった場合には、復帰的物権変動を承認するための論理的前提を欠いていると言うべきであろう。したがって、このような場合には第三

者Cの保護のためには別の法理の適用を考えるべきである。例えば、AがA―B間の契約の無効を前提として登記等の権利の外観を回復しうるのにそれを怠っており、かつ第三者Cが過失なしにBのもとにある外観を信じて取引を行った場合には、94条2項を類推適用してCの権利取得を認めるべきであろう。ただし、Aの側については単に無効原因を知っていただけではなく、一定期間以上にわたって登記等の回復についての怠慢があったことを要し、またCの側については単純に登記を信頼しただけでは足りないと言うべきである。登記簿上の所有名義人が真実の所有者である、ということを過失なくして信頼したことが必要であろう。

> *　**無効と取消し・解除の差**　何故、無効の場合にのみ表見法理を用いるのか、という点について補足しておこう。取消しや解除の場合にも権利移転のための法的基礎が消滅しているのであるから、はじめからそれが存在していなかった無効の場合と共通する側面を有していることは確かである。しかし、取消しや解除の場合には、法的実体としても一度は権利変動が存在したのであるから、その点を直視して承継移転の枠組みで理論構成することができるが、無効の場合には、そのような意味における承継移転の枠組みに納めるには無理があると思われる。

2　取得時効と登記

1　物権変動としての時効取得

民法162条は、取得時効の要件として、占有に関するものだけを掲げているから、それを充足する場合には、登記の有無とは関係なく取得時効が完成すると解されている。すなわち、ここでも一種の物権変動が生じるわけである。意思表示による不動産物権の変動は、意思表示のみによって効力を生じるが (176条)、対抗要件として登記を必要とする (177条)。それでは、取得時効のような意思表示によらない物権変動についても、対抗要件を必要とすると解すべきであろうか。

この問題の検討に入る前提として、取得時効の法律的性質をどのように理解すべきか、ということについて登記との関連で問題点を整理しておこう。

A所有の不動産をBが時効取得した場合には、従来の通説によれば、BはAの所有権を承継取得するのではなくて、同不動産の所有権を原始取得すると解されている (我妻・総則481頁、川島・総則570頁、大判大7・3・2民録24輯423頁。な

お、舟橋51頁によれば、時効取得は原始取得として扱われるが、実体は承継取得である、という）。このような考え方を前提として、対抗要件としての登記を必要とするならば（ただし川島説は登記不要説）、その物権変動の実態に合わせて、Aについて所有権の消滅登記を、Bについては所有権の保存登記をさせることが論理的には正しいということになるだろう。しかし、判例は、時効による不動産所有権の取得は、移転登記の方法によって登記すべきであるとしている（大判大14・7・8民集4巻412頁）。しかも、本来は消滅登記と保存登記をなすべきであるが移転登記でもよいという趣旨ではなく、未登記不動産の場合を除いて（この場合は直接に保存登記をしてもよい）、常に移転登記をすべきであるとしている。

　ところで、その理由を検討してみると、時効取得は原始取得であるということ自体について再検討を要するのではないのか、という疑問さえわいてくる。例えば、原所有者Aと時効取得者Bとの関係は、承継取得の当事者であるとみなされるから登記も移転登記をすべきだ、という説明をする判例（大判昭2・10・10民集6巻558頁）などは、取得時効を承継取得と解しているのではないかとさえ思われるのである。

　この問題については、取得時効の本質論として、抽象的に原始取得か承継取得かを論ずべきではなく、次のような事例をどのように理解するのが最も妥当であるか、という観点から考えてみるべきだろう。

　Aは自己所有の土地をBに賃貸し、Bが同地上に自己所有の家屋を建て保存登記も済ませていた。Aは事業資金を捻出するために、同土地をCに売却したが未登記のまま死亡し、Cも間もなく死亡したため（相続人をC′とする）、Aの相続人A′は同土地を相続したものと思い、10年間以上にわたって平穏公然と占有（間接）を続けていた。その間、BはA′に賃料を支払い、A′は固定資産税等を支払っていた。

　上の事例において、A′は通常、162条2項によって同土地の所有権を時効取得することができるだろうが、この場合の時効取得後におけるA′―B間の法律関係をどのように説明すべきであろうか。かりにA′は同土地の所有権を原始取得したという点を形式論理的に貫徹させようと思えば、A′は常にまったく無制限の所有権を取得すると解することになろう。しかし、それではA′―B間の法律関係を妥当に規制することはできない。そこで、原始

取得と解する説においても、時効によって取得される所有権の範囲は、時効取得の基礎とされた占有の状態によって定まる（我妻〔有泉〕425頁、川島・総則570頁）と解することになる。したがって、同事例に即して言えば、A′は、Bの賃借権の存在を認容した占有を継続していたことになるから、A′はBの賃借権によって制限を受けた土地所有権を取得することになる。これは、前主C（ないしC′）の所有権が受けていた制限を承継するのではなく、A′自身の占有の状態がBの賃借権の存在を認容していたことに基づくものである、と説明することになろう。承継取得説によれば、A′はCの所有権が受けていた制限を承継することになるが、C′のこの制限は、Bの賃借権が借地借家法10条による対抗要件を満たしていたから存在するのである。原始取得説によれば、A′の占有がBの賃借権の存在を前提としていたか否かは、それが占有の状態の問題である以上、Bの賃借権の対抗要件の有無とは無関係のはずであり、したがって、かりにBの賃借権が対抗要件を備えていないものであっても、論理的には、A′は賃借権によって制限を受けた所有権を原始取得することになろう。

* **承継取得説** 最近では、有力な学説（注釈民法(5)〔安達三季生執筆〕235頁、中尾英俊「所有権の時効取得は承継的取得」西南学院大学法学論集11巻2・3・4合併号1頁）において、承継取得説が主張されるに至っている。なお、取得時効の本質をどうとらえるかということは、取得の対象が農地である場合に、農地法3条（または5条）の適用を受けるのか（許可を必要とするか）、という問題とも関連してくる（農地法上の許可義務は原始取得を予定していない）。

** **占有の状態** A′の占有は、A′がBを占有代理人としているという点を基本とするものであるから、その土地を直接に占有・利用しているのはA′ではなく、Bであるということまでは含まれると解してよいが、Bの賃借権が対抗要件を具備しているか否かという点を占有状態に含めることは困難であろう。

2 時効取得と対抗要件（登記）

(1) **時効取得者と原権利者の関係** 通常の売買契約において、AからBがある不動産を購入したのであれば、買主BはAに対して登記なくして所有権を主張することができる。Aは、Bにとって契約の当事者であり、第三者（177条）ではないからである。

それでは、取得時効についてはどうであろうか。時効取得者Bと原権利者

Aは、契約によって媒介されているわけではない。AとBが、たまたま契約関係に立っている場合はありうるが、Bの権利取得は時効に基づくのであって、契約の効果とは無関係である。

しかし、取得時効の完成によって、Aのもとで不動産所有権が消滅し、Bがその目的物の所有権を取得するのであるから、その意味ではA、Bは時効取得という物権変動の「当事者の関係」に立っているとみることもできる。通常、「当事者の関係」に立つという表現は、AとBが売買契約の当事者（売主と買主）であるというような場合に用いられるから、何らの契約関係にも媒介されていない者について当事者という表現を用いるのは妥当ではないかもしれないが、そのような相違を認識したうえで用いるのであれば許されるであろう。取得時効の本質論、とりわけ「取得」の法律的性質については、**2 1**で述べたように、学説も分かれているが、原始取得説に立つにしても、その法律的効果は極めて承継取得に近くなる場合があることを承認せざるをえないのである。このような点を考えるならば、少なくとも取得時効の効果の点では承継取得と同様に考えることが許されるであろう＊。そこで、取得時効の場合についても、契約の場合と同様に、当事者間においては登記なくして所有権の取得を対抗することができると解することが可能となる。すなわち、時効取得者Bは登記なしに原権利者Aに対して当該不動産所有権の取得を対抗することができる。

> ＊ **時効取得と177条**　177条の「第三者」とは、意思表示によって媒介された「当事者」以外の者を意味すると解すれば、時効取得の「当事者」であるBとAとは互いに第三者となり、登記なしには対抗できないということになる。しかし、このように解すると、実際上、不動産について取得時効が完成する場合は極めて限られることになるし（例えば、無効な契約に基づいて占有と登記を取得した場合（後述(2)㈠参照）など）、162条が取得時効の要件として占有のみを規定していることの趣旨にも反することになろう。

(2) **時効取得者と時効完成前の原所有者からの譲受人の関係**

㈤ **時効取得者が未だ登記を有しない場合**　A所有の不動産を占有しているBが時効によって所有権を取得する前に、第三者CがAから同不動産の権利を取得し、登記を経由した場合＊について検討してみよう。この場合は、さらに、A－B間に有効な取引関係（売買や贈与など）がある場合（有効未登

記型）と、そのような関係は外形上あったが実は無効であったという場合とに分けられる（無効未登記型、同種の問題は取消しや解除の場合にも生じる）。

＊ **第三者への移転登記と時効中断**　時効は占有を基礎とした制度であるから、占有が継続されている以上、法定の中断事由がないかぎり、時効は中断されない。しかし、不動産の場合については、物権変動における登記の重要性に鑑みて、第三者への移転登記を中断事由と同等視しようとする説がある。すなわち、「時効完成の前に登記に基づいて物権が取得された場合には、その登記以後においてさらに時効取得に充分な期間だけ占有が継続された場合でなければ、時効取得の効力を生じない」としている（我妻〔有泉〕118頁）。これを支持する学説も有力であるが、民法が中断事由を制限列挙していることと衝突するため、通説・判例の支持は得られていない。

(a)　**有効未登記型**　A―B間に有効な不動産売買契約があったが、Bが登記を取得しないうちに、Aが同不動産をCに売却し登記を移転してしまった。その直後に、Bは民法162条2項の要件を充足したので、Cに対して時効取得に基づいて登記の移転を請求した。Bのこのような請求は妥当であろうか。

この事例は、時効取得としての要素を除けば、典型的な二重譲渡のケースである。第一譲受人Bが長年登記を怠っていたところ、第二譲受人Cが登場し、登記をも取得してしまったのであるから、本来は177条に従って、原則として第二譲受人Cが権利を取得できるケースである。そこで、第一譲受人Bは177条との関連ではCに対抗することができないので、（自己の物についての時効取得の可能性を肯定したうえで）所有権の取得原因として売買契約ではなく時効取得を主張しているわけである。したがって、判例のように、不動産の取得時効完成前に原所有者から所有権を取得し移転登記を経由した者に対し、時効取得者は登記なくして所有権を対抗することができる、と解するならば（最判昭41・11・22民集20巻9号1901頁、所有権取得が時効完成前であれば移転登記は時効完成後であってもよい。最判昭42・7・21民集21巻6号1653頁）、本事例のような場合には、まさに登記欠缺を時効で救う結果になり、不当であろう。つまり、第二譲受人Cが所有権を取得して登記をも取得した時点において、A→B、A→Cの二重譲渡については、177条によってCが確定的に権利を取得するという形で決着がついたのであるから（Cの背信性は問題になりうる）、後にBがその決

着を無視して取得時効を主張することを許すのは妥当ではないであろう（Cの権利取得を前提としたうえで、改めてBが取得時効の要件を具備する場合は、Bは権利を取得しうる。同旨、最判昭36・7・20民集15巻7号1903頁）。

そこで、判例の理論構成に反対する学説が主張されている。例えば、Bの時効取得の効果はその起算日に遡るのであるから（144条参照）、上の場合には、A→B間における所有権の移転後10年間経過する直前にA→C間で譲渡行為がなされ、登記もCに移転されたと構成することが可能である（広中156頁）。この考え方は、時効の効果（物権変動）を完成時でとらえる（多数説）のではなく、遡及効を重視し、A－B間（売買ではなく取得時効の関係）、A－C間を二重譲渡として構成することによって、判例とは逆の結論を導いている。すなわち、BとCとは対抗関係に立つから、原則として登記を先に取得したCの方が最終的な権利者となる。

もっとも、CがBを害する目的で不動産を譲り受けて登記を経由したというような事情があれば、Bは背信的悪意者の理論により、Cに対して登記なくして所有権の取得を主張することができるから、時効取得を主張しなくても自己の利益を守ることができる。

なお、背信性の判断基準につき、Bがすでに同不動産について居住上の利害関係を有するに至っていることを知って譲り受けた第三者Cは原則として背信的悪意者とする説（広中101頁以下、157頁）に従えば、これによって保護されるから、Bを時効取得（162条2項の適用）によって保護すべき場合は少ないと思われる。

　(b) 無効未登記型　　同じく外見的には、A→B、A→Cの二重譲渡のようにみえるが、A→B間の売買契約は実は無効であったという場合において、A－C間の譲渡行為の直後に、Bについて162条2項の要件を充足したという場合はどうであろうか。

この場合には、A→C間の譲渡・移転登記によってA－B間の無効な譲渡行為との間では二重譲渡のような問題は生じないが、A→C間の譲渡行為の直後に、Bについて162条2項の要件が充足されたのであるから、Bの取得時効の完成との関連で、Cの権利取得と登記の取得をどう評価すべきかという問題が生じる。

判例によれば、BとCとの間においては取得時効の関係しかないから、BとCとは「取得時効の当事者」と解することが可能であり、したがってBは登記なくしてCに対して時効取得を主張することができる（前掲最判昭41・11・22参照）。このような判例の考え方は、Bの時効取得によって登記名義人Cの所有権が時効完成時において消滅するという点に着目して、BとCとを取得時効における当事者として構成しているものと思われる。

しかし、時効の遡及効（144条）を考慮すれば、所有権の取得と消滅はB̈とÄとの間において生じるはずであり、その意味では、取得時効の当事者は時効取得者Bと起算点における権利者Aであると解すべきであろう。この考え方によれば、CはBにとって第三者であり、しかも、Bの権利取得後、10年経過直前に権利を譲り受けて登記を取得した第三者であるというべきことになる。したがって、A─B、A─C間は二重譲渡と同様の構成で理解されることになるから、原則としてBは登記なくしてCに対抗することはできないことになる。しかも、CはBの取得時効完成前に出現した第三者であるから、Bの時効取得について「悪意」であったということは論理的にはありえないことになる（広中157頁）。ただし、Bが時効取得すれば、二重譲渡に類似した関係が成り立つことを知りつつ、あえてAから権利を取得し、かつ移転登記をも経由しながら、Bの取得時効を成立させてしまったという場合には、Cは背信的悪意者として扱ってよいのではないかと思われる。

　　　(c)　自主占有未登記型　　Aが占有し、その名義で登記されている土地建物について、Aの子であるBが、Aから管理をゆだねられて占有していたが、Bの死亡後、その相続人であるBの妻子XらはBが生前にAから同土地建物の贈与を受けてこれを自己が相続したものと信じて、その登記済証を所持し、固定資産税を納付しつつ、管理使用を専行し、賃借人から賃料を取り立てて生活費に費消していた。A（Bより後に死亡）およびその相続人Yらは、Xらがそのような態様で同土地建物を事実上支配していることを認識しながら、異議を述べていなかった。このような事実関係を他主占有者Bの相続人であるXらが立証したときには、同土地建物がAの遺産として記載されている相続税の申告書類の写しをXらが受け取りながら格別の対応をせず、Bの死亡から約15年経過した後に初めて同土地建物につき所有権移転登記手続を

求めたという事実があったとしても、Ｘらの同土地建物についての事実上の支配は、外形的客観的にみて独自の意思に基づくもの（自主占有）と解するのが相当であり、Ｘらについて取得時効が成立する（最判平８・11・12民集50巻10号2591頁）。

　(ロ)　**時効取得者がすでに登記を有する場合**　Ａ―Ｂ間の売買が有効であり、かつＢへの移転登記も経由されているという場合には、かりにＡからの譲受人Ｃが出現しても（他人物売買となろう）、この権利変動の過程にＢによる時効取得が割り込む余地はないから、ここでは有効既登記型について述べる必要はない。したがって、無効既登記型についてのみ述べることにする。

　Ａ所有の不動産をＢが買って登記をも取得したが、実はこの売買契約が無効であった場合において、Ｂが引き続き占有を継続していたという事例で考えてみよう。Ｂが時効によって所有権を取得する（162条2項）直前に、Ａが同不動産をＣに売却したとしても、Ｂはその直後に同不動産の所有権を時効取得し、登記も備えているのであるから、ここでは「時効取得と登記」の問題は生じないと考えてよいだろう。

　厳密に言えば、ＢとＣとの関係を二重譲渡に準じて考えるのか、それとも取得時効の当事者として考えるのか、という理論構成上の問題があるし（本節２ ２(2)(イ) b 参照）、登記についても、Ｂは・時・効・取・得・に・つ・い・て・の・登・記・を経由しているわけではないから、Ａ―Ｂ間の無効な売買に基づいてなされたＡ→Ｂ間の移転登記を後の時効取得に流用＊できるのか、という問題が生じる。この「登記流用」の問題を肯定すれば、前述の事例においては、「時効取得における対抗問題」は理論上はともかくとして・現・実・には生じないと考えることができる。

　　＊　**登記の流用**　この場合のＡ―Ｂ間の移転登記は、原因行為（売買契約）が無効であるから、同様に無効である。しかし、Ｂが時効によって当該不動産の所有権を取得したことにより、権利変動のプロセスを表示してはいないが、当該不動産の権利関係の現状を表示していることになる。そのかぎりで、当該登記に対抗要件としての効力を認めることが、法律関係の安定に奉仕することになろう。

(3)　**時効取得者と時効完成後の原所有者からの譲受人との関係**
　(イ)　**基本的事例と判例の見解**　ＢがＡ所有の未登記不動産の所有権を時

効によって取得したが、登記を取得しないでいたところ、原所有者Aがその保存登記をして、第三者Cに売却し移転登記をしてしまった。

　まず、1つの考え方としては、BがA所有の未登記不動産を時効取得した時点において、Aが完全に無権利者となったと解することが可能である。この考え方を前提とすれば、Aは同不動産については無権利者でありながら保存登記をしたことになるから、この登記は無効であり、したがってA→C間の移転登記も無効となる。旧判例（大判明43・11・19民録16輯784頁）はこの考え方に立っていたが、後に変更された。旧判例の考え方は、取得時効の効果を原始取得を前提として絶対的なものとして理解しているため、そのような結論に至ったものと思われる。

　所有権がAのもとで消滅し、Bのもとで発生したと解するにしても、これを登記簿上表示するさいには、いったんAのもとで保存登記をし、それを前提としてAからBへの移転登記を行うべきであるというのが判例理論であるから（ただし、Bによる保存登記の可能性も認めている——大判大14・7・8民集4巻412頁）、Aは時効によって権利を喪失した後も、同不動産について保存登記をなしうると解すべきことになる。これが可能であるということは、実体法的にも、Aは、まったく無権利者であるとはいえないと解することが可能となる。つまり、このような論理的前提のもとで、Aが当該保存登記に基づいて同不動産をCに譲渡した場合には、あたかもA→B間の第一譲渡の後、A→C間の第二譲渡がなされ、Cに移転登記がなされた場合と同様である。したがって、第三者Cは登記を取得した時点において所有権を確定的に取得するのであり、BはCに対して、登記なくして時効取得を主張することができないのである（前掲大判大14・7・8、最判昭33・8・28民集12巻12号1936頁は土地の事例）。

　このような判例理論の変更により、目的不動産の第三取得者が、Bの時効取得の前に生じるか後に生じるかによって、理論構成が異なり、それに応じて結論も異なることになった。すなわち、判例によれば第三者が取得時効の完成前に現れた場合には、時効取得者と第三取得者との関係は権利の取得・消滅の「当事者」として扱われる結果、時効取得者は登記なくして時効取得を主張することができるが、取得時効の完成後に第三者が現れた場合には、時効取得者と第三者との関係は、基本的には二重譲渡の当事者に準じて考え

られているのである。

その結果、未登記の時効取得者が、原所有者からの時効完成後の譲受人（移転登記済）に対して時効取得を主張するために、時効完成時を遅らせることが可能かという点が問題となる（もちろん、占有との関係で常に可能とは限らない）。

* **反対説による理論構成** 前述の時効の遡及効を重視する学説（前述(2)(イ)(a)参照）によれば、Bが取得時効の完成後に登記を経由しないでいる間に第三者Cが目的不動産を譲り受けた場合には、Bの時効取得は遡及効を有するが、物権変動としては不完全（または法定制限付き）であるから、第三者Cが原所有者Aから目的物を譲り受けて登記を経由すれば、原則として、Cが最終的な所有者となる。

(ロ) 時効起算点の選択可能性　　Bの取得時効完成後にCが現れ、登記をも取得した場合には、BはCに時効取得を対抗することができないが、時効完成後も占有を継続していた場合[*]には、Bの時効の起算点を遅らせることによって、Cの取得（権利と登記）の時期をBの時効完成前にし、これによってBの時効取得をCに対抗することが可能となるとする学説が主張されている[**]。

しかし、判例はこれを否定している（最判昭35・7・27民集14巻10号1871頁ほか）。時効の当事者間においてのみこの問題を考える限りは、上記の学説のように考えることも可能であるが、「時効による権利取得の有無を考察するにあたっては、単に当事者間のみならず、第三者に対する関係も同時に考慮しなければならないのであって、この関係においては、結局当該不動産についていかなる時期に何人によって登記がなされたかが問題となる」から、取得時効を援用する者において任意にその起算点を選択し、時効完成の時期を早めたり遅らせたりすることはできない、というのが判例の考え方である。

この問題は、取得時効制度の本質にかかわる問題でもあるので、いずれの考え方が妥当であるかは速断しがたいが、少なくとも **2**「取得時効と登記」において述べた他の諸点において判例理論をとる限り、この問題についても判例の考え方を採用するのが妥当である。さもなければ、時効援用者の単なる起算点の操作によって時効取得者と第三者との関係が対抗関係になったりならなかったりすることになり、第三者の地位が著しく不安定となるからで

ある。

* **占有の継続と新たな時効取得**　Cが登記を取得し確定的に所有権を取得した後もBが占有を継続している場合には、時効起算点の選択可能性の問題が生じるだけでなく、新たにBの取得時効が進行を開始するから、それによって162条1項または2項の要件を満たす場合には、時効が完成することになる。したがって、この場合にはBとCとは時効の当事者になるから、Bは登記なくしてCに時効取得を主張することができる。判例もこの考え方に立っている（最判昭36・7・20民集15巻7号1903頁）。

** **時効制度の本質と起算点**　「時効制度の本質は、一定期間以前の事実を裁判上主張することを禁ずることにあるのであり、したがって取得時効は過去のある時点から起算されるのではなく、問題となる現在から逆算されるべきものである。（中略）取得時効が完成しているかぎり『第三者への対抗』が問題とならないということは、取引の安全を害することにはなるが、それは、民法が、登記ある権利の取得時効を登記に関係なしにただ事実支配の継続のみを要件として承認する、ということから生ずるのであって、やむを得ない。」（川島267頁）。

3　境界紛争における時効取得と登記

　図4のように、本来はB所有の隣地（以下乙地という）に属する部分を、Aが自己の所有地（以下甲地という）の一部であると信じて10年以上占有を継続していたが、Bが乙地をCに売却したため、乙地の一部がAによって占有されていた事実が判明した。そこで、CがAに対して所有地の返還を請求したという場合に、前述の判例理論によって、はたして妥当な結論を得ることができるだろうか。

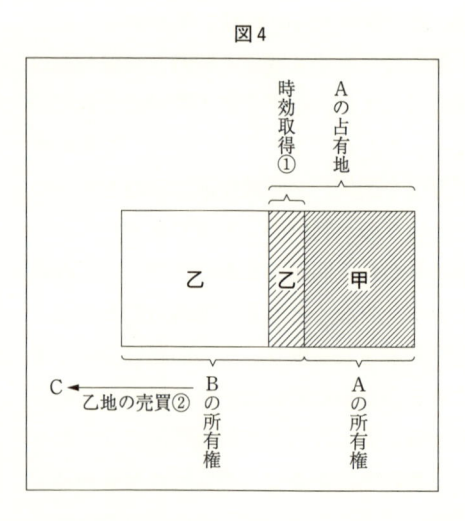

　この事例におけるCは、Aの取得時効完成後に現れた第三者であるから、判例理論によれば、Aは時効取得について登記を経由していないかぎり、Cに対抗することができない（最判昭48・10・5民集27巻9号1110頁）。

　しかし、AはB所有の乙地が第三者Cに譲渡されるまでは当

図4

該部分を登記済の自己の所有地の一部であると信じていたのであるから、自己の占有が10年以上継続した時点においても、当該部分に関する時効取得について登記をすることなど考えるわけはないのであり、またCとしても通常、現地見分により当該部分が乙地の一部であると思って購入したわけではないであろう。

このような事例を、前述のような判例理論に従って解決するとすれば、Aに対しては通常期待しえないこと、すなわち、気がついていない時効取得について登記をしておくことを要求することになり、妥当でないと言うべきだろう。そこで、係争部分の時効取得者Aが自己の時効取得に気づかなかった[*]ことを立証できれば、かりにCがすでに登記を経由していても、Aは、A－C間においては177条適用の基礎を欠いていることを主張することができ、その結果、登記なしにCに対して所有権を主張することができる、とする説もある (広中158頁)。最近では、理由づけは異なるが、このような場合にはAは原則として登記なくしてCに対抗することができることを認める説が多くなっている (星野・民法論集(4)338頁以下ほか)。もっとも、Aが時効完成を知っていて登記を怠っていた場合には、177条を適用しうる基礎は存在していたのであるから、判例理論を適用しても不当な結論は生じない。

> [*] **善意・無過失**　単に気がつかなかったというだけでは、Aが有過失である場合も含むことになるので、Aが時効取得に気がつかなかった点について無過失を要求すべきであろう。そのような場合にはじめて、177条の適用基礎を欠いているといえるからである。

3　相続と登記

1　単独相続と対抗問題

(1) 被相続人からの譲受人と相続人の関係　　相続による物権変動自体についても、通常の意思表示による物権変動と同様に、登記をしなければ第三者に対抗しえないのであろうか。このテーマを理論的に検討するためには、相続人が1人である事例について考える方が分かりやすいと思われるので、まず単独相続の事例を前提として、検討することにしよう。

戦前の日本における隠居相続のような生前相続制度を認めていた場合には、

この問題は実際的にも極めて重要な問題であった。例えば、相続人Bが生前に相続した甲不動産を、被相続人Aが相続開始後に登記名義を冒用して第三者Cに贈与してしまうということが起こりえた。この場合に、BとCのいずれが甲不動産の所有者となるのかという問題は、二重譲渡の場合と同様に考えて、いずれが登記を先に取得したかによって解決されるべきものとされていた。しかし、生前相続制度を認めていない現行民法のもとでは、このような問題は生じえない。被相続人Aが生前にCに売却していた甲不動産をBが相続によって承継することは現在でもありうるが、この場合にはB－C間は対抗問題とはなりえない。なぜならば、BはA－C間の契約における売主の地位をAから承継したと解すべきだからである。すなわち、BとCとは対抗関係ではなく、当事者関係に立つことになるから、Cは登記なくしてBに対して所有権の取得を主張することができるのである。なお、Bからの特定承継人Dがいる場合には、CとDとは対抗関係に立つ（最判昭33・10・14民集12巻14号3111頁）。

(2) **被相続人からの賃借人と相続人の関係** 相続を媒介とした権利者相互の間で「相続と登記」の関係が問題となる事例をもう1つあげておこう。被相続人Aが生前に甲不動産をCに賃貸していたが、Aが死亡して、これをBが相続したとする（共同相続の場合もある）。相続人Bが、新所有者（＝新賃貸人）となったことをCに対抗するためには、甲不動産について相続を原因とする登記を経由しなければならないだろうか。すなわち、CはBの登記の欠缺を理由として賃料の支払いを拒否できるであろうか。

この場合に注目すべきことは、B－C間の関係には、何ら二律背反的要素は存在しておらず、その意味において権利の優劣を決すべき問題は生じていないという点である。Bが新所有者（＝新賃貸人）であると主張するのに対して、Cは賃借人であることを前提としたうえで、Bに対して登記の取得を求めているにすぎないのである。つまり、CがBに対して登記の欠缺を主張するのは、自己の権利取得の優越性を主張するためではなく、賃料の二重払いの危険を避けるためである。そこで、Bが賃料全額の正当なる受領権者であることを証明する手段として、CがBに対して登記を取得するよう要求することを認めるべきかどうかということが問題となる。したがって、登記が必

要かどうかという問題は、ここでは権利の帰属の問題ではなく、権利の確実な証明の問題であり、証明の必要性が生じた原因は賃貸人側にあるのであるから、新賃貸人は移転登記によって権利の取得を証明すべきである。すなわち、この場合も、理論的には相続による権利移転自体に関する対抗要件が問題となる事例ではないのである（本章第3節 4 2(2)(ロ)参照）。

(3) 表見相続人と真の相続人の関係　やや特殊な事例をもう1つ追加しておこう。被相続人Aの唯一の相続人がBである場合に、Aの相続人であると称するDが甲不動産について単独相続登記をしたうえで、これをEに譲渡したとしても、真の相続人Bは甲不動産の所有権者であることを登記なくしてEに対抗することができる。Dはまったくの無権利者であり、したがってその承継人Eも何らの権利も取得することはできないから、EはBの登記の欠缺を主張するにつき正当な利益を有する第三者にあたらないからである（大判大3・12・1民録20輯1019頁）。

以上の検討から明らかなように、単独相続の場合には、登記によって権利の確定的帰属を決定するような対抗問題は生じないと考えてよい（ただし、(3)の場合には相続回復請求権の問題となりうることに注意）。

2　共同相続と対抗問題

相続において、相続人が複数存在する場合を共同相続と呼んでいる。共同相続の場合には、遺産共有の法律関係（898条）が生じるから、各共同相続人と取引関係に立つ者との関係で理論的にも対抗問題としてとらえ登記を基準として権利の帰属を確定すべき事例が生じてくる。

(1) 遺産共有の法律関係　被相続人をA、その相続人をB、Cとする。相続は死亡によって開始する（882条）から、Aが死亡するとB、Cは当然にAの遺産を相続することになる。すなわち、B、CはAの財産に属したいっさいの権利義務を承継する（896条）。「権利義務」という表現を用いているが、一般にAの財産法上の地位を承継する、またはAの人格を承継する、と解されている。つまり、個別具体的な権利義務の承継だけではなく、売買契約上の売主としての地位（Aが生前に締結した売買契約が未履行の場合）などもB、Cによって承継されることになる。

このような相続による当然の遺産承継を前提としたうえで、相続人は自己

のために相続の開始があったことを知ったときから3カ月以内に単純承認 (920条以下)、もしくは限定承認 (922条以下)、または放棄 (938条以下) をしなければならない (915条)。この期間を徒過すると単純承認をしたものとみなされる (921条2号)。

ところで、Aの相続人はその子B、Cのみという前提に立つならば、Aの相続財産はB、Cの共有に属することになる (898条)。B、Cはそれぞれ2分の1の相続分を有することになるが、この場合の「2分の1」という割合は、抽象的相続分であると同時にAの遺産を構成する個々の財産に対する割合でもある。しかし、特定の不動産 (以下、甲不動産という) について、B、Cがそれぞれ最終的に2分の1ずつの共有持分を取得することになるかどうかは分からない。Aの相続財産中に、ほかにも預金債権や現金などがあれば、B、Cはそれらの遺産に対しても、2分の1ずつの持分を有するから (898条-900条)、具体的な取得分は、遺産に属する物または権利の種類および性質、各相続人の職業その他一切の事情を考慮して相続人間の協議により決定されるべきものとされているからである (906条、907条)。

しかし、Aが生前に単独で所有していた甲不動産に着目するならば、Aの死亡により当然に、B、Cによって相続され、その時点から遺産分割が完了するまでの間は、甲不動産はB、Cの共有財産[*]となる。

> ＊ **相続財産共有の法的性質** 民法 (898条) は、共有という表現を用いているが、学説においては広義の共有 (共同所有) を狭義の共有 (249条以下)、合有、総有に分けて考察するのが通常であり、遺産共有については、理論的には、合有であると理解する説 (これによれば、遺産を構成する個別財産の持分を処分することは不可能である) と狭義の共有であると理解する説とが対立している (中川・相続法153頁以下参照)。以下では、判例 (最判昭30・5・31民集9巻6号793頁) の見解である共有説に従っておくが、これを前提としても、さらに次のような問題が生じる。例えば、遺産分割前の段階で、共同相続人 (B、C) の1人Bが偽造文書によって甲不動産を自己の単独所有名義で登記したとしても、Bの権利は甲不動産についての共有持分の2分の1だけであるから、この登記はCの持分に関するかぎりは無効である。したがって、Bが単独所有の登記名義を利用して甲不動産を第三者Dに譲渡しても、登記に公信力がない以上、DはBの持分以上の権利を取得することはできない (最判昭38・2・22民集17巻1号235頁)。なお、遺言により法定相続分を下回る相続分を指定された共同相続人の1人が、遺産中の特定不動産に法定相続分に応じた相続登

記がなされたことを利用し、その登記にかかる持分権を第三者に譲渡したとしても（登記済）、当該第三者が取得するのは、同共同相続人の指定相続分に応じた相続分にとどまる（最判平5・7・19判時1525号61頁）。

(2) 遺産分割による物権変動と登記

(イ) 分割前に第三者が生じた場合　Aの共同相続人B、C間の遺産分割の協議により、甲不動産をBの単独所有とした場合には、甲不動産は、Aの死亡時（相続開始時）に遡って、Bの単独所有に属していたことになる（909条本文）。つまり、甲不動産は、相続によってAからBに承継されたことになるから、このような相続による物権変動も登記をしなければ第三者に対抗できないのであろうか。

ここで注意すべきなのは、この場合の第三者としてはどのような者が考えられているか、ということである。まず、A死亡前にAから甲不動産を買い受けた者とAの相続人との関係は、前述（3 1(1)）のように、当事者関係と考えるべきであり、対抗問題は生じないから、Aの死後に登場した者（例えば、相続人Cからの持分取得者）との相互関係が問題となる。しかし、分割の遡及効を重視すれば、甲不動産については、A→B間の相続による物権変動しかなかったことになるから、Cからの第三取得者Dが登場してくる余地は論理的にはありえないことになる。

しかし、そのように解したのでは、相続開始後、分割前に（共有関係にある段階で）甲不動産について利害関係を取得した者の地位を根底から覆すことになるため、民法は分割の遡及効も第三者の権利を害することはできないものとしている（909条ただし書）。この場合の第三者は、取得した権利について対抗要件を具えていることを要するが（不動産については共同相続の登記が前提となる）、分割協議の成立前であることについて、善意であることは要しないと解されている（新版注民(27)396頁〔川井健〕）。文言上、善意は要件でなく相続人による持分処分の禁止規定もないからである。

*　**対抗要件の意義**　対抗要件の具備を必要とするとはいっても、BとDが対抗関係に立つわけではなく、Dの保護要件として対抗要件が必要となると解すべきである。したがって、遺産分割前に不動産を取得していた未登記のDが、BC間の遺産分割後に登記を取得しても909条ただし書の適用はない。

(ロ) 分割後に第三者が生じた場合

(a) 分割によって無権利者となった者からの持分取得者　909条ただし書の第三者は、分割の遡及効との関連で保護されるのであるから、協議分割の成立後に生じた第三者Dの権利取得については、同条ただし書は適用されない。しかも、この場合には、分割の遡及効を絶対視すれば、Cはかつて持分を有していたことはなかったのであり、このような無権利者から持分を取得したDが権利を取得できるはずはないことになる。

しかし、Bが単独所有権の取得について登記を取得していない以上、共同相続人Cと取引をしたDにとっては、甲不動産はいぜんとしてB、Cの共有であるように見えるから、この点に関するDの信頼は保護されなければならない。そこで、Bの単独所有権取得の原因である「分割」の法律効果を「物権変動と登記」の観点から検討してみる必要が生じる。

Bは遺産分割により甲不動産について法定相続分（2分の1の持分）と異なる権利（単独所有権）を取得したのであるから、この点につき、その旨の登記をしておかなければ、第三者Dに対抗できないのではないか、ということが問題となる。すなわち、BがCの持分をも含めて甲不動産の所有権を取得したが、対抗要件を具備しないでいるうちに、Dが、CからCの持分の限度において二重に譲り受けたと解することができれば、B―D間は対抗関係になるのである。判例*も基本的にはこれと同様の理解に立っている。

> *　**遺産分割の遡及効と相続放棄の遡及効**　判例（最判昭46・1・26民集25巻1号90頁）において、遺産分割の効力を相続放棄の効力と同様に絶対的遡及効を前提として解すべきであるか否かが問題とされた。同判例によれば、民法は分割前に相続財産について利害関係を有するに至った者については、909条ただし書のような保護を与えているが、相続放棄前に利害関係を有するに至った者に対しては何らの保護も用意していない。両者の間にこのような差を設けている理由は、放棄については、第1に、放棄をなしうる期間が限られており（915条）、第2に、相続財産について処分行為があればもはや相続放棄はできなくなる（921条1号）からである。すなわち、分割と放棄との間には第三者保護の必要性の点で重要な差が存在しており、民法の規定もこれに相応した効果を定めているということになろう。
>
> これに対して、分割ないし放棄後の第三者保護についてはまったく規定を欠いている。まず、放棄の場合には、放棄後に第三者が放棄者から権利を取得する場合は多いとは思われないし、そのような場合にも、第三者は、他の共有者または家庭裁

判所において放棄の有無を調査することが可能である。したがって、保護に値する第三者の出現の可能性は小さい（ただし、後述3＊の判例参照）。

これに対して分割は、当事者の協議のみでなされうるものであり、また共有登記も分割前の共同相続の共有登記か、分割の結果としての共有登記かは区別できないとされている（最高裁判所民事判例解説・鈴木重信）ことを考えれば、分割前に生じた第三者と分割後に生じた第三者とは保護すべき必要性において差がないと思われるが、後者は909条ただし書の第三者には該当しない。そこで、この関係をC→B間とC→D間の二重の物権変動としてとらえて177条の対抗要件の理論によって処理することにより、分割後に生じた第三者をも分割前の第三者とほぼ同等に保護すべきである。

以上のような判例理論によれば、単独所有の登記を有していないBは、Dに対して登記なしに単独所有権の取得を主張することはできない。

(b) **分割によって無権利者となった者からの所有権取得者**　甲不動産につき、Bの単独所有とする旨の分割協議が成立したが、Bがその旨の登記を怠っているうちに、Cが勝手に自己の単独所有の登記を行ってDに譲渡してしまった場合に、B・D間の法律関係をどのように理解したらよいであろうか。

まず、Bは「分割により相続分と異なる権利を取得した」(前掲最判昭46・1・26) 場合に該当するから、その旨の登記を欠いている場合には、分割後に権利を取得したDに対して単独所有者であることを対抗することはできないと解すべきである（(a)参照）。

一方、Dの権利取得については、Cが勝手に単独所有の登記をしてもCのもとに単独所有権が発生することはないから、Cの（単独所有の）登記は、Bの持分に関するかぎりにおいて無効であると解すべきである。したがって、Dが取得した権利も単独所有権ではなく、Cの持分（2分の1）だけである。換言すれば、Bは分割前の自己の持分については、登記なくしてCからのCの持分の譲受人Dに対抗することができる。もっとも「対抗」することができるとは言っても、B自身の持分に関するかぎり、理論的にみればBとDとの間にはいわゆる「食うか食われるかの関係」は存在していないから、対抗関係にないと言う方が正確であろう。

＊　**共有理論と登記**　このような見解に対しては、有力な反対説がある。その学説によれば、共有は数個の所有権が1個の物の上に互いに制限し合って存在している

状態であり（第1章第4節2参照）、1つが欠けるときは他の持分が全部について拡張する性質を有している。したがって、共有不動産について単独所有の登記がなされるときは、——地上権について登記が未了であった場合と同様に——第三者関係においては、その者の持分が拡張していると考えるべきであるという（我妻〔旧版〕75頁、〔新版〕111頁）。

この説に対しては、3点にわたって批判がなされている（品川孝次「共同相続と登記」民法の判例〔第3版〕61頁以下）。①民法上の規定（例えば、255条）を欠いているのに、共有者の1人が勝手に行った登記によって、その者の持分が拡張するというのは論理的にも無理がある。②地上権設定者Aが、地上権の登記前に所有権を第三者Cに譲渡して登記を移転した場合には、Cが地上権に制限されない所有権を取得するのは当然であるが、我妻説の論理によれば、かりに地上権者Bが偽造文書により所有権移転登記をし、第三者Dに所有権を譲渡すれば、Dは所有権を取得することになり、結論において妥当でない。③甲地の単独所有者Aが、Bにその持分である2分の1を譲渡して未登記の間に所有権全体をDに譲渡したという場合には、持分2分の1の限度においてB—D間に二重譲渡の関係（対抗関係）が成立する。したがって、Dが先に単独所有の登記を取得すればDが単独所有権者となる。しかし、例を変えて、Bが単独所有地の2分の1の持分をAに譲渡したところ、Aが勝手に単独所有の登記をして、これをCに譲渡したという場合には、Aは自分の権利である持分2分の1以上の分については無権利者であり、したがって持分2分の1を超える部分についての登記も無効であるから、Cも単独所有権を取得することはありえないのである。前述の共有持分の拡張を認める我妻説は、共有の法律関係のうち、後者のタイプに属するものについて、前者に妥当する論理（二重譲渡の論理）を用いている点で無理がある。

このように共有持分の拡張を認める説を批判している学説も、前述の後者の例のように、勝手に単独所有の登記をしたAから所有権を譲り受けた第三者Cの保護が不要だといっているわけではない。Aが単独所有者の外形を作出していることについて、Bも承知のうえで放置していたような場合には、Cのために94条2項の類推適用も考えられることを認めている。なお、前掲最判平5・7・19も参照。

3　放棄による物権変動と登記

問題は、共同相続人の1人による放棄の場合に生じる。相続の放棄とは、相続人が自己の相続に関して初めから相続人とならなかったとみなされることを欲する意思表示である（939条）。この意思表示は通常の意思表示と異なり、家庭裁判所における申述という方式により（938条）、受理という行政処分を受けることによって成立する点に特徴を有している。したがって、ある

相続人が放棄をしたかどうかは、その遺産を管轄する家庭裁判所において確認することが可能である。

相続放棄によって、自己への権利義務の帰属を単に拒否するだけのことであるとすれば、放棄後も形式的には相続人ではあり続けると解することも不可能ではない。しかし、民法は初めから相続人にならなかったものとみなす、と規定しているから、そもそも相続人としての資格を有していなかったことになる。例えば、Aの相続人B、Cのうち、Cが放棄を行うと、Cは初めから相続人ではなかったことになり、その効果は直接的・絶対的であるから（放棄者の持分もその者を経由するのではなく、被相続人から直接に承継されるから）、Bは、何人に対しても登記なくして、その効力を主張することができることになる ((2)(ロ)*参照)。

＊　**最判昭42・1・20民集21巻1号16頁（放棄相続人債権者仮差押事件）**　　放棄相続人Cの債権者Eが相続財産である不動産につき、代位により共同相続登記をしたうえでCの持分（9分の1）につき仮差押えをなしたところ、放棄前の共同相続人たる真の所有者Bが、目的物はEの仮差押え前にCの相続放棄により自己の単独所有物件となったものであることを主張し（Bの単独所有の登記はなされていなかったが）、Eの仮差押仮登記の抹消を求めた。判例の見解によれば、仮差押債権者Eの立場は根底から覆えされることになるが、相続人が一定期間内において相続放棄をする自由を有している以上、やむをえないものといわざるをえない。

　　しかし、相続放棄の場合でも、放棄後に生じた第三者が表見法理によって保護される場合はありうるとされている。例えば、上の例でCの放棄の後、Eの仮差押えの登記が抹消されただけで、B、Cによる共同相続の登記が放置されていたところ、Cがこれを奇貨として虚偽の持分を第三者Gに譲渡して移転登記をしてしまった場合には、Gは177条による保護は受けられないが、94条2項の類推適用による保護を受ける余地があると解されている（広中151頁参照）。

かりに、Cが相続放棄をする前に、みずから単独相続をしたものとして第三者Dに売却した場合には、相続人が相続財産について処分行為をしたことになるから、法定単純承認の効果が発生し、以後、放棄をすることは許されなくなる（921条1号本文）。

4　遺贈による物権変動と登記

遺贈を媒介とする二重譲渡類似の関係は、単独相続の場合にも共同相続の場合にも発生する。

(1) **被相続人からの譲受人と受遺者** 被相続人Aが生前に不動産を無償でBに譲渡したとすれば、これは贈与契約であり (549条)、遺贈 (単独行為) は、これと同様の効果を、遺言を利用して自己の死後に発生させようとするものであるが (964条)、Aが生前にBに贈与 (未登記) した不動産を、Cに遺贈した場合には、B・C間は対抗関係となる (最判昭46・11・16民集25巻8号1182頁)。逆に、AがBに遺贈した後、Cに贈与したものであれば、1023条2項が適用されるから、遺贈は取り消されたものとみなされる。

(2) **相続人からの譲受人と受遺者** 不動産に関するAのFに対する遺贈の効力が発生すると、不動産の所有権は当然にFに移転するのか、それともFがAの相続人に対して不動産の所有権を自己に移転するよう請求することができるにすぎないのか、については争いがあるが、今日では、前説 (物権的効力説) が多数説である。

多数説によれば、Aから不動産の遺贈を受けたFは、Aの死亡によって不動産の所有権を取得する。しかし、Fがその旨の登記をしないうちに、Aの相続人C (他に共同相続人Bがいる) が不動産を第三者Gに譲渡するならば、これによってF・G間には対抗関係が発生する (最判昭39・3・6民集18巻3号437頁)。そのさい、Gへの移転登記が先になされれば、Gが不動産の権利取得について対抗要件を備えたことになる。ただし、この場合に、CがGに譲渡しうるのは、自己が有する不動産の持分だけであるから、GがFに対して主張することができるのは、Cの持分 (2分の1) についてだけであることは当然である。

この場合に、CはAの相続人であるから、CとFとの間で対抗問題が生じることはないのであり、CがGに譲渡した段階でFとGとの間に対抗問題が発生し、登記の有無によって権利取得が確定するのである (177条)。

5 相続欠格・推定相続人の廃除による物権変動と登記

相続欠格または廃除を前提とした二重譲渡類似の問題は、共同相続人間もしくは単独相続人からの承継者と次順位相続人との間で生じる。

(1) **相続欠格による物権変動** Aの相続人B、Cのうち、BがAの遺言書を隠匿していた場合には、BはAの相続人となることができない (891条5号)。このように、相続人について一定の事由が発生した場合に、法律上当

然に相続人としての資格を失う場合を相続欠格という。しかし、Bもその欠格事由が発生するまでは、Cと共にAの相続人であったのであるから、その間に自己の持分を第三者Dに譲渡していることもありうる。そのような場合には、失踪宣告取消前に表見相続人がしていた行為に関する32条1項後段を類推適用して善意でなされた行為の効力を維持すべきであるとされている(広中148-149頁)。単独相続の場合には、次順位相続人との間で同様のことが問題となりうる。ここで、二重譲渡に準じた構成がなされないのは、相続人(権利者)としての地位が絶対的・遡及的に消滅するからである。

なお、相続欠格事由発生後において、相続欠格者である表見相続人と取引をした善意の第三者については、94条2項の類推適用を検討する余地があるだろう。すなわち、前述の事例において、相続欠格者Bが共同相続登記において、共同相続人の1人として記載されたままになっていることを利用して第三者Dに虚偽の持分を譲渡することもありうる。この場合に、他の相続人Cもその共同相続登記を放置していたとすれば、第三者Dが虚偽の登記を信頼してしまったことについて、Cにも帰責事由があり、94条2項を類推適用するための要件が存在していると言うことができる。

(2) 相続廃除による物権変動　遺留分を有する推定相続人が、被相続人に対して虐待をし、もしくは重大な侮辱を加えるなどの行為をしたときは、被相続人の請求または遺言に基づく家庭裁判所の審判によって、相続人から除外される(892条、893条)。これを推定相続人の廃除という。相続欠格は法律上当然に生じるのに対して、廃除は家庭裁判所による一定の手続によって行われるため、廃除の方が欠格の場合よりも取引の相手方にとって判明しやすいという相違点はあるが、第三者との関係において発生する対抗問題については、基本的には欠格の場合と同様に考えてよい(32条1項後段と94条2項の類推適用)。

第4章　動産物権の変動

第1節　動産物権の変動と対抗要件

1　動産物権変動の意義

　動産物権の変動については、基本的には、不動産物権の変動について述べたところと同様に考えてよい。すなわち、動産物権の変動も意思表示のみによってその効力を生じる*(176条)。不動産物権変動の場合との基本的な相違点は、第三者に対する対抗要件が登記ではなく引渡しとされている点(178条)と、公信の原則による保護(即時取得)が認められている点である。

　　*　例外　動産質権の設定は、目的物の引渡しによってその効力を生ずるから(344条)、176条の原則に対する例外となる。

2　引渡しを必要とする物権変動

1　引渡しを必要とする権利

　動産に関する物権の譲渡を第三者に対抗するには、その動産を譲受人に引き渡さなければならない(178条)。ここでいう「動産に関する物権」とは主として所有権であると解されている。それ以外の物権変動としては、被担保債権とともに質権が移転されるときに質権の目的物の引渡しが必要となる場合(広中160頁参照)や譲渡担保権(担保的構成説に立つ場合)の設定の場合が考えられる。

2　引渡しを必要とする物権変動の範囲

　対抗要件としての引渡しを必要とする物権変動の範囲については、その客体と変動原因の双方から検討する必要がある。客体としては、独立して取引の対象となるすべての動産を含むが、登記・登録等を公示手段とするものは除かれる**、と解されている。変動原因としては、不動産物権変動に関連して述べたように、通常の物権変動のほかに取消しや解除による復帰的物権変動も含まれる、と解すべきである。

通常の譲渡と復帰的物権変動の双方について、目的物の引渡しが対抗要件とされる。したがって、AがBに自転車を譲渡した場合には、Bは自転車の引渡しを受けない限り、その所有権の取得をもって第三者に対抗することができない。また、AがBに自転車を引き渡した後、強迫を理由にしてA－B間の契約を取り消した場合には、BからAへの所有権の復帰を第三者に対抗するには、Aは自転車の占有を回復しなければならない。

* **無記名債権** これは動産とみなされるから（86条3項）、その譲渡をもって第三者に対抗するには、原則として引渡しが必要である。無記名債権とは、無記名の公債・社債、商品券、乗車切符などを指す。なお、無記名債権のうち、有価証券となっているものについては、他の商法上の類似の有価証券とのバランスを考慮するならば、証券の引渡しは対抗要件ではなく効力発生要件と解すべきである（我妻〔有泉〕184頁。これが商法学における多数説でもある）。

** **適用除外動産** 取引上重要な動産については登記・登録制度が設けられているため、引渡しによる公示原則は適用されない。商法上登記を必要とされている船舶（商686条・687条）、登記済の建設機械（建設機械抵当7条）については登記、運行の用に供する自動車（軽自動車等を除く）（道路運送車両4条、5条）、一定の航空機（航空3条、3条の3）については登録が、所有権の対抗要件とされている。特別法によって抵当権の設定が認められている特別の動産についても登記または登録が抵当権の対抗要件とされている。これに該当するものとしては農業用動産（農業動産信用13条）、自動車（自動車抵当5条）、航空機（航空機抵当5条）、建設機械（建設機械抵当7条）などがある。なお、抵当財団を構成する動産についても同様である。

船荷証券、貨物引換証または倉庫証券によって表象される商品（動産）の場合には、これらの証券の交付が商品それ自体の引渡しと同一の効力を有すること（商575条、604条、776条）、商品の引渡しが動産物権の対抗要件にとどまらず、効力発生要件であること、の2点において、民法の例外を成している。

*** **動産の二重譲渡の法的構成** AがBに自転車を譲渡し、引渡しを済ませない段階で、これをCにも譲渡した場合には、原則として、BとCのうち先に引渡し（その意義につき5(1)*参照）を受けた者が所有権を取得する（178条）。これは、A－B間の契約が履行後に強迫を理由として取り消され、Aへの引渡し前にBからCに譲渡された場合も同様に考えてよい。ただし、後者の場合には、B→Aの復帰的物権変動を認めない立場（取消しの遡及効を強調する学説）があり、この考え方によれば、Bから自転車を取得したCは無権利者からの承継人であるから、即時取得（192条）または94条2項類推適用の要件を充足しない限り、権利を取得することはできないことになる（通常の承継取得はできない）。

3 動産譲渡の対抗要件の特例等

法人が動産（当該動産につき貨物引換証、預証券および質入証券、倉荷証券または船荷証券が作成されているものを除く。以下同じ）を譲渡した場合において、当該動産の譲渡につき動産譲渡登記ファイルに譲渡の登記がされたときは、当該動産について、民法178条の引渡しがあったものとみなされる（動産及び債権の譲渡の対抗要件に関する民法の特例等に関する法律3条1項）。

代理人によって占有されている動産の譲渡につき前述の登記（以下「動産譲渡登記」という）がなされ、その譲受人として登記されている者が、当該代理人に対して当該動産の引渡しを請求した場合において、当該代理人が本人に対して当該請求につき異議があれば相当の期間内にこれを述べるべき旨を遅滞なく催告し、本人がその期間内に異議を述べなかったときは、当該代理人は、その譲受人として登記されている者に当該動産を引き渡し、それによって本人に損害が生じたときであっても、その賠償の責任を負わない（同2項）。

上の3条1項および2項の規定は、当該動産の譲渡に係る10条1項2号に掲げる事由（質権設定）に基づいてされた動産譲渡登記の抹消登記について準用されている。この場合において、上の2項中の「譲受人」は、「譲渡人」と読み替えるものとされている。

4 対抗要件としての引渡し

178条の「引渡し」と182条1項の「引渡し」とを同義と解するならば、引渡しとは目的物を現実に引き渡すことを意味することになる。しかし、動産取引の発展とその重要性にかんがみれば、そのような解釈はあまりにも狭小にすぎる。そこで、178条の「引渡し」とは広く占有権の譲渡を意味するものと解されている（通説・判例）。

このような意味における対抗要件としての引渡しには、次のような4つの態様がある。

(1) 現実の引渡し　これは、占有物の引渡しによってなされる占有権の譲渡である（182条1項）。この場合には、譲渡人が有していた物の上の支配が外形的にも譲受人に移転される。動産の場合には、通常、場所的移転を伴い、不動産の場合には、その利用または管理が移転される。

(2) 簡易の引渡し　譲受人またはその代理人がすでに目的物を所持して

いる場合には、占有権の譲渡は当事者間の意思表示のみによって行われうる (182条2項)。

(3) **占有改定**　AがB所有・占有している物をBに譲渡した後に、Aが引き続きBの占有代理人として、その物を所持する場合には、Bが、Aを占有代理人としてその物の占有権を承継取得する (183条)。

(4) **指図による占有移転**　Aがある物を代理人C（例えば、倉庫会社）を通じて占有している場合において、これを譲り受けたBが、引き続きCを通じて代理占有を継続しようとするときは、占有権の譲渡は、A―B間の意思表示のみによって行われうるが、AからCに対してその旨を命じなければならない (184条)。占有代理人Cの承諾は不要である。

5　引渡しの効力

(1) **対抗要件**　引渡しは、動産物権の譲渡のための必要条件ではなく、第三者に対する対抗要件である (178条)。対抗要件としての意味は、基本的には不動産物権の変動における登記と同様に解してよいが、占有と登記とを対抗要件として比較するならば、前者は明らかに不完全な面を有している。そのため、とくに占有改定による「引渡し」の効果については、学説も分かれている。

＊　**占有改定の不完全性**　AがBに特定の動産を譲渡し、占有改定による引渡しを済ませた場合には、Bの所有権取得は対抗要件を具備したことになるから、Aは所有権者ではなくなったけれども現実に目的物を占有しているという状態が出現する。このような立場にあるAが、同動産を第三者Cに譲渡して「引渡し」を済ませた場合に、Cが同動産の所有権を取得できるか否かが問題となる。A―B間の占有改定が対抗要件としては完全なものであるとすれば、Aは完全な無権利者であり、したがってCの権利取得は即時取得の要件を満足する場合以外にはない。この場合には、A―C間の「引渡し」が占有改定であった場合に即時取得の要件としての占有開始に該当するか否かという点が、さらに問題となる (第2節 2 5(2))。

(2) **第三者の範囲**　この問題についても、不動産物権の変動の場合と基本的には同様に考えてよい。A→B間の第一譲渡の後において、目的物の引渡しがなされないうちに、A→C間の第二譲渡が行われた場合には、BとCは相互に第三者となるから、引渡しの先後によって最終的な物権取得者が決定される。しかし、以下の者に対する関係については、引渡しの要否をめぐ

って争われている。

* **動産物権の二重譲渡の現実性**　動産物権の二重譲渡は、現実には生じにくい。AがBに動産を譲渡し、これをさらにCに譲渡した場合には、Bに現実の引渡しがなされていない場合でも、通常は占有改定がなされるであろうからである。したがって、二重譲渡が生じるのは、①あえて占有改定すらもなされなかった場合、②譲渡人AがDを通じて間接占有をしていた場合において、Bに対して指図による占有移転をしなかったとき、③A―B間が取消等による復帰的物権変動である場合などに限られる。

** **転々譲渡の場合の前々主**　A→B→Cと動産が譲渡された場合におけるAとCとの関係は、対抗関係とはならない、と解すべきである。現実の占有がAのもとにある場合についても、場合を分けて検討すべきである。①A―B間で単に保管目的で占有改定がなされている場合には、Aを受寄者として、後述㈹のとおりに処理すべきである。②Bが代金の全部または大半を未払いであるために、Aが目的物を引き渡さないのであれば、まだ所有権もAのもとにあると解すべきであり（反対説あり）、したがって、Cは特定物債権者であるにすぎないから、CはBに代位して（423条）Aに目的物の引渡しを求めることができるにすぎない、と解すべきである（Cへの観念的所有権の移転を認める立場でも同一の結論を導いている（我妻〔有泉〕197頁以下））。この場合には、AはBに対して主張しうるすべての抗弁を代位者Cに対しても主張しうる。AはBのCに対する抗弁も主張することができるとする説もある（鈴木144頁）。

㈣　賃借人　AがBに賃貸している動産を、AがCに譲渡した場合には、Cは指図による占有移転を受けなければ、所有権の取得をもってBに対抗することはできないとされている（大判大4・4・27民録21輯590頁）。Cが対抗要件を具備すれば、「売買は賃貸借を破る」という原則が貫徹するから、BはCに賃借権を対抗することはできないが、この場合にも、CがA―B間の賃貸借関係を承継することは可能である。

㈤　受寄者　AがBに寄託している動産をCに譲渡した場合にも、賃貸借の場合と同様に解すべきであるが、判例の見解によれば、受寄者Bは所有者の請求によっていつでも目的物を返還しなければならない立場にあるから（662条）第三者に含まれない、という（最判昭29・8・31民集8巻8号1567頁）。しかし、受寄者Bは目的物を誰（AかC）に返還すべきかについて重大な利害関係を有しているのであるから、賃借人と同様に第三者の範囲に含めて処理するのが妥当であると思われる（我妻〔有泉〕196頁ほか）。

3 明認方法による対抗要件
1 地上生育物の取引と対抗要件

　地上生育物のうちで、独立の取引の対象となるのは、主として立木と未分離果実である。双方とも地上に生育している間は、原則としてその土地所有権の一部として扱われるが*、それが土地とは独立した物として取引の対象となる場合には、土地の登記とは別個の対抗要件が必要となる。

　　＊　**土地と立木等の関係（原則）**　　土地が譲渡されれば、地上の立木等も土地所有権の内容の一部としてその運命を共にし、土地所有権の移転登記によって公示される。土地に抵当権が設定されれば抵当権の効力は地上の立木等に及び、これは抵当権の登記によって公示される。

　(1)　**立木**　　樹木の集団としての立木は、古くから土地とは別個に取引の対象とされていたが、民法典の規制はこうした実態に合わないものであったため、明治24年には「立木ニ関スル法律」が制定された。同法によって保存登記をした立木は、地盤所有権とは別個に譲渡しまたは抵当権の目的とすることができ、かつ地盤の所有権もしくは地上権の処分は立木に及ばないこととなった。

　しかし、同法によって登記をするには、1筆の土地または1筆の土地の一部分に［植栽によって］生立する樹木の集団であることが必要とされていたから（同法1条）、この要件を満たさないもの、または要件を満たしているが保存登記をしていないものについては、現在でも登記以外の対抗要件の必要性が存在している。なお、個々の樹木については、とくに独立の取引価値が認められる場合を除いて、独自の物権変動は認められない。

　　＊　**立木法の改正と慣行の存続**　　昭和6年の法律改正により上記の［傍点］の部分が削除され、立木法は天然林にも適用されるようになった（「樹木ノ集団ノ範囲ヲ定ムルノ件」昭7勅12号も参照）。これによって、立木の明認方法の意義は減少するものと期待されたが、その慣行は依然として存続しているといわれている。

　(2)　**未分離果実**　　土地または果樹に付着したままの果実ないし農作物も、古くから独立して取引の対象とされることがあり、こうした取引についても明認方法が用いられる。判例も稲立毛（大判昭13・9・28民集17巻1927頁）、みかん（大判大5・9・20民録22輯1440頁）などについて、これを認めている。

　(3)　**明認方法**　　立木法の適用を受けていない樹木や未分離果実が、地盤

所有権とは別個に処分された場合*には、このような所有権譲渡を公示するために、一般に樹皮を削って新所有者の氏名を墨書する方法、焼印を押す方法、立札を立てる方法（未分離果実に適している）などが行われている。単に占有の移転や伐採だけでは足りないと解されている。

明認方法は対抗要件としては不完全なものであるから（例えば、いったん有効に施された明認方法も第三者が利害関係を取得した時点で存在していなければ対抗力は生じない（最判昭36・5・4民集15巻5号1253頁））、複雑な権利関係を公示することには適さないので、所有権譲渡という単純な取引形態に限定して用いられるべきものとされているが、伐採目的の譲渡に限定する必要はない。

> * **地盤所有権と共に処分された場合** Aが立木の生立する所有地をBに譲渡し、移転登記を経由しないうちに、その地上立木のみを第三者Cに伐採を目的として譲渡し、Cが伐採して占有している場合には、かりにBが立木について明認方法を施していたとしても地盤所有権について未登記である以上、Bは立木の所有権の取得をもってCに対抗することができない（大判昭9・12・28民集13集2427頁）。なお、後述の2(2)ⓓをも参照。

2 明認方法の対抗力

(1) 意義

A—B間で立木のみの取引が行われた場合には、明認方法を施す以前に所有権はBに移転していると解してよいだろうか（代金支払いとの関係は度外視する）。通説・判例はこれを肯定するが、有力な反対説がある。これによれば、「立木のみの売買契約だけがある状態においては、当事者間に債権関係があるのみで、立木は、土地の一部として、売手の所有に属し、明認方法が施されたときに、はじめて、立木のみが、地盤から独立した1個の『物』とされ、同時に、買手の所有に帰する」とされている*（鈴木168頁）。

> * **立木所有権を留保して地盤所有権を譲渡した場合** 売主Aが立木所有権を留保して地盤のみをBに譲渡した場合に、Aがその点につき明認方法を施さないうちに、Bが立木を除外せずに同土地をCに譲渡したときは（登記済）、Cは立木を含む土地所有権を取得するが、この点について、前述の鈴木説によれば、A—B間の明認方法のない立木所有権の留保は債権的効果しかないから、Cは立木所有権をも承継的に取得することができることになる。しかし、不完全物権変動説や法定制限説（第3章第3節2(3)参照）によっても、Aが明認方法を施していない以上、Bは立木所有権についても完全な無権利者ではない、と解することも可能であろう。

(2) 物権変動としての特殊性と対抗力

立木等の譲渡は、地盤所有権の

一部であるものを土地から分離して処分するという点で特殊性を有している。次に、通常の物権変動では生じえない場合をあげておこう。ⓐAがBに立木のみを譲渡したが、明認方法を施さないうちに、Aがその土地を何らの留保なしにCに譲渡して移転登記を経由した場合には、Cが立木を含む土地所有権を取得する。ⓑ上の例で、B、Cの登場時期が逆であり、かつCの移転登記より前にBが明認方法を施した場合には、Bが立木の所有権を取得する。ⓒAが立木の所有権を留保してBに地盤のみを譲渡した場合については、前述(1)の＊を参照せよ。ⓓBがAから譲り受けた土地に樹木を植えたが移転登記未了の間に、CがAから同土地を譲り受けて登記を済ませたという場合には、Bは土地所有権を取得できないが、立木の所有権だけは留保できるだろうか。判例は、育成に数十年を要する立木の場合には「権原」によって付属せしめた権利（242条ただし書）は対抗力を必要とするとして、Bの主張を退けている（最判昭35・3・1民集14巻3号307頁）。ただし、具体的事情によっては、Cの背信性を問題にすることは可能である。ⓔAからの立木の買主Bが、これに明認方法を施さないうちにその立木を伐採した場合には、買主Bが当然に伐木の所有者となるが、伐採前にすでに明認方法の欠缺を主張しうべき正当の利益を有した第三者Cに対する関係においては、伐木所有権をもって対抗することはできない（最判昭33・7・29民集12巻12号1879頁）。これに対しては、現実にBが伐木を占有している以上、第二の譲受人Cはみずからも対抗要件を具備していないのであり（すなわち、対抗要件を具備しない譲受人相互の関係）、Bに対して伐木の引渡しを請求できないから、この議論には実益がないとの主張がある（鈴木166頁）。しかし、少なくともCからの転得者を無権利者となしうるか否かという点では意味があるというべきである。そのためには、Bは伐木について、それを単に占有するだけではなく、明認方法に準じた方法を施すべきである（広中214頁参照）。

第2節　動産物権の変動と即時取得

1　制度趣旨

「何人も自己の有する以上の権利を他人に与えることはできない」という

原則は、ローマ法上の原則であると同時に、物権変動を考えるにあたっての基本原則でもある。

例えば、Aが自己所有の動産をBに寄託（657条）した場合には、Bはその動産を第三者Cに売却して現金に換えてしまうような権利（処分権）を有していない。つまり、BがAとの契約によって同動産に関して取得した権利・義務は保管に関するものだけであるから、その限度を超えて物権的な権利を、BがCに与えるような行為（処分行為）はできないと解するのが原則である。

しかし、そのような大原則だけで動産取引を規律することにしたのでは、取引の安全が害されることになる。上の例で、AがBに預けていた動産が自転車であったとして、Bがいかにも所有者のようにその自転車を利用していた（これ自体が問題であるが（658条1項参照））ので、CがBを信頼してその自転車を買った場合において、Cが自転車の所有権を取得することはありえないとしたのでは、上述の大原則だけが貫徹し、Cの法的地位が何ら保護されない結果となる。Cにとっては、その自転車がBの所有物であるかどうかについて確認することは、通常、困難であるから、同自転車がBの所有に属さないことについてCが善意であり、かつ無過失である場合には、Cの権利取得を認めるべきであろう。そうでなければ、動産取引自体が停滞することになる。これは、結局は動産の公示手段である占有の不完全性（不動産における登記と対比せよ）に由来していると考えてよい。そこで、動産取引においてはこのような占有の不完全性を補うための制度が必要となる。

民法192条が「取引行為によって、平穏に、かつ、公然と動産の占有を始めた者は、善意であり、かつ、過失がないときは、即時にその動産について行使する権利を取得する」と定めているのも、このような趣旨において理解すべきである。すなわち、同条の即時取得の制度を時効制度に類似したものとしてとらえるとすれば、Cが取引行為によらないで自転車の占有を開始する場合（例えば、自転車置場から同型のものを持ち帰った場合）にも即時取得の適用がありうることになるが、前述のように、この制度は動産取引の安全のための制度であるから、Cの占有取得は取引によるものでなければならない。192条の文言自体はいずれにも理解できるようになっていたが、制度趣旨（動産取引の安全）に添って改正された（後述2「即時取得の要件」参照）。

* **即時取得とゲルマン法理論** A―B間の売買契約によって、買主Bが目的物の所有権を取得できるのは、Aがその処分権を有しているからである。しかし、ゲルマン法では目的物に関する所有権と占有とが分離されておらず、物に対する支配権の表象としてのゲヴェーレ (Gewere) が認められていたから、AがBを信頼してBにゲヴェーレを与えた場合には、AはBに対してのみその返還を要求することができるものとされていた。つまり、現にCがその物のゲヴェーレを有する場合に、Aは直接Cに対して返還を求めることはできないものとされていた。即時取得の制度は、沿革的にはこのようなゲルマン法理を承継したものとされているが、それは、現在では、動産取引の安全保護という、すぐれて近代的な目的を達成するためであるから、解釈にあたっては沿革に固執すべきではないと解されている。

2 即時取得の要件

1 動産であること

即時取得の対象は、動産に限られる (192条)。動産とは、土地およびその定著物以外の物である (86条2項)。この限りでは極めて明確であるが、実際の適用にあたっては、いくつかの問題点が生じている。

(1) **登記・登録された動産** 動産の中にも登記や登録によって所有権の移転が公示される場合がある。例えば、登記された船舶 (商686条、687条)、建設機械 (建設機械抵当3条、7条)、登録された自動車 (道路運送車両4条、5条)、航空機 (航空3条、3条の3) がそれである。これらの物の取引は、登記・登録を基準としてなされるべきであるから、単に占有を信頼した者は保護に値しないと解すべきである (自動車につき最判昭62・4・24判時1243号25頁)。ただし、これらの動産であっても未登記または未登録であった場合には、192条の適用があると解されている (船舶につき最判昭41・6・9民集20巻5号1011頁、自動車につき最判昭45・12・4民集24巻13号1987頁)。さらに、無権利者からの登録済自動車の購入のさいに、譲受人が善意・無過失であり、かつ引渡しと登録を受けた場合には、即時取得の適用を認めてよいのではないかとの学説 (鈴木172頁) と下級審裁判例がある。

(2) **無記名債権** 無記名債権は動産とみなされる (86条3項) から、乗車券やコンサートの入場券などについては、192条が適用される。しかし、有価証券としての性質を有するものは、商法 (519条)、手形法 (16条2項) および

小切手法 (21条) の適用を受けるから、192条の適用はない。

(3) 財団抵当の対象等　動産であっても、特別法によって抵当権の目的となるものがある。このような動産は、抵当権の目的であると同時に依然として動産でもあるから、1つの動産として譲渡された場合に即時取得の可能性があるか否かが問題となるが、この点につき、民法192条ないし194条の適用を妨げない旨の規定をおいている場合がある (立木4条5項、工場抵当5条2項、農業動産信用13条2項)。これらの動産は、抵当権の目的とされ登記によって公示されているとはいえ、所有者から譲り受けるのであるから、通常の場合のように、192条の適用によって単に所有権を取得するというのではなく、この場合には抵当権の負担のない所有権を取得するという点において意義を有している。厳密に言えば、譲渡人は所有権者なのであり、譲受人は抵当権による負担のついた所有権でよければ、契約によって承継的に取得しうるのであるから、抵当権による負担のない所有権を取得するためには、192条の要件を備えることが必要であるということになる。

問題は、抵当権の目的とされた動産については、上に述べたような明文の規定がある場合にのみ、192条の適用が可能であるのか、という点にあるが、理論的にはその必要はないものと考えるべきであろう。判例も工場財団を構成する動産について、「かかる動産といえども右財団から分離され第三者に譲渡、引渡された場合、たとえその処分が不当であってもその譲渡引渡を受けた第三者に、公然、平穏、善意、無過失の要件が具備するときは、これを保護すべきであるから、特に工場抵当法にその明文がなくとも民法192条の適用があるものと解すべきである」と述べている (傍点は引用者。最判昭36・9・15民集15巻8号2172頁)。

(4) 立木や農作物等　地上に生立している樹木 (立木法の登記のなされていないもの) や稲立毛は、土地の一部分であるが、生立したままで取引の対象となることがある。しかし、この場合には、取引の対象は動産とは言えないから、192条の適用はないと解すべきである。

この考え方によると、立木と伐木 (動産) とで法律上の取扱いを全く異にすることになるので、形式論にこだわりすぎるとの批判はあるが、立木と伐木では権利の外観において著しい違いがあると言わざるをえないので、結果

において差が生じてもやむをえないというべきであろう。

2　取引によって占有を承継すること

A―B間の取引において、即時取得が問題となりうるためには、まず第1に、A―B間における取引行為によってBが目的物の占有を取得することが必要であり（改正により明記された）、第2に、その取引行為自体は有効なものでなければならない（もちろん、Aが目的物に関して、完全な処分権限を有していなかった点を除いて）。

(1)　取引による取得　　BがAの土地を自己の所有地と誤信して、同地上の草木を採取した場合には、Bは草木を「取引」によって取得したわけではないから、即時取得の適用はない、と解すべきである。ただし、このような場合には、Bが草木の占有を取得するさいに草木は土地に生立しているから、いまだ「動産」とは言えないので、即時取得の適用はない、と解する説もある（大判大4・5・20民録21輯730頁、取引対象の動産性の問題である）。この事例は、論理的にはいずれの説明によっても、即時取得の適用を排除することができるが、この種の物の中には、土地に生立したままで、土地とは別個に、取引の対象となることもあり（立木や稲立毛）、そのようなものについての即時取得の適用は別個の観点から論ずる必要があると思われるので（前述1(4)参照）、当該事例のような場合は、取引行為の不存在によって説明する方が妥当であろう。

*　**2つの要件の競合**　ここでは、即時取得を成立させないための要件（消極的要件）が2つ競合している。「目的物の動産性」については、独立の取引の対象となる場合（稲立毛など）につき、動産に準じた取扱いが問題となりうるから、これを理由に192条の適用を否定するには、少々面倒な議論が必要となる。これに対して、「取引による取得」を理由とするならば、単純に192条の適用を否定することができる。このような場合には、原則として簡明な理由を用いるべきである。

(2)　無効な取引と即時取得　　Aがある動産を要素の錯誤に基づいてBに売却した場合には、A―B間の売買契約は無効であり（95条本文）、Bは目的物の所有権を同契約により取得することはできない。このような場合に、BがA―B間の取引を有効なものと信じており、そのことについて過失はなかったとしたら、192条によって、所有権を取得できるだろうか。

このような問題は、192条の適用範囲外の問題であると解すべきである。

即時取得の制度は、前主Aの無権利を治癒することによって、取引の安全に奉仕する制度であるからである。ただし、この場合のBから、さらに同目的物を譲り受けたCについては、192条による保護が可能である。Cは目的物を無権利者Bから譲り受けているからである。

(3) 取り消された行為と即時取得　　未成年者Aが、親権者の同意なしに、その所有する宝石をBに売却したとしよう。後に、AがA－B間の売買契約を取り消したときに、Bは192条の適用を主張してAからの返還請求を阻止することができるだろうか。これを肯定すると、前主の無権利の治癒という趣旨にも反するし、また制限能力者制度の存在意義は半減してしまうであろうから否定すべきである。しかし、Aの取消し後に、無権利者となったBの占有を信じた善意・無過失の第三者Cがこれを買った場合には、Cについて192条の適用を認めてよいとされている(我妻〔有泉〕220頁ほか)。CがAの取消し前の転得者であった場合にも、取消しの遡及効によりBは無権利者であったことになるから同様である。

　　* Aの取消しによる復帰的物権変動（B－A）とB－C間の譲渡とを二重譲渡の関係において理解する立場（第3章第4節1参照）では、取消し前のCが取消原因を、また取消し後のCが取消しの事実を知っていた場合には、先に対抗要件としての占有を取得しても、背信的悪意者となり権利を取得できないと解しうるが、そうでないかぎり、Cはいずれの場合にも権利を承継的に取得できることになる。この見解によれば、詐欺の場合の第三者保護の規定（96条3項）は注意規定である。

(4) 無権代理行為と即時取得　　CがAの代理人と称するBから目的物を購入した場合は、どうだろうか。Cは外形上は取引によって占有を承継することになるが、この場合もA－C間の（Bの代理による）取引自体が有効なものではないから（無権代理行為）、即時取得制度の守備範囲外にあると考えるべきである。かりに、即時取得制度の適用範囲をそこまで広げるとすれば、前主の無権利の治癒という趣旨にも反するし、動産取引においては、表見代理の制度は、その存在意義を極めて制限されてしまうことになるであろう。

3　無権利者からの占有承継

(1) 譲渡人の無権利性　　即時取得が成立する最も典型的な事例は、Aが所有者ではないのに、ある動産をBに売却するという事例である。Aの側の権限という点からいえば、Aが完全な無権利者である場合（Aがその前主A′か

ら当該動産を買ったが、実はその契約が無効であったという場合）と、Ａが一定の権限を有してはいるが、処分権限を有していない場合（賃借人や受寄者の場合）とがある。

(2) 取引行為の形式　　無権利の前主から、取引によって動産の占有を承継した以上、直接取引によるか、代理形式によるかは問わない、と解すべきである。例えば、本人Ａの代理人Ｂから、ある動産を買い受けたＣは、その所有権が実はＡに帰属していなかったとしても、即時取得によって所有権を取得しうる（代理行為自体は有効であることが前提）。本人Ａは処分権限を有していたが、代理人Ｂに代理権が欠けていた場合とは、明確に区別すべきである（この点については前述2(4)参照）。

4　平穏・公然・善意・無過失

(1) 平穏・公然の意義　　条文に明記されている平穏・公然という要件を不要とする説もある（舟橋247頁、広中189頁は要件として、特別の意味を有しないと説く）。「平穏・公然」という要件は、取引によって目的動産の占有を承継するという要件を満たす場合には、通常、同時に充足されているというべきであるから、実際上、これが独自に問題となる場合は極めて少ないと考えてよいだろう。

192条に「平穏・公然」という要件が規定されたのは、立法者が即時取得を取得時効（162条）と同性質の制度と考えたため、すなわち即時取得の効果を即時取得者側の占有の効果として考えたためであるから、現在のように、この制度を動産取引の安全のための制度と解するようになった状況のもとでは、「平穏・公然」の要件は不要であるとも考えられる。しかし、強暴または隠秘な取引によって占有を取得する場合も、まれではあれ、ありうると思われるので、立法者が考えていたのとは違った意味になるが、「平穏・公然」な取引によって占有を承継することを要件と解すべきであろう。

(2) 善意・無過失の意義　　善意・無過失とは、相手方が無権利者でないと誤信し（善意）、そのように誤信することについて過失がないことを意味する。この要件は、取引のとき、すなわち占有承継時に充足されていれば十分である。192条の要件を具備していれば即時に確定的に権利を取得するのであるから、その後に前主の無権利が判明しても、即時取得の効果に影響は

ないという趣旨である。

(3) **立証責任**　平穏・公然・善意・無過失の各要件を取得者が立証しなければならないとすれば、実際上、即時取得の成立は容易ではないということになる。しかし、民法は「占有者は、所有の意思をもって、善意で、平穏に、かつ、公然と占有をするものと推定する」(186条) と規定しているから、この点については即時取得者が立証する必要はない。

そこで、186条に含まれていない「無過失」については、取得者が立証しなければならないのか、という点が問題となる。不動産の善意の取得時効の場合 (162条2項) には、時効取得者が無過失を立証しなければならないとされているが、即時取得を取引の安全に奉仕する制度であると理解するのであれば (起草者はこれと異なり、取得時効の制度と同質的なものと考えていた点につき、注民(7)104頁 〔好美清光〕参照)、即時取得者は、前主の占有を信頼して取引するのであるから、188条によって無過失も推定される、と解することができる。すなわち、Aの所有動産を預っているBが、自己の所有物であると称してCに売却した場合には、占有者であるBは占有動産の上に行使する権利 (所有者と称していれば所有権) を適法に有するものと推定されるのである。したがって、CがBのもとに所有権が帰属していると信じて取引したとしても、過失はないものと推定されると解してよい (通説)。判例は、大審院以来、「無過失」は取得者が立証すべきものと解していたが、最近、判例を変更し、通説と同様に解している (最判昭41・6・9民集20巻5号1011頁ほか)。

5　占有の取得

(1) **占有取得の意義**　この要件については、取得したゲヴェーレ (第3章第2節1参照) の効果として譲受人の権利取得を保護したゲルマン法上の原則に由来するという側面もあるが、近代的な動産取引の安全のための制度としては、沿革とは別個に、その存在意義を考えるべきであるとされている。近代的な即時取得の制度を前提として考えるならば、前主の占有を信頼して取引をすればよいのであって、占有をも取得することは論理的にみて絶対に必要なものであるとは言えないであろう。

そこで、占有の取得を必要とする理由は、この制度の新しい理解を前提として考えられなければならない。多数説によれば、占有の取得を要件としな

い場合には、対抗力のない即時取得を認めることになり、いたずらに法律関係を紛糾させることになるからであると解されている（我妻〔有泉〕222頁、舟橋243頁、松坂100頁）。最近では、「物権取得行為をした者が占有までも取得したという点に」取得者保護の補充的根拠を見出したものである、との見解も主張されている（広中189頁）。

(2) 占有改定

(イ) 否定説　この要件をめぐって生じる最も重要な問題は、譲受人が占有改定によって占有を取得した場合にも、即時取得の成立を認めてよいか否か、という点である。判例は、占有改定の場合には、当事者間に占有を移転する旨の意思表示があったことのほかには、一般外観上、占有の事実状態に何ら変更があったとはいえないから、192条の要件を満たしたとは言えない、としている（最判昭35・2・11民集14巻2号168頁ほか）。

(ロ) 肯定説　このような判例の見解に対しては、肯定説から次のような批判がなされている（松坂101頁ほか）。①明文の規定がない以上、対抗要件の1つである占有改定だけを排除するのは妥当ではない。即時取得の要件としての占有取得は、対抗要件としての占有を必要としているにすぎないからである。②原権利者AがBに預けていた動産を、BがCに譲渡して占有改定した、という典型的な事例で考えてみるならば、AはBを信頼して動産を預けたのに対して、CはBの所有者らしい外観を信頼したのであるから、Aの「信頼」よりもCの「信頼」の方が保護に値する、と解するのが妥当である。③上の例で、Bからさらにこが同一動産を譲り受けて占有改定をしたとすれば、CとDは二重譲受人となるが、第二譲受人Dについても即時取得を認めうるから、取引の安全（この場合はDにとっての取引の安全）を害することにはならない（占有改定肯定説）（図5参照）。

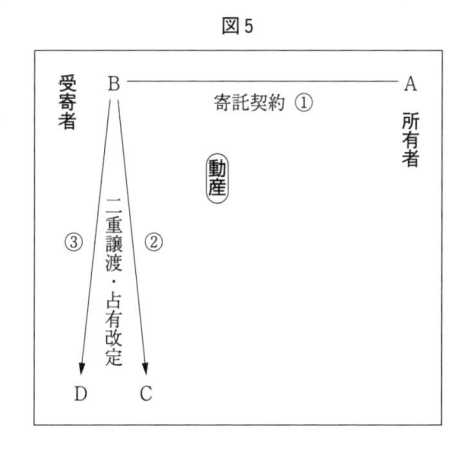

図5

当該肯定説に対しては、次のような批判がなされている。①明文の規定の有無だけで決定的な結論を出すべきではなく、結論の妥当性を検討すべきである。②占有改定肯定説を前提にするならば、原権利者AのBに対する信頼はまだ裏切られていないのに（Bの占有状態に変化はない）、AがBに対して返還を求めると、Bはみずからの不法処分（Cの占有改定による権利取得）を理由にして返還を拒否することができることになり、不当である。また、Cの即時取得の成立後、原所有者AがBから同動産の返還を受けて現実の占有を回復した後においても、Cからの所有権に基づく返還請求に応じなければならないことになるのは不当である。③Bから二重に譲り受けたCとDとの関係についても、同様の問題が生じる（AとCとの関係をCとDとの関係に置き変えて上の②について考えてみよう）。

(ハ) 折衷説　そこで、折衷説が主張されるが、その内容は一様ではない。ここでは、我妻説によってその基本的考え方を示しておこう〔我妻〔有泉〕223頁以下〕。これによれば、Aの所有動産を預って占有していたBが、Cに売却し占有改定によって引渡しを受けたときは、Cは192条によって所有権を取得するが、Cが現実の引渡しを受けるまではその所有権の取得は確定的なものではなく、後に現実の引渡しを受けることによって確定的なものとなる、と解する。この考え方を前述の事例に適用すれば、次のようになろう。原所有者Aは、受寄者Bに動産の返還を求めることができる。Cの所有権取得は不確定なものであるから、その反面において、Aの所有権喪失も不確定なものであり、AがCよりも先に現実の占有を回復すればCの権利取得を確定的に失効させることができる。

第二転得者Dが出現した場合については、CとDとの双方の権利取得がともに不確定的に効力を生じ、いずれか先に現実の占有を取得した方が確定的な権利を取得することになる（図5参照）。この説によると、目的動産の現実の占有がBのもとにある間は、AとC、またはAとC、Dの間では相互に所有権を主張することができないから、一般の二重譲渡の場合と同様に、自分が原告となって所有権の確認などを訴求した者が敗訴すると解されている。

(3) 指図による占有移転　指図による占有移転の場合はどうであろうか。例えば、AがBに自己所有動産を預け、Bがさらにそれをδに預けたまま

で、Aに無断でCに売却して、指図による占有移転をした場合*にも、Cが取得するのは、占有改定の場合と同様に、間接占有にすぎないから、物の占有状態そのものには変化は生じない（図6参照）。しかし、占有改定の場合には、Cへの占有譲渡人Bは依然として直接占有を継続しているが、指図による占有移転の場合には、Cへの占有譲渡人Bは間接占有を失う（直接占有者はB'）。したがって、Bを媒介にして成立していたAの目的動産に対する占有関係も切断されることになるから、直接占有者B'を媒介とする間接占有者はCだけとなる（注民(7)124頁〔好美〕）。そのような意味において、占有改定とは異なり、占有関係に変化が生じるから、Cの即時取得を認めてよい。

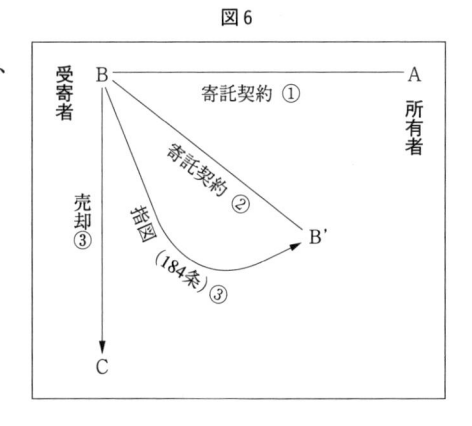

図6

受寄者 B ——寄託契約①—— A 所有者
　　　＼　寄託契約②　／
売却③　＼　　　　／指図
　　　　　＼　／（184条）③
　　　　　　B'
　　↓
　　C

* **指図による占有移転の諸事例**　指図による占有移転の場合の説明については、上にあげた例が前提とされることが多いようであるが、ほかにも、①Aからの占有受託者BがB'に占有改定による譲渡をし、B'がこれをさらにCに譲渡し、B'がBに指図による占有移転をする場合、②BがAから占有改定により所有権を譲り受けた後、CもAから占有改定により所有権を譲り受け、その後AがA'に占有を託してCのために指図による占有移転をした場合、③所有者Aから所有権留保付売買により動産を買い受けたBが、目的物を暫時Aの倉庫に保管させておいたままCに転売し、B、C合意のうえで、BがAに爾後Cのために占有すべきことを指図した場合などがあげられている（注民(7)122頁以下〔好美〕）。①については単なる占有改定による場合と同様に原所有者Aの間接占有下にあり続けるから即時取得は否定すべきであり、②については、本文上述の例と同様に解されており、③については、論理的にはCの即時取得を認めるべきである。このように解したのでは、Aにとって酷であり公平に反するとされているが（注民(7)125頁〔好美〕）、事実上は、Cの過失の認定によりAの救済をはかることはできよう。

(4) **簡易の引渡し**　Bの占有代理人B'自身が譲り受ける場合には、B'は簡易の引渡し（182条2項）によって占有を取得するから、他の要件を充足しているときは即時取得の成立を認めてよい。この点については、異論はない。

3　即時取得の効果

(1)　**即時取得の対象**　即時取得の効果は、「即時にその動産について行使する権利を取得す」ることである。「動産について行使する権利」とは、所有権と質権に限られる。BがAから預っていた動産について、Cのために質権を設定した場合には、192条の適用によって、Cは質権者となり、Aは質権設定者（A自身は債務者ではないから物上保証人）と同じ地位に立つことになる。

動産賃借権については、即時取得は認められない、というのが通説・判例である（大判昭13・1・28民集17巻1頁）。BがAから預っている動産をCに賃貸した場合には、B―C間の賃貸借を他人の物の賃貸借として理解したうえで、Cの保護を考えれば足りる、とされている（広中197頁）。

> ＊　**担保権的構成説と即時取得**　所有権自体の移転がなされる通常の場合と、担保目的で所有権の移転がなされる場合とが考えられる。後者の場合については、譲渡担保権の法的構成にもかかわる問題ではあるが、即時取得の対象となるのは所有権ではなく譲渡担保権である、と解すべきであろう。

(2)　**即時取得と不当利得**　即時取得によって権利を取得した者は、原権利者に対しても、原則として不当利得の返還義務を負わない。例えば、BがAから預っていた動産をCに売却し、Cが即時取得したとしよう。この場合には、通常、Cのもとに不当利得はないから、Aとの関係においても返還義務の問題は生じない。Aは自己が受けた損失については、Bに対して債務不履行（寄託契約違反）または不法行為（709条）に基づいて賠償請求すればよい。

しかし、Cが無償で取得した場合については、近時AからCに対する不当利得の返還請求を認める説が有力となりつつある。他人Aの損失による利得と言いうるからである（松坂102頁、我妻・債権各論下㈠1012頁、広中197頁ほか）。

4　盗品・遺失物に関する特則

(1)　**回復請求**　即時取得の要件が充足されている事例であっても、その目的動産が盗品または遺失物であるときは、被害者または遺失主は盗難または遺失の時から2年間、占有者に対してその物の回復を請求することができる（193条）。この場合には、原則として無償で返還請求することができるが、

取得者が競売や公の市場等において取得した場合には、回復請求者は取得者に対して代価を弁償しなければ返還請求することができない（194条）。また、盗品または遺失物（以下「盗品等」という）の被害者または遺失主が、盗品等の占有者に対してその物の回復を求めたのに対し、占有者が民法194条に基づき支払った代価の弁償があるまで盗品等の引渡しを拒むことができる場合には、占有者は、その弁償の提供があるまで盗品等の使用収益を行う権限を有すると解するのが相当である（最判平12・6・27民集54巻5号1737頁）。なお、盗品の回復請求前にその物が滅失したときは、同請求権は消滅し、その回復に代わる賠償も請求することができない（最判昭26・11・27民集5巻13号775頁）。

(2) **類推適用の可否** 上に述べた即時取得の特則（193条、194条）は、「盗難または遺失」の場合以外に類推適用することができるか否かについては、争いがある。この特則は、取引の安全という近代法の理想からみて不適当であるから、「盗難または遺失」の場合以外には拡張すべきではない、との主張（我妻〔有泉〕230頁）と、それ以外の場合であっても真の権利者に犠牲を強いることが妥当でないと認められるときは当該特則の類推適用を認めるべきである、との主張（注民(7)146頁〔好美〕、広中198頁）とが対立している。具体例としては、意思無能力者のもとから占有を離脱した動産が考えられる（注民(7)146頁〔好美〕）。取引の安全も静的利益との調和のもとで守られるべきものであるから、厳しい基準のもとで類推適用を認めるのが妥当であろう。

(3) **回復請求権者** 回復請求権者は、被害者または遺失主であるが、保護に値する者に限定されるべきである。したがって、実際上は、真の所有者と賃借人や受寄者のように、他人から占有委託を受けた者に限られると解すべきである（広中199頁）。例えば、Aの所有動産を盗んだBのもとからさらに同動産を盗んだCから善意無過失のDが同動産を買ったという場合には、Aは回復請求権者であるが、Bは回復請求権者ではないと解すべきである。

しかし、上の例で、盗人Bからの賃借人B′のもとから同動産を窃取したCから、善意・無過失のDが同動産を買った場合には、Aと賃借人B′とが回復請求権者となると解すべきである（広中200頁）。

回復請求権は、盗難または遺失のときから2年間行使することができ、その相手方は盗人または拾得者から直接に取得した者に限られない、と解され

ている。

　＊　**所有者の返還請求権**　　返還請求権者は盗品・遺失物の所有者であることが多いと思われるが、受寄者や賃借人のもとで窃取されたような場合には、保管者のほかに、その物の所有者も返還請求権を有するのであろうか。この場合には、所有権に基づく返還請求の可否が問題となるから、被害者らの回復請求権の存する期間中に目的物の所有権が誰に帰属していると解すべきかという問題と密接な関連を有している（詳細については(4)参照）。判例は、原所有者に帰属していると解しているから、所有権に基づく返還請求権を肯定する。これに対して、所有権は取得者に帰属すると解する説（我妻〔有泉〕231頁ほか）によれば、原所有者は所有権に基づく返還請求はできないが、193条による回復請求権を有すると説いている。

　(4)　回復期間中の所有権の帰属　　2年の回復期間について、動産の所有権は、原権利者Ａのもとにあると解すべきか、それとも即時取得の要件を満たしたＤのもとにあると解すべきであろうか。

　192条の原則の意義を重く見て、所有権は常にこれによって取得され、ただ193条によって回復された場合には、所有権が復帰すると解する説（我妻〔有泉〕231頁）と192条の要件を満たす場合であっても、193条の要件をも満たす場合には、回復請求ができなくなるまでは、即時取得の効果は発生しないと解する説（広中199頁以下ほか）とが対立している。判例も、本条にいう回復とは所有権その他の本権の回復ではない、と解している（大判大10・7・8民録27輯1373頁）。

　両説の差は、主として理論構成上の違いにあるが、即時取得者が破産した場合には、回復者が取戻権（破産87条以下）を有するか否かをめぐって実益がある（我妻〔有泉〕231頁はこれを否定する）。

第5章 物権の消滅

1 物権消滅の意義

物権の消滅とは、物権がその存在を失うことをいう（具体的には**2**以下参照）。Aに属していた物権がBに譲渡されると、この物権はAのもとには存在しなくなるが、Bのもとでは存在しているから、物権の消滅とは呼ばない。*

> * **物権の原始取得の反射効と消滅** Aの所有物をBが時効や即時取得によって取得した場合や、公用徴収などの場合には、Aの権利が消滅するというよりも、Bの権利取得の反射的効果としてAが物権を失うのであるが、法律的には、Aの権利に着目して物権の消滅と考えてもよい（ただし、時効取得を原始取得ではなく承継取得の一種と解するのであれば、消滅ではない——第3章第4節**2**参照）。

2 目的物の滅失

物権の対象が滅失すれば、物権は消滅する。例えば、建物の所有権は、建物が滅失してしまえば、それによって消滅する。一部が滅失し、修復した場合には、建物としての同一性があるか否かを社会通念に従って判断し、これを肯定できる場合には、物権も存続するが、同一性を肯定できない場合は、物権は消滅する。

3 混 同

1 原 則

AがBの所有地上に地上権（265条）を取得し、同地上に建物を建てていたが、都合により、同建物を地上権と共にBに譲渡したとしよう。Aにとっては不可欠であった地上権は、Bにとっては不要である。敷地所有権に基づいて建物を所有することができるからである。このようにして、無意味となった権利は、権利関係の簡明化のためにも消滅させることとしている（179条1項本文、2項前段）。

2 例　外

混同の例外は、まず所有権と他の物権との間（(1)、(2)）において問題となるが（179条1項ただし書）、所有権以外の物権とこれを目的とする他の権利との間（(3)、(4)）においても問題となる（同条2項後段）。

(1) **その物が第三者の権利の目的である場合**　A所有の土地にB、Cが借地権を設定した（借地権の〔準〕共有）後に、BがAから土地所有権を取得しても、B、Cの借地権の〔準〕共有関係は継続する。Bの〔準〕共有持分が混同によって消滅するとすれば、Cは当然に単独で借地権者となり、その半面においてBは右〔準〕共有持分を喪失したのと同じ結果となり、不当に損失を受けることになるからである。＊

(2) **所有権と混同すべき物権が第三者の権利の目的である場合**　AがBの所有地上に有している地上権に、Aがその債権者Cのために抵当権を設定していたが、被担保債権の弁済前に、同地上権がAからBに譲渡されても、混同は生じない。第三債権者Cの抵当権を消滅させることはできないからである。

(3) **所有権以外の物権が第三者の権利の目的である場合**　Dの所有地上に地上権を有するCが、同地上権にAのために一番抵当権を、Bのために二番抵当権を設定した場合においては、同地上権がCからAに譲渡されても、Aの一番抵当権は混同によって消滅しない。Bの二番抵当権が存続している以上、Aの一番抵当権の存続は不可欠だからである。

(4) **所有権以外の物権と混同すべき物権が第三者の権利の目的である場合**　Dの所有地上に地上権を有するCが、同地上権に債権者Aのために抵当権を設定している場合に、Aが同地上権を取得しても、Aの抵当権が第三債権者Bの転抵当権の目的となっている場合には、Aの抵当権は、混同により消滅しない。

　　＊　**179条1項ただし書の類推適用**　AがBから土地を賃借し、同地上に建物（登記済）を所有した後に、Cが同土地に抵当権を設定した場合には、AがBから同土地の所有権を取得しても、Aの賃借権はそれ自体が抵当権の目的となっているわけではないが、抵当権との関連で存続させることに意義があるから、混同によっては消滅しないと解すべきである（最判昭46・10・14民集25巻7号933頁——この判決は同

項ただし書の準用としている）。したがって、Cが抵当権を実行しても、Aは賃借権を失わない。

3　混同によっては消滅しない権利

占有権は占有の事実を保護する権利であるから、その性質上、混同によって消滅することはない（179条3項）。鉱業権も土地所有権から完全に独立した権利であると解されており、混同によっては消滅しない（我妻〔有泉〕252頁）。

4　放　棄

(1) **原則**　放棄とは、権利を消滅させることを目的とする単独行為である。物権も他の権利と同様に、権利者はこれを自由に放棄することができるのが原則である。

(2) **例外**　地上権または永小作権に抵当権を設定した者が、これらの権利を放棄しても、これをもって抵当権者に対抗することはできない＊（398条）。特別法にも同趣旨の規定がある（立木8条、工場抵当16条3項）。

>　＊　**398条の類推適用**　Aからの借地上に建物を所有しているBが、同建物に第三債権者Cのために抵当権を設定している場合には、従たる権利としての借地権に抵当権の効力は及ぶが、借地権自体に抵当権が設定されているわけではないので398条は適用されない。しかし、Bが同借地権を放棄すると、抵当権者Cに損害が生じる点では、家屋所有権の放棄の場合と同様であるから、本条を類推適用すべきであるとされている（大判大11・11・24民集1巻738頁）。

5　時　効

所有権以外の物権は、原則として20年の消滅時効にかかる（167条2項）。抵当権のような担保物権について、債権とは独自の時効消滅を認めるべきか否かについて消極に解する説もあるが（川井43頁など）、民法は、抵当権の時効消滅につき、債務者および抵当権設定者に対しては、被担保債権と同時でなければ消滅しない旨定めている（396条）。したがって、民法は一般的には、抵当権独自の時効消滅を認めていることになる。

6　公用収用・没収

公共の利益のために必要が存する場合には、土地所有権のような財産権を

強制的に取り上げることが認められている（憲29条3項、土地収用法など）。この場合には、収用権者が、その権利を原始的に取得すると、その反射的効果として、被収用者の権利は消滅する。意味はまったく異なるが、刑罰としての没収の場合も、同様の法律関係が生じる（刑19条など）。

第2編　物権法各則

第1章　占　有　権

第1節　占有と占有権

1　占有の概念

　占有は、自己のためにする意思をもって物を所持することによって成立する(180条)。「所持」とは、ある物がある人の事実的支配内にあるという客観的関係であり、それ自体が多様なものであるから、占有は実際上は様々な生活関係において成立しうる。例えば、ある土地の所有者Aが所有権に基づいてその土地を現実に支配していれば、Aはその土地の占有者でもある。BがAからその土地を賃借していれば、Bはその土地の賃借人であると同時に、占有者でもある。極端な例をあげるならば、Aが所有し、占有していた動産をCが窃取した場合には、通常Aは占有を喪失し、Cが占有者となる(Aには200条の占有回収の訴えによって占有を回復する可能性が残されている)。所有権者も、賃借人も、窃盗犯人も、目的物を所持することによる事実上の利益を自分に帰せしめようとする意思を有しているから、占有者として保護を受けうるのである。

2　占有権の意義と機能

　占有という事実を法律要件として、後に述べるような種々の法律効果が生じるため、これを1個の権利としてみる場合に、占有権と呼ぶ。民法は、所持のうち所持者が自己のためにする意思を有する場合にだけ、占有が成立するとしている(第2節1(2)参照)。では、占有権者は具体的にどのような保護を受けうるのであろうか。

第1には、社会秩序維持機能の観点からの保護として占有訴権（197条-200条）、権利適法の推定（188条）などがある。第2に、取得時効の前提としても占有は決定的に重要な役割を果たしている（162条）。占有が一定期間継続することによって取得時効が成立する場合には、他主占有から自主占有への転換（185条）、占有の態様の推定（186条1項）、占有継続の推定（同条2項）、占有の承継（187条）に関する規定が、しばしば取得時効の成立を容易にしている。また、占有権が相続された場合に生じる占有権の包括承継に関する問題点も取りあげておくことにする。第3に、すでに述べたように（第1編第4章第2節２５参照）、占有は即時取得のためにも重要な機能を果たしている。

3　占有の種類

　占有の種類ないし態様は、他の法律制度との関連で、要件の1つとして問題となるのが通常であるが、複数の制度について共通しているので、ここで概念上の整理をしておこう。

1　自主占有と他主占有

　これは、占有の意思の種類による区別である。所有の意思をもってする占有を自主占有（例えば、無効の売買契約における善意の買主の占有）といい、その他の占有を他主占有という（例えば、地上権者の占有）。区別の実益は、取得時効（162条以下）、占有者の責任（191条）、無主物先占（239条）などの場合に存する。占有意思は、占有者の内心の意思によって決定すべきではなく、その占有を取得する原因事実、すなわち占有権原の客観的性質によって定まる（例えば、借地人の占有は他主占有）。この点で、判例が、解除条件付売買契約に基づく買主の占有は自主占有であり、解除条件が成就しても当然に自主占有でなくなるものではないと判示している（最判昭60・3・28判時1168号56頁）のが参考になる。

　他主占有を自主占有に転換するには、①新権原（第2節３４参照）に基づいて、さらに所有の意思をもって占有を始めるか（185条後段）、②自己に占有をさせた者に対して、所有の意思あることを表示することが必要である（185条前段——例えば、小作人が地主に対して、所有の意思を表示する場合につき、最判平6・9・13判時1513号99頁参照）。

＊　**新権原の具体例**　　A所有農地の小作人Bが、Aの自称代理人Cから同小作地を買受け登記も経由したが、Cは無権代理人であった場合には、Bは遅くとも登記のときから新権原により所有の意思をもって占有を開始したといえる（最判昭51・12・2民集30巻11号1021頁）。農地の売買で農地法の許可手続がとられていなくても、小作人が所有者との間で売買契約を締結し、代金を支払ったときには、新権原により所有の意思をもって占有を開始したと考えてよい（最判昭52・3・3民集31巻2号157頁）。共同相続人の1人が、単独で相続したものと信じて疑わず、相続開始とともに相続財産を現実に占有し、その管理・使用を専行してその収益を独占し、公租公課も自己の名でその負担において納付してきており、これについて他の相続人が何ら関心をもたず、異議を述べなかった等の事情のもとにおいては、前記相続人はその相続の時から、相続財産につき単独所有者としての自主占有を取得したものというべきである（最判昭47・9・8民集26巻9号1348頁）。

2　善意占有と悪意占有

　この区別は、占有すべき権利（本権）をもたないでする占有についてのみ考えられる。本権を有しないのに有すると誤信する占有者は、善意占有者であり、本権を有しないことを知りまたは本権の有無について疑いを有する者は悪意占有者である。善意占有、悪意占有の区別の実益は、取得時効（162条以下）、占有者の果実取得権（189条、190条）、占有者の責任（191条）、占有者の費用償還請求権（196条2項ただし書）、即時取得（192条）などにおいて生じる。

　　＊　**占有者の善意の意義**　　一般的な善意・悪意の概念においては、善意は不知を意味し、疑うだけでは善意だとされるが、占有に関しては、制度（短期取得時効、即時取得、果実の取得などの場合には特別な保護が与えられる）の趣旨から考えて、疑いをもっている者を悪意者と解するのが通説（我妻〔有泉〕473頁ほか）であり、判例（大判大8・10・13民録25輯1863頁）である。

3　過失ある占有と過失なき占有

　この区別は、前述の善意占有についてなされるものである。本権があるものと誤信するについて過失がない場合が、過失なき占有になる。この区別の実益は、取得時効（162条以下）、即時取得（192条）などにおいて生じる。民法は善意占有者の無過失を推定していないが（186条）、即時取得の場合には、無過失の推定をも受けると解すべきである（第1編第4章第2節2 4(3)参照）。

4　瑕疵ある占有と瑕疵なき占有

　強暴・隠秘・悪意・過失・不継続などの事由のうち1つ以上を有する占有

を瑕疵ある占有といい、平穏・公然・善意・無過失・継続などの事由を具備したものを瑕疵なき占有という。瑕疵の有無は、占有の承継の場合 (187条2項) 等において問題となる。

5 単独占有と共同占有

数人が共同して1つの物を支配する場合に、共同占有が成立する (例えば、共有者や遺産相続人の場合)。この場合には、各共同占有者がそれぞれ自己のためにする意思を有していればよいとされている。

6 自己占有 (直接占有) と代理占有 (間接占有)

占有は他人の所持または占有を通して成立することもある (181条、204条)。その「他人」を占有代理人と呼ぶ (ただし、法律行為の代理とは無関係である)。Aが自己の所有地にBのために地上権を設定し、Bが同地を占有している場合には、Bが同土地を直接に占有 (自己占有) し、AはBの占有を介して間接占有 (代理占有) を取得している。

(1) **代理占有の成立要件**　①占有代理人が最小限度、目的物の所持を有すること (占有意思を有する場合でも有しない場合でもよい)。そもそも所持の機関であって独立の所持も成立しない場合 (例えば、単なる使用人は所持の機関) には、占有は直接に本人のもとで成立する。②占有代理人が本人のためにする意思を有すること。「ためにする意思」は、自己占有における自己のためにする意思 (第2節1(2)参照) と同様に緩やかに解すべきである。③占有代理関係が存在すること。これは、所持者が本人に対して目的物の返還義務を負う関係であると解されている。本人の権利は外形上のものであってもよい。④本人が代理人によって占有する意思を有することは、代理占有の要件とは解されていない。

(2) **代理占有の効果**　本人は、占有代理人が直接に所持している物について、占有を取得する。したがって、占有に関する諸効果が本人に帰属する。占有の善意・悪意については、まず占有代理人について決すべきであるが、本人が悪意であるときは、善意占有者としての利益は受けられないと解すべきである (101条2項の類推)。

7 占有の態様についての推定

占有者は所有の意思をもって善意、平穏かつ公然に占有するものと推定さ

れ (186条1項)、かつ前後両時において占有をなした証拠がある場合には、占有はその間につき継続したものと推定される (同条2項)。本条においては、無過失の推定はなされていない点に注意すべきである。

第2節 占有権の取得

1 占有権の原始取得

　占有権は、占有を法律要件として発生する法律効果であるから、占有という事実の原始的取得によって占有権も原始的に取得されるが、占有は民法の立法主義によれば、「所持」と「自己のためにする意思」とによって成立する (180条)。

　(1) 所持　　所持とは、物が社会観念上、ある人の事実的支配に属していると認められることを意味する*。この事実的支配は、社会的秩序を形成する必要があるから、ある程度の時間的継続を必要とする。例えば、タバコに火をつけるために友人のライターを借りただけでは、その瞬間にライターの所持が成立することはない。

　不動産の場合には、建物については管理・支配関係、土地については多少継続的な支配関係または他人の立入りを排除する意思の表明などが、所持の成立の基準となるとされている。例えば、隣家の建物の裏口を常に監視できる状態であれば、施錠や標札による占有表示がなくても隣家に対する所持は成立するとされている (最判昭27・2・19民集6巻2号95頁)。土地の場合には、一般に鉄条網で囲って標識を立てることによって立入り禁止の意思を表明する方法などがとられる。また、不動産の構成部分につき建物の占有者以外の者の独立の占有を認めるためには、その部分につき客観的外部的な事実支配があることを要し、建物の壁面を広告用に利用している者はこれにあたらない (最判昭59・1・27判時1113号63頁)。なお、地方公共団体が、道路を一般の用に供するために管理しており、その管理の内容、態様によれば、社会通念上、道路がその事実的支配に属するものというべき客観的関係にあると認められる場合に、地方公共団体が道路の敷地に占有権を有するとされた例 (最判平18・2・21民集60巻2号508頁) がある。

(2) 自己のためにする意思　　これは、所持による事実上の利益を自己に帰属せしめようとする意思であり (180条)、所有の意思 (162条) とは区別された最小限度の主観的要件である。占有の成立要件についての立法主義は、意思を必要とする主観説と、意思を不要とする客観説に分かれるが、民法は主観説の中にあって、最小限度の意思を必要とする立場をとっていると解されている。これによれば、客観的にみて自己に利益を帰属させる意思があるとみられればよいから、門柱わきの郵便受函に投入された手紙類については、その投入の時から、その家の住人がそれを知らなくても「意思」があると考えてよいし、極端な例でいえば、投入時に睡眠中であったとしてもさしつかえない。

なお、この「意思」は占有取得の要件 (180条) であって、占有継続の要件ではないと解されている。民法も占有の取得以外の場合については、自己のためにする意思を積極的に放棄した場合に占有権が消滅する (203条) としているにすぎない。

* **占有補助者と所持**　　物が社会観念上ある人Aの事実的支配に属しているという関係は、他人Bを介しても成立しうる。第1は、AがBを介して所持しているが、B自身も独立した所持者とみられる場合であり（Bを占有代理人という）、第2は、BがAの機関ないし補助者としてAの所持を成立させている場合である。後者の場合には所持は1つしか成立しない（Bを占有補助者という）。

　(a) 法人がその機関（理事）によって物を事実上支配している場合には、理事は所持の機関にすぎないから、特段の事情がない限り、法人の所持が1つ成立するだけであるとするのが判例の見解である（最判昭32・2・15民集11巻2号270頁。かつては占有代理人とした判例もある。大判明43・5・7民録16輯350頁）。ただし、法人の代表者が、法人の機関として物を所持するにとどまらず、代表者個人のためにもこれを所持するものと認めるべき特別の事情がある場合には、その物について、個人として占有の訴えを提起することができる（最判平10・3・10判時1683号95頁）。

　(b) Aが建物を賃借し、その妻と子供が同居している場合には、Aが所持者であり、妻子は所持の補助者である。

　(c) Aの所有地をBが賃借して同地上に建物を立て、これをCに賃貸している場合には、Cは建物を所持しているが、敷地についてはBの所持の機関であり、Bは建物についてはCの所持とB―C間の借家契約とによりこれを所持し（代理占有）、敷地については建物の所有によって直接に所持していると考えてよい。Aは、同敷地について、このようなBの所持とA―B間の借地契約とによって間接的に所持し

ている。
* * **制限能力者・意思無能力者と「占有意思」**　占有の取得自体は法律行為ではないから、制限行為能力者も法定代理人または保佐人・補助人の同意なしに物を所持することはできるが、判断能力を有しない者（意思無能力者）については、通常は、占有意思を肯定できないから、占有の取得を認めることはできない（客観説の立場では当然に肯定される）。ただし、単独で占有者となりえない意思無能力者も、法定代理人を占有代理人として、占有を取得することはできると解されている。

2　占有権の特定承継

占有権についても、他の権利と同様に、その特定承継と包括承継（後述3）とが考えられる。

(1) **特定承継の方法**　占有権が特定承継されることについては、民法上も疑問はない。民法は占有権の特定承継について、次の4つの方法を規定している（動産物権変動の対抗要件としての意義については、第4章第1節2 3参照）。

(イ) **現実の引渡し**　占有物の現実の引渡しによってなされる占有権の移転である（182条1項）。

(ロ) **簡易の引渡し**　譲受人B（またはその代理人）がすでにその目的物を所持している場合に、譲渡人AとBとの意思表示のみによってなされる占有権の移転である（182条2項）。

(ハ) **占有改定**　譲渡人Aが所有・占有している物をBに譲渡した後に、Aが引き続きBの占有代理人として、その物を所持することによってなされる占有権の移転である（183条）。

(ニ) **指図による占有移転**　譲渡人Aが代理人Cを通じて占有している物をBに譲渡し、AがCに対して以後Bのために占有すべき旨を命じ、第三者Bがこれを承諾することによってなされる占有権の移転である（184条）。

(2) **占有承継の効果**　上のようないずれかの方法によって、占有権を承継（特定承継）した場合には、一面において、前主の有した占有権をそのまま承継すると同時に、他面においてみずから開始した新たな占有に基づいて、固有の占有権をも取得すると解されている。

民法も、このような理解を前提にして、占有の承継者は自己の占有だけを主張することも、自己の占有に前主の占有を併せて主張することもできると

している（187条1項）。ただし、前主の占有を併せて主張するときは、前主の占有の瑕疵（悪意や過失など）をも承継する**（187条2項）。この場合の選択は占有承継者が任意にしてよいと解されているから、いったん前主の占有をも併せて主張した後に、自己の占有のみを主張するように主張を変更することもさしつかえないと解されている（大判大6・11・8民録23輯1772頁）。

* **指図による占有移転の例** 売主である寄託者が、寄託中の売買目的物（食肉）を引き渡すため、受寄者に同肉を買受人に引き渡すことを依頼する旨を記載した荷渡指図書を発行し、その正本を受寄者に、副本を買受人に交付し、受寄者は、寄託者たる売主の意思を確認するなどして、その寄託者台帳上の寄託者名義を買受人へと変更したことにより、買受人は、指図による占有移転を受けたものということができる（最判昭57・9・7民集36巻8号527頁）。

** **占有の承継と瑕疵の承継** 例えば、Aの土地につきBが善意無過失で占有を始め、3年間占有した後に、悪意のCが同土地の占有を承継して3年間占有した後、再びBが同土地を占有して4年以上経過したという場合のように、土地の占有主体が2度変更したために、Bによって3個の占有が併せて主張されることもありうる。しかも、Bが10年の取得時効を主張する場合には、162条2項の適用の可否が問題となる。

まず、Bの善意・無過失の占有とCの悪意占有と、さらにその後のB自身の占有とを合算しないと占有期間が10年を超えないから、Bとすれば合算を主張せざるをえない。そのさい、問題になるのは187条2項の趣旨との関連で、Bが上述の3つの占有を合算して主張するなら中間者Cの悪意占有の影響を受けることになり、合算して10年の善意占有の主張は許されないと解すべきかどうかということである。

たしかに、他人の悪意占有を合算して主張する以上、全体としては悪意の占有しか主張できないと解した方が、187条2項の趣旨とは合致するようにも思える。しかし、取得時効に関する162条2項は、「占有の開始の時に」善意・無過失であることを要求しているのであるから、他人の占有をどのような形で合算した場合であれ、起算点における占有が162条2項の要件を充足していればよいと解することも可能である。判例もそのように解している（最判昭53・3・6民集32巻2号135頁）。

3　占有の包括承継

占有の特定承継については、上に述べたような明確な規定が存在しているのに対して、占有の包括承継については、明文の規定はない（ドイツ民法やフランス民法には明文の規定がある）。

1　占有権の相続の可否

(1)　**肯定説（通説・判例）**　この点に関する解釈論としては、肯定説も否定説も可能であるが、通説・判例（最判昭44・10・30民集23巻10号1881頁）は肯定説に立っている。肯定説の方が取得時効や占有訴権をめぐる問題等について、妥当な解釈がなしうるからであると言われている。例えば、Aが所有の意思をもって、ある不動産を善意で9年間占有して死亡し、その相続人Bが引き続き2年間占有したとしよう。この場合には、BがAの占有と自己の占有とを合算して10年経過した時点で、時効取得すると解するのが妥当であろう。この結論を導き出すためには、BがAによる占有を相続によって承継したと解するのが最も簡潔な説明である。

(2)　**否定説**　上の時効取得の事例に関する結論を否定説*の考えに立って説明するならば、Bの取得時効が成立するためには、Bの占有の成立とAの占有の消滅との間に空間が生じてはならないから、Bは相続の開始によって直ちに占有権を取得するものと解し、しかもBの占有権とAの占有権との間に何らかの法的関連性を認めざるをえないことになろう。さもなければ、2つの占有権を通算するための基礎を欠くことになるからである。

> *　**否定説と187条**　ここでの否定説は、占有権の相続それ自体を否定する考え方である。後に述べるように、占有権の相続を肯定したうえで、187条の適用について肯定説と否定説に分かれることになるから、その区別について注意してほしい。

(3)　**否定説への批判**　しかし、現実には、相続人が常に相続開始と同時に相続財産の上に事実上の支配を及ぼすとは限らないのであり、どう解釈しても、相続人の固有の占有権の成立と相続の開始との間に時間差が生じてしまう事例は生じうるのである。否定説に立ったのでは、このような場合に、取得時効成立のために2つの占有を合算することはできないことになろう。

また、占有訴権に関する問題についても同様の問題が生じている。例えば、被相続人Aが生前Dから賃借していた動産を、Aの死後、僭称相続人Cが占有している場合に、真正相続人BがCに対して同動産の返還を請求したいと考えたとしよう。この場合に、Bが目的動産の占有権を相続していないと解するならば、Bから占有訴権による救済手段を奪うことになる。もっとも、Bはその場合でも占有権なき賃借権を相続しているから、賃貸人Dに代位し

て（423条）Cに対して返還請求することは可能であるが、D－Cの法律関係によっては、これが常に可能であるとは限らないであろう*。

以上述べてきたところからも明らかであるように、相続による占有の承継を認める方（肯定説）が、いくつかの問題について妥当な結論を導くことができる。しかし、占有権がほんらい所持という事実を基礎として成立する権利であることとの関連において、占有権の相続を承認するためには、さらに次のような理論的な問題が残されている。

* **賃借権に基づく妨害排除請求** 上の事例においては、Bの占有を肯定できれば、賃借権と占有とが結合することになるから、不動産であれば賃借権自体に基づく妨害排除の可否が問題となりうるが（田山・債権総論10頁参照）、上の例のように目的物が動産である場合には、これを否定すべきである。

2 占有権相続の要件

(1) **所持の承継（一般論）** 被相続人が死亡して、相続が開始した時点において、その相続人がすでに相続財産を現実に支配していた（所持していた）というような場合（例えば、同居していた場合など）には、実際上、問題は生じないと思われるが、通常、このような場合は少ないであろう。極端な場合には、Aの唯一の相続人Bが長年外国に居住しており、被相続人Aの死をしばらくの間知らないでいた、というようなこともありうる。このような相続人でも、被相続財産の占有権を相続によって取得しうるのであろうか。相続人Bは相続財産に対していかなる意味においても自分自身の所持を有しているとは言えないからである。だからといって、このような場合に、占有権の相続を否定してしまったのでは、「肯定説」の実益は半減してしまう。

そこで、相続人Bは、被相続人Aの有していた所持を相続によって承継すると解することが可能かどうかを考えてみなければならない。

(2) **学　説**

(イ) **地位承継説** 相続とは、被相続人が生前有していた地位を相続人が承継することである、と解する立場からは、所持の承継についても比較的容易に説明ができる。Aが相続財産を所持していたという地位をも含めて、Bがその地位を包括的に承継したものと理解することができるからである。しかし、この説明は、相続の本質についての一定の学説（人格承継説など）を

前提としているから、それ以外の説に立つ者は、この説に依拠しえないし、人格承継説自体についても批判がなされているから、それらの点にも配慮しておかなければならない（相続法の教科書参照）。

(ロ) 社会通念説　端的に、相続人は社会通念によって相続財産の所持を承継すると解する立場もある。この考え方に対しては、所持自体は事実であり、相続による承継の対象となるのかどうか疑問である、という批判がなされている。また、かりにそのような社会通念が存在しているとしても、相続人らしくみえる僭称相続人と相続人らしくみえない真正相続人がいる場合には、社会通念によれば、僭称相続人の方に所持があるものと考えることになりはしないか、との批判もなされている（鈴木・研究405頁）。

(ハ) 一応のまとめ　以上にみてきたように、通説が占有権の相続を認めてきたとはいえ、占有理論との関係は必ずしも明確ではなかったのであり、我妻説が「被相続人の事実的支配の中にあった物は、原則として、当然に相続人の支配の中に承継されると見るべきだから、その結果として、占有権も承継されると解すべきである」と述べているのも、そうした理論状況に対する配慮が窺えるように思われる（我妻〔有泉〕484頁）。

(3) 判例の見解　判例も一貫して占有権の相続を認めている（大判大4・12・28民録21輯2289頁、最判昭28・4・24民集7巻4号414頁、最判昭44・10・30民集23巻10号1881頁）。しかし、理論的説明については必ずしも明らかではない。

まず、占有権を相続するには、相続人が所持を取得することを要するかという点については、判例は、不要説に立っていると考えてよいであろう（とくに、前掲大判大4・12・28）。しかし、それは通常の意味における所持を取得する必要はないというだけのことであり、理論的には観念化された「所持」の承継を前提としていると解してよいように思われる。例えば「被相続人の事実的支配の中にあった物は、原則として、当然に、相続人の支配の中に承継されるとみるべきであるから、その結果として、占有権も承継され、被相続人が死亡して相続が開始するときは、特別の事情のない限り、従前その占有に属したものは、当然相続人の占有に移ると解すべきである」（前掲最判昭44・10・30）という判示は、そのような意味に理解すべきであると思われる。この判例理論は、その表現からみても、前述の我妻説に従っているとみること

が可能である。とすれば、占有権の相続にあっては、所持（事実的支配）の有無を全く問題にしないのではなく、相続人についての新たな所持を問題にしないだけであって、前主の所持の承継は前提にしていることになる。

前記大審院判例が「占有権カ相続人ニ移転スルハ法律カ相続開始ノ事実ニ対シ直接ニ附シタル効力ニシテ占有物ノ引渡ニ因リ占有権カ相続人ニ移転スルモノニアラ」ずとしているのも、占有権が相続人に移転するためには、必ずしも占有物の引渡し等によって相続人に新たな所持が成立する必要はない、という趣旨を述べているにすぎないと解すれば、前掲最判昭44・10・30の判旨とも基本的に矛盾していないと考えることができる。

なお、学説の中には、相続によって承継する占有権については、所持は不要であると解するものもある（柚木説、鈴木説など）から、最近の判例理論との微妙な相違点に注意する必要があろう。

3 相続による占有の承継と187条

(1) 問題の所在（占有の瑕疵）　相続人が被相続人の占有権を承継するという前提で考えるならば、相続人は承継とは別に、みずからも占有を取得している場合も少なくないから、この場合にはいわば二重の法的地位を有している、と考えることができる。この点を民法187条との関連で考えるならば、相続人は被相続人の占有と自分自身の占有とを併せて主張することも、自分自身の占有のみを主張することも許されるのか、ということが問題になる。判例は、従来、相続による占有権の承継については、相続は新権原ではないとして187条の適用を否定していた。すなわち、相続による占有権の承継を認めたうえで、相続人は自己の占有のみを主張することは許されないと解していた。

(2) 判例の変更　しかし、最近になって判例は、次のように見解を改めた。すなわち、民法187条1項は、「相続の如き包括承継の場合にも適用せられ、相続人は必ずしも被相続人の占有についての善意悪意の地位をそのまま承継するものではなく、その選択に従い自己の占有のみを主張し、又は被相続人の占有に自己の占有を併せて主張することができるものと解する」（最判昭37・5・18民集16巻5号1073頁）としている。

相続による占有権の承継の場合には、承継した占有（権）と、相続人がみ

ずから新たに取得した占有（権）と両面からの評価が可能であるから、新判例の態度は正当なものと言うべきである。

　ただし、新しい判例理論が妥当するのは二面的評価が可能である事例についてである。場合によっては、どう考えても相続人は未だ相続財産について事実上の支配を確立していないと思われることもありうるからである。前記判決は、相続人がみずからも事実上の支配を継続した事例を前提とした判断であることに注意すべきだろう。つまり、新判例を、相続人の占有状態と無関係に常に187条を適用する理論であるかのように理解することは早計であると思われるのである。*

> *　**相続と187条に関する具体例**　例えば、Aが昭和18年にB所有の畑をBに無断で耕作し始めたが、同26年にAが死亡し、その事情を知らないCが相続し、同40年まで引き続き耕作していたという事例においては、Cは前主Aの悪意の自主占有と自己の占有（善意）とを併せて主張することが可能であり、合算して20年以上になるから、162条1項の要件を充足することになる。また、CはAの死後、引き続き耕作しているから、C独自の占有のみをとり出して、独自に評価することも可能である。したがって、Cは独自の占有を開始した時点（相続開始時）において善意であれば、162条2項に基づく10年の取得時効を主張することも可能である。しかし、相続人が自己の占有を取得する時期が少し遅れることはありうることである。その場合でも、相続人が前主の占有の承継を、すなわちその性質通りの占有の承継を主張するのであれば、連続的なものとして主張してさしつかえないが、相続人が独自の占有を主張しようと考えるのであれば、自己の占有について主張しようとする要件（例えば、占有の始めにおいて善意でありかつ無過失であること）が生じた以降についてしか、主張できないと解すべきであろう。したがって、この場合には、Cの占有の起算点は相続の開始時点よりは遅くなる、と解すべきである。

　(3)　**法人成りの場合**　権利能力なき社団等が占有していた不動産を、法人格を取得した後も引き続いて占有している場合にも、187条1項が適用される（最判平元・12・22判時1344号129頁）。

　4　相続による占有の承継と185条

　相続によって占有権を承継した場合に、被相続人Aの占有が他主占有であったが、相続人Cの占有は自主占有である、ということが可能であろうか（占有の性質変更の可否）。

　相続人Cの占有権が被相続人から承継した占有権そのものであると解する

限り、相続によって占有権の性質が変更するということはありえないことになろう。しかし、相続人Cが、相続した占有権に併せてみずからも所有の意思をもって占有を開始したといえる場合には、Cの占有権について二重の評価が可能であろう。

相続人が相続を契機として所有の意思をもって占有を開始した場合には、新占有者（相続人）にとっては、あたかも相続が「新権原」のような意義を有することになる。判例も、相続人が被相続人の死亡により、相続財産の占有を承継したばかりでなく、新たに相続財産を事実上支配することによって占有を開始し、その占有に所有の意思がみられる場合には、相続人は民法185条にいう「新権原」により所有の意思をもって占有を始めたものというべきである、と判示している (最判昭46・11・30民集25巻8号1437頁)。つまり、占有権の相続ということは相続のみによって生じるが、他主占有が自主占有に変更されるためには、単に相続が存在しただけでは不十分であり、他の2つの要素が存在して初めて、相続が「新権原」(185条) となりうるのである。

* **新権原となりうる場合** 土地の賃借人である被相続人Aが生前において同地の賃貸人Bに支払っていた賃料が、Cによる相続を契機としてまったく支払われなくなり、その状態が継続するような場合には、相続人Cにおいて相続を新権原とする自主占有が成立しうると解してよいだろう。

** **承継後の占有の性質** 本文のような場合には、相続人Cが承継した他主占有（権）と自らの所持に基づく自主占有（権）とを併有していると解すべきではなく、Cの占有は1つであるが、Cが所有の意思をもって、みずから所持を開始したことによって、Cの占有の性質が変更したものと解すべきだろう（所有の意思は所持の態様によって客観的に定まる）。

ただし、相続人Cが前主Aの他主占有と自己の占有とを併せて主張する場合には、他主占有の限度で主張することになるのは当然であり、その意味では、Cの占有は1個であるが二重の評価を受けることになる。

5 相続による占有の承継と186条2項

占有の継続性を立証することは、通常、困難であるから、民法は「前後の両時点において占有をした証拠があるときは、占有は、その間継続したものと推定する」と規定している (186条2項)。

1人が一定期間占有していたことを立証する場合には、上の規定によって立証の困難さは大いに緩和されるが、その間に相続が介在した場合について

はどう考えるべきであろうか。例えば、Aの死後、Aが占有していた財産をBが単独で相続した事例において、BがAの占有と自己の占有とを併せて主張する場合には、Bは相続によって占有の断絶が無かったことを立証する必要があるだろうか。判例は「相続ノ場合ニハ特別ノ事情ナキ限リ被相続人ノ有シタル占有権ハ相続人ニ移転スルヲ通例トス」と解することによって、上のような場合にも、Aの占有とBの占有とが立証されれば、その間の占有の継続は推定されると解している（大判昭7・10・14裁判例(6)277頁、基本判例〔第一法規〕・民法2・1886頁）。相続による占有権の承継を肯定する以上、相続時の承継に関する限りは、当然のことというべきであろう。

第3節　占有権の効力

1　権利適法の推定

(1)　推定の範囲　　占有者は、占有物の上に行使する権利を適法に有するものと推定される (188条)。

(イ)　占有の権利推定的効力の基礎は、占有は多くの場合に真実の権利状態に符合するということにあるから、その趣旨との関連で、まず占有の種類が問題となりうる。間接占有であっても同条の推定趣旨に反しないと思われるが、瑕疵ある占有については、疑問の生じる余地がある。通説は、占有という外観に付せられる効力であることを理由として、瑕疵ある占有についても推定的効力を認めている (注民(7)49頁〔田中整爾〕)。

(ロ)　占有物の上に行使する権利は、物権に限られるか、また、不動産に関する権利も含まれるか、という点も登記との関連で、問題となっている。

推定される権利は物権に限るとする立法例もあるが、占有権原となりうるすべての権利であると解すべきであろう。具体的には、所有権、地上権、賃借権、受寄者の権利などが考えられるが、占有者は所有の意思をもって占有すると推定されるから (186条)、通常は、所有権を有するとの推定を受けることになる (通説・判例)。

しかし、前述のような範囲の権利の中でも、不動産に関する権利については、さらに検討を要する。すなわち、不動産は、登記によって表象されてい

るから、このこととの調整が必要となる。

　登記簿上の所有名義人は、反証のない限り、当該不動産を所有するものと推定すべきである、というのが判例（最判昭34・1・8民集13巻1号1頁）であるから、登記名義人と占有者とが異なる場合には、登記の推定力と占有の推定力とが衝突することになる。

　かつては、この2つの推定力に優劣はないとの見解もあったが、現在では、既登記不動産については、占有の推定力は排除されると解するのが多数説である（我妻〔有泉〕490頁、舟橋213頁）。しかし、188条は不動産にも適用されると解したうえで（したがって、占有の推定的効力も認める）、登記の推定力を優先すべきであるとの主張も有力である（柚木＝高木・判例物権法総論〔補訂版〕358頁、松坂118頁）。両説は結果としてほとんど差が生じないと思われるが、登記の推定力を破る反証があげられた場合に、両説において差が出てくる可能性がある。

　前述の多数説の見解に従う場合には、不動産につき、特別法により登記に代わる対抗要件を具備しているときは、同様に推定力が働くと解されている。例えば、AがB所有の土地の上にA名義の建物を所有してその保存登記をしている場合（借地借家10条）には、Aは同土地につき借地権を有するとの推定を受ける、とされている（我妻〔有泉〕490頁）。農地と建物については、引渡しを受けていれば占有に基づいて賃借権の推定を受けるか否かの問題が生じるが、同様に肯定的に解すべきである（農地18条、借地借家31条）。明認方法を対抗要件とする場合については、その真正を保証する制度を欠いているとの理由により、これに登記と同様の推定力は認めるべきではないとされているが（舟橋214頁）、その場合でも、占有を伴う場合には、占有の推定力は認められると解されている（注民(7)55頁〔田中〕）。

　(ハ)　占有や登記に推定力が認められるとはいっても、占有権原や登記を譲り受けた前主に対する関係においては、推定力を援用できないと解すべきである。例えば、「賃借人」が目的物所有者との間（当事者間）で賃借権の存否について争っている場合には、一般原則に従って挙証責任を定めるべきであり「賃借人」の占有に賃借権の推定力はないと解すべきである（最判昭35・3・1民集14巻3号327頁）。また、登記簿上の現所有名義人が前所有名義人から不動産所有権を取得したと主張する場合にも、前所有名義人に対しては登記

の推定力を援用しえない、と解すべきである（最判昭38・10・15民集17巻11号1497頁）。

（ニ）　現在占有している者は、現に適法な権利を有するものと推定されるだけでなく、以前にも占有していた場合には、その間についても、占有によって推定される権利を適法に有していたものと推定されると解すべきである（大判明38・5・11民録11輯701頁、学説も同旨、我妻〔有泉〕491頁ほか）。

(2)　推定の効果　　(イ)　占有による本権の推定は、相手方の反証によって覆されるものか、それとも同推定と異なる主張が独立の証明主題となるのか（本証）については、見解は一致していないが（三ケ月章・民事訴訟法417頁ほか参照）、民事訴訟法上の重要問題に関するので、本書ではこの点に立ち入る余裕はない。

(ロ)　上述(イ)の点を留保しつつ、推定の効果について具体的に検討してみよう。まず、占有者Aに対して、その占有物の真の所有者であると称する者Bが所有権の確認を求めて訴訟を提起した場合には、Aがその占有を立証すれば占有を正当化する本権（通常は所有権）があるとの推定が成り立つから、Bはその推定を破る立証（その程度については(イ)のとおり見解は分かれている）をしないかぎり、敗訴する。

(ハ)　では、A、Bが売買契約の当事者である場合に、買主Aは、自己の占有の推定力に基づいて、移転登記の請求をすることができるだろうか。この問題については、すでに1(1)(ハ)においても論及したが、188条は権利取得の根拠に関する規定ではないから、権利取得の当事者間においては機能しないと解すべきである。したがって、Aが登記をするためには、Bからの権利取得が有効であることを立証しなければならない。

（ニ）　推定は占有者の利益のためのみならず、不利益にも機能することがある（通説）。この制度は、占有の現状（あるがままの秩序）を一応正しいものとみようとする理想と真実の権利状態に符合する蓋然性とに基礎をおくものであるから、占有者個人の権利保護のためにのみ存在するのではなく、取引の安全にも奉仕するものであると解すべきだからである（注民(7)52頁〔田中〕）。例えば、AがBから土地を借りて同地上に建物を所有している場合に、Aがその建物に備えつけた動産等について、Bは先取特権を有するが（313条）、

その動産がAの所有物であるか否かについて争いがある場合には、それをAが占有している以上、Aの所有物であるとの推定を受けることになる。

(ハ) 占有者以外の者が推定の効果を援用することもできる。例えば、債権者Aが、債務者Bの占有下にある動産を差し押えた場合には、Bの所有物であるとの推定効果をAが援用することができる（我妻〔有泉〕493頁ほか）。

(ニ) 188条は前記(ロ)に述べた事例からも分かるように、一般的には防御的に機能することが多いと解されているが、未登記不動産の所有者が、不法占拠者に対して妨害排除請求権を行使する場合のように、188条の推定が攻撃的に利用される場合もある（注民(7)57頁〔田中〕）。

2 占有者と回復者との関係

(1) **占有に関する規定と不法行為・不当利得法との一般的関係**　占有者が占有物を自己の責に帰すべき事由により滅失または損傷した場合（191条）と、占有者が目的物について費用を支出した場合（196条）の法律関係は、一般に「占有者と回復者との関係」として論じられている。次の学説の対立は、後に述べる果実収取権の問題等を考える場合（後述3参照）においても、その前提として重要である。

(イ) **通説**　この場合の占有者とは、すべての占有者ではなく、本権を有しない占有者に限られるという点に注意すべきである。もっとも、本権に基づかない占有が「給付」によるものである場合を含むか否かについては見解が分かれている。

伝統的な見解によれば、同条は、例えば、占有者Aと回復者Bとの間に正当な法律関係が全然存在しない場合だけではなく、外形上は存在するが、無効であったり、または取り消された場合の法律関係をも規律するものと考えられていた。すなわち、191条および196条は占有すべき本権のない占有者についての特則（一般の不法行為および不当利得の規定に対する）であると解されてきた（我妻〔有泉〕496頁ほか）。したがって、Aが無効な契約（後に取り消された場合も同様）に基づいて給付を受けた目的物を滅失もしくは損傷したり、または逆にその物について費用を支出した場合にも、191条または196条が、一般不法行為ないし不当利得の規定に優先して適用される。

(ロ) **物権的請求権付随規定説**　これに対して、これらの規定を物権的請求権の効果に関する規定として理解する立場がある（川島152頁以下）。この立場によれば、前記諸規定は、物権的請求権の枠内に位置づけられ、一般不法行為・不当利得法との競合はないことになる（川島123頁は、191条は性質上不法行為法の特則である、としている）。

(ハ) **類型論の立場***　近代財産法を財貨の帰属に関するもの（財貨帰属法）と財貨の移転に関するもの（財貨移転法）とに分けて考察する立場（例えば、広中1頁以下）からは、前記諸規定は「財貨帰属法」に属するものであるから、「財貨移転法」に服する当事者間（給付利得の当事者間）には適用すべきではないとする主張がなされている（広中256頁）。この説も解釈論としては、前記諸規定は、一般法としての703条、704条および709条に対して、特則たる性質を有すると説くが、一般法は、たとえ補充的であれ、適用されないと説く点に特徴を有している。

(ニ) **規範補充関係説**　この点については、189条〜191条、196条は、一般不法行為・不当利得法の特則であることを認めながら「規範補充関係」として法条競合関係にあるとする見解も主張されている（四宮・請求権競合論133頁）。この説によれば、悪意の占有者が果実を「消費」した場合には、ほんらいは190条が優先的に適用されるべきである。しかし、同条は、704条のように「利息を付して」代価を償還すべき旨を規定していないので、悪意の不当利得者には704条の補充的適用を認めて利息支払義務を認めるべきである、と主張している。この説では、占有に関する前記諸規定と一般不法行為・不当利得法とは「法条競合」の関係に立つ結果、後者の領域の規定が適用されることは原則としてないが、「占有者と回復者の関係」についての法規は完結的でないため（前述の「利息」の問題のほかにも、損害賠償請求権の時効（724条参照）や不法行為債権との相殺に関する規定（509条参照）の欠如をあげている）、一般法が「規範補充関係」に立つと解している（四宮・前掲書132頁以下）。

* **類型論**　わが国の伝統的な学説は、不当利得を終局的な公平・正義の実現を期する制度として統一的に理解しようとしてきたが、契約関係（無効・取消しの場合を含む）による場合と契約関係の介在しない場合とに類型を分け、それぞれについて不当利得の解釈原理を解明しようとする学説が主張されている。沿革的には、ド

イツ民法に成文上の根拠をもち、川村泰啓教授らによって、ケメラーの学説を含めてわが国に紹介され、独自の発展をとげつつある（田山・事務管理・不当利得・不法行為31頁以下）。

(2) **滅失・損傷に対する責任**　(イ) 所有の意思をもって善意で占有していた場合には、たとえその責に帰すべき事由に基づいて目的物を滅失・損傷した場合であっても、それによって現に利益を受ける限度において賠償すればよい（191条本文後段）。この責任には、不法行為としての要素は含まれていないと解してよい（四宮・前掲書133頁）。

(ロ) しかし、善意占有者であっても、他主占有者（例えば、無効な賃貸借契約に基づく借主）は、回復者の全損害を賠償しなければならない（同条ただし書）。返還義務の存在については、悪意だからである。

(ハ) 悪意の占有者は、その責に帰すべき事由による占有物の滅失・損傷に対しては、常に（自主占有、他主占有を問わず）全損害を賠償する義務を負っている（同条本文前段）。

(ニ) 占有物の滅失には、物理的滅失のみでなく、占有物が第三者に譲渡されたため本来の所有者がこれを回復することができなくなった場合をも含むと解されている（大判昭2・2・16評論16巻商法485頁）。

(3) **必要費・有益費の償還請求**　(イ) 必要費とは、目的物の保存・管理に必要な費用（修繕費など）である。善意の占有者は、占有物の保存のために支出した必要費の全額の償還を請求することができる（196条1項本文）。ただし、占有者が果実を取得していた場合には、通常の必要費はみずから負担しなければならない（同条1項ただし書）。

(ロ) 有益費とは、必要費以外の費用で、物の利用・改良のために支出して物の価値を高めたものをいう。善意占有者は、占有物の改良のために支出した有益費については、その価値の現存するかぎりにおいて、回復者の選択に従い、出費額または増価額の償還を請求することができる*（196条2項本文）。

(ハ) 悪意の占有者も、費用償還請求権については、基本的に同等の取扱いを受けるが、有益費の償還については、裁判所は回復者の請求により、相当の期限を与えることができる（196条2項ただし書）。

　　＊　**有益費償還請求に関する最近の判例**　いずれも、賃貸借に関する608条2項に

よる196条2項の準用例である。

　建物の賃借人が有益費を支出した後、建物の所有者（賃貸人）が交替した場合には、特段の事情のない限り、新賃貸人が同有益費償還義務を承継する（最判昭46・2・19民集25巻1号135頁）。

　また、有益費の前提としての価値が現存していなければならないから、返還前に増加部分が両当事者の責に帰すべからざる事由により消滅したときは、特段の事情のない限り、有益費償還請求権は消滅する（最判昭48・7・17民集27巻7号798頁——建物賃貸借の事例）。

3　善意占有者と果実の取得

1　果実の概念

　果実とは、元物から生じた収益であると、通常、説明されている。この収益には、元物から産出するもの（天然果実）と、元物を他人に利用させてその対価として収取するもの（法定果実）との2種類がある（88条）。物をみずから利用すること（使用利益）は、ほんらいは果実ではない（物の使用の対価として受くべき金銭その他の物ではない）が、これと同様に取り扱われるのが一般である。Aの所有物をBが無権限で占有・利用している場合には、Bの使用利益に相当する損失がAのもとで発生していることになるが、このAの損失はまさにAの得べかりし法定果実（＝賃料）に相当するものであるから、Bの使用利益をBのもとで発生した果実と同等のものとして取り扱い、それが最終的にBに帰属するのか、Aに帰属するのかを考察すればよいからである。

　この理に従ったと思われる判例もある。A—B間の家屋の売買契約において、その履行後に、A（売主）がこれを取り消し、その間、B（買主）が家屋を使用していた利益を不当利得として返還請求したという事案において（図7参照）、Bの使用利益はAの取得しえたであろう賃料相当分であるから、これは実質的には

図7

買主B————売買契約・取消し————売主A

乙：居住利益
甲：引渡しからの返還までの賃料相当額の損失

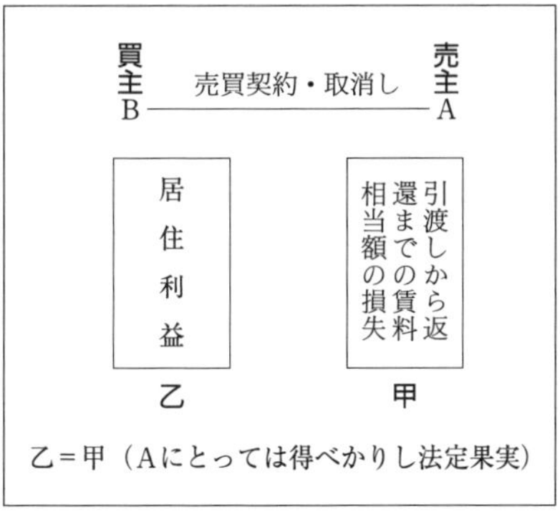

乙＝甲（Aにとっては得べかりし法定果実）

法定果実と考えるべきものであり、法定果実は善意占有者（買主B）に帰属すべきものであるから不当利得として返還請求することはできないと判示している（大判大14・1・20民集4巻1頁）。

しかし、家屋に居住する利益のような単なる使用利益ではなく、例えば銀行業者が不当利得した金銭を利用して得た運用利益のようなもの（運用者の労力や技能などに起因する部分の性質が問題）については、果実と同視することはできないから、189条以下の適用はなく、703条以下の規定によって処理すべきであるとの判例もある（最判昭38・12・24民集17巻12号1720頁）。

2 制度の趣旨

果実を取得する権能を有している者は、果実を取得し、消費することができる。天然果実は、未分離の状態では、元物の所有権の内容であるが、分離して独立の動産となったときは、その所有権は当然にその時点における元物の所有者に帰属するとされている（89条1項）。

法定果実については、これを取得する権能を有する者が交替した場合（例えば、月払賃料が果実である場合に、月の途中で交替が生じたとき）には、取得権能の存続期間を基準として日割によって計算して、それぞれ取得すべきものとされている（同条2項）。

それでは、かりにA―B間のリンゴ畑の売買契約において、買主Aがこの契約の無効を知らずに果実取得権能を有するものと誤信して果実を取得し、消費してしまった場合には、Aの立場を法律的にどう保護すべきであろうか。ほんらいは、果実取得権限を有しないはずの者Aが果実を取得したのであるから、Aは果実を不当利得したと解するのが原則論としては正しいと言うべきだろう。したがって、Aは本来ならば果実を不当利得として真実の権利者Bに返還すべきである。しかし、果実取得権があると信じている者が、これを取得し消費しても責められるべき事由があるとは考えられないから、民法はAが善意であった場合には、Aは果実を取得することができるものとしている（189条1項。ただし、後述5参照）。

3 取得の要件

(1) 善意の占有者であること　　まず、占有者の善意の内容が問題となる。自分が果実取得権能を含む本権を有していない、ということを知らないこと

が必要である。つまり、そのような本権を有しているものと誤信して果実を取得することが必要である。

　果実取得権能を含む本権としては、所有権、地上権、永小作権、賃借権、不動産質権、使用借権などが考えられる。動産質権者、留置権者（297条1項は留置権の非収益権としての性質上、果実収取権の根拠とはなりえない）、受寄者などは、ほんらい果実取得権を持ちえないのであるから、かりに果実取得権を有すると誤信していたとしても、189条の適用はない。

　(2)　無過失不要　　同条によって取得の対象となるのは占有物自体ではなく、単なる果実であり、通常は価値も低いものであるから、過失の有無を問わず善意占有者を保護すべきである、と解されている（末川218頁、舟橋310頁ほか）。そこで、善意・有過失の占有者の果実取得行為が、不法行為を形成することがありうるのかどうか、という点が問題となりうる（後述4(4)参照）。

　(3)　善意であることを要する時期　　(イ)　占有について善意・悪意が問題になる場合でも、取得時効の場合には「占有の開始の時」において善意であればよいとされているが（162条2項）、天然果実の取得については、果実について独立の所有権が成立する時点において善意であることを要すると解されている（89条1項参照）。法定果実については、善意の存続した期間について日割をもって計算し、これに相当する果実を取得すると解されている（同条2項参照）。

　(ロ)　善意とは、ほんらい占有者の主観の問題であるから、真実の権利者（例えば所有者）から本権なき占有である旨指摘されたとしても、占有者が本権を有するものと確信している以上、論理的には善意占有が継続していると解すべきであろう。しかし、真実の権利者から提起された訴訟によって占有者の本権が否定された場合には、たとえ占有者が本権を有するものと確信していても、善意占有者として保護することは適切ではない。したがって、善意占有者の敗訴が確定したときは、起訴のときから悪意の占有者であったものとみなされる（189条2項）。また、善意占有者と真の権利者との間の訴訟においては、本権自体が訴訟物となっていなくても、例えば、真の所有者から所有権取得登記抹消の請求を受けて敗訴した場合にも、同条を類推適用すべきものと解されている（前掲大判大14・1・20）。

(ハ) なお、善意占有者であっても、占有の態様の点において「暴行若しくは強迫又は隠匿」である場合には、保護に値しないから、悪意の占有者と同様に扱われる(190条2項)。

4 果実取得の効果

(1) 基本的効果　善意の占有者は、占有物から生じる果実を取得する(189条1項)。

(2) 果実取得の範囲　善意占有者の果実取得権を認める場合にも、その範囲については、「すでに消費した果実の取得」のみを認める考え方(舟橋310頁)と、未だ占有者の手許に現存している果実の取得をも認める考え方(我妻〔有泉〕494頁、末川218頁ほか)とが対立している。立法主義としては、両者とも存在したとされており、解釈論としても双方とも不可能ではないが、後者の考え方が通説・判例となっている。

理由の点では、学説・判例が一致しているわけではないが、①189条1項の規定が前説のような区別をしていないこと、②後説のように広く解しても実質的に不当な結論にはならないことなどがあげられている(最判昭42・11・9判時506号36頁の第一審判決に示されている理由など──後述(3)参照)。

②の判決の考え方は、善意の占有者Aに過失がある場合には、不法行為の成立する余地があり、そのような場合には、BからAに対して不法行為に基づく損害賠償請求が可能である、ということを前提としているものと思われる(後述(3)参照)。その限りにおいて理論的にみれば妥当な結論を導きうるようにも思われるが、Aに不法行為が成立するのは実際には極めて限られた事例であろう。したがって、実際問題としては、前述のA─B間のリンゴの売買のような場合において、Aが取得したリンゴを返還しなくてもよいとするならば、その結論の妥当性は、公平の観念に照らして疑問である(後述5以下参照)。

(3) 果実の取得と不当利得　善意占有者が189条1項により、果実を取得することができる以上、この場合には不当利得(703条以下)の問題は生じないものと解すべきである。

考え方としては、添付の場合と同様に(248条参照)、189条は単に形式的に果実の所有権の帰属を決定しているだけであり、実質的な不当利得の問題は

残っていると解することも不可能ではないが、通説・判例は、不当利得の問題は生じないと解している（我妻〔有泉〕494頁ほか、前掲最判昭42・11・9）。ただし、189条がいかなる範囲において適用されるべきかという問題が、実質的にはこの問題と密接な関連を有している（後述5以下参照）。

(4) **果実の取得と不法行為**　前述のように、189条は占有者の善意を必要としているが、無過失を必要としていない。したがって、善意・有過失の占有者も果実取得権を有すると解すべきであるが、その場合には、有過失の占有者が不法行為の要件を満たすことが考えられる。この場合について、学説は、善意占有者は189条により果実取得権を認められているのであるから、その取得行為が同時に不法行為を構成することはありえない、という見解（於保・物権法上201頁）と、両者の競合的成立を認める見解（我妻〔有泉〕495頁）とに分かれている。判例は、後者の見解に立っているものと思われるが（前掲最判昭42・11・9）、判例理論の背景には、善意・有過失の果実取得行為について保護に値しないと考えられる事情が存する場合には、不法行為の成立を認めることによって占有者と所有者との間の利益の調整が可能である、との考え方があるものと考えてよいだろう。

* **競合的成立とその要件**　競合的成立を認める立場によれば、不法行為を理由とする損害賠償責任は、189条を援用して免れることはできないと同時に、その反面において、本権の訴えで敗訴しても当然に不法行為上の責任が生ずるわけではない（すなわち、改めて故意・過失の認定が必要である。最判昭32・1・31民集11巻1号170頁）。

** **本判決の事案と不法行為**　貸フトン業者Aからフトンを騙取したCが、これを善意の第三者Bに売却した（192条の要件を充足）。ところが、詐欺事件として捜査し同フトンを押収していた警察がこれをAに仮還付してしまった。Aはこれを第三者Dに賃貸して賃料を取得した。この場合に、Aが善意・有過失であれば、Aは果実収取権を有するが、同時に過失によりBの権利を侵害したことになる。

5　**果実の取得と不当利得**

形式的に189条の要件を満たす場合には、善意占有者は常に果実取得権を有すると解してよいか、については疑問が出されている。

(イ)　例えば、物権変動論において意思主義（独自性否認説）の立場に立つ場合であっても、A―B間で目的物の所有権を移転させる債務を発生させる

売買契約を締結した後、その履行として物権の移転だけを目的とする行為を行うことは可能である（実際にはまれなことであろう）。この場合には、先行する売買契約の有効性が条件とされない限り、同売買契約が無効または取り消された場合でも、物権変動の効果が発生すると解されている（我妻〔有泉〕70頁）。別個になされた法律行為の効力は別個に判断されるべきだからである。したがって、A―B間の売買契約（債権契約）が無効であった場合であっても、とくに無因的物権行為がなされた場合のように、所有権がBに移転している場合（当然のことながらBのもとの所有権は不当利得である）と、所有権はAのもとにとどまっている場合（独自の物権行為がなされない場合）とがありうる。

形式論に従えば、前者の場合には、AはBに対して所有権を不当利得として返還請求することになるので、本権なき占有を前提とする189条は適用にならず、果実の問題を含めて703条以下の一般不当利得の規定が適用になるが、後者の場合には、所有権者Aと占有者Bとの関係（所有権に基づく返還請求の関係）になるので、果実について189条以下の規定が適用になる（後述のように、占有の不当利得を認めないかぎり703条以下の適用はありえない）。その結果、所有権が移転していたか否かの偶然的な事情によって、Aの保護の程度が異なることになる。しかも、Bが所有権を取得していた場合（703条）の方が取得していなかった場合（189条）よりも果実に関する返還義務の範囲が広い、というアンバランスな結果となる。

そこで、所有権の移転の有無によってAの保護の法律構成を別個にするという見解を否定しようとする考え方が現れた。すなわち、無因的物権行為がなされた場合だけでなく通常の場合（図8参照）にも、Bのもとに占有の不当利得が生じると解することにより、いずれの場合にもA―B間はまず一律に不当利得の関係（703条以下）として理解すべきであると主張する。これを前提としたうえで、物の返還が問題となる場合については、占有に関する特別

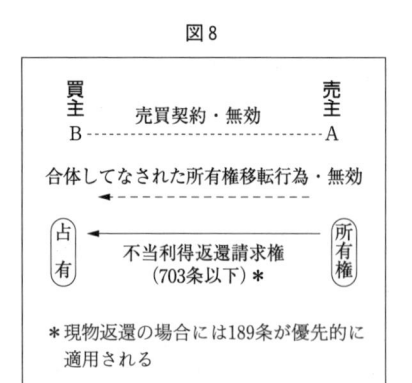

図8

買主B ——売買契約・無効—— 売主A

合体してなされた所有権移転行為・無効

占有 ←不当利得返還請求権（703条以下）*— 所有権

＊現物返還の場合には189条が優先的に適用される

な制度である189条以下が、703条の一般的不当利得制度に優先して適用されるべきであるとする。なぜならば、189条以下は不当利得の返還義務の内容を具体化したものと解すべきだからである（我妻「法律行為の無効取消の効果に関する一考察」民法研究Ⅱ185頁ほか）。

　(ロ)　しかし、このような考え方に対しては、次のような事例について妥当な結論を導き出すことができないという反論が出されている。すなわち、設例のAが、収穫期の前にリンゴ畑をBに売却し、Bがリンゴの収穫を終えた直後に同売買契約の無効が判明したというような場合である。売主Aは代金の全額を返還しなければならないが、買主Bは果実であるリンゴを返還しなくてもよいということになり（畑はもちろん返還しなければならない）、妥当な結論を導くことができない、というのである（松坂・債権各論248頁）。Aは不当利得論における「差額説」に従って、買主に帰属した収益を売主の逸した収益として控除することが考えられるが、買主が代金を支払っていない場合にはそのような処理は不可能となる。

　このような不当な結論を避けるために、この事例のように給付利得の返還が問題となっている場合には、189条以下の適用はなく、703条以下の一般不当利得の規定が適用になると解すべきであるとの主張がなされている。具体的に言えば、AはBに対してリンゴの返還請求をし、BはAに対して必要費等の償還請求をすることになる（次頁図9参照）。この考え方は、給付利得と非給付利得との体系的区別を背景としていると考えてよい。

　このような考え方に立つ場合でも、所有者と占有者とが契約関係によって媒介されていない場合には、189条以下の規定が一般不当利得法の規定を排除して適用される、と解している。例えば、BがAのリンゴ畑をAに無断で偽造書類によりB名義にし、これを善意のCに売却し移転登記をも完了し、Cがリンゴの収穫をしてしまったというような場合である。この場合のAとCとの関係は、Aが所有権のみに基づいて、リンゴ畑の占有と登記の抹消を求めているのであり、他に契約関係もしくはその解消としての関係は存在していない。189条以下は、このように純粋に所有権者と占有者との関係が問題となる場合にのみ適用されるものと解すべきものとされている（松坂・債権各論248頁）。

図9

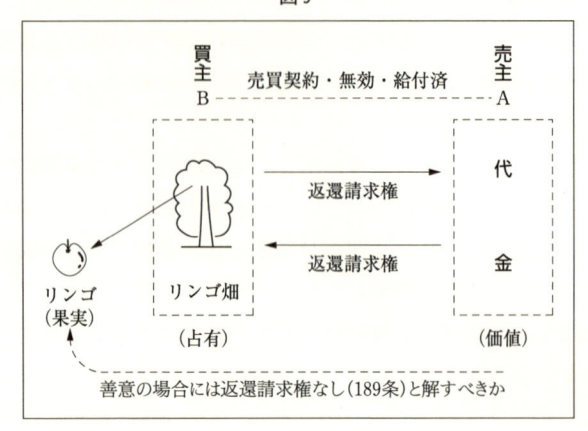

```
買主B ── 売買契約・無効・給付済 ── 売主A

          ┌─────────┐                    ┌───┐
リンゴ ←── │ リンゴ畑 │ ──返還請求権──→ │ 代 │
(果実)    │         │ ←─返還請求権──  │ 金 │
          └─────────┘                    └───┘
             (占有)                      (価値)

善意の場合には返還請求権なし(189条)と解すべきか
```

　＊　**返還の範囲**　代金には、1年満期の定期預金と同率の利息相当額を支払うべきである（最判昭38・12・24民集17巻12号1720頁）。
　＊＊　**差額説**　この説は、A―B間の契約が無効または取り消された場合に、両当事者の給付の差額を計算し、差額（マイナス）を有する当事者から他方に対して、一方的に不当利得返還請求権が成立するという考え方である（我妻・債権各論下巻Ⅰ1060頁参照）。

6　不当利得論の考え方――果実との関連で

　果実取得権の問題は、民法の体系に深くかかわる問題であるから、そのこと自体は重要なテーマであるが、本書の性質上、この問題を体系論との関係で詳論することはできない。ここでは、不当利得論における戦後のめざましい発展について、物権法の理解に必要と思われる限度で、紹介しておこう。
　(1)　**2つの法領域の不当利得**　すでに前述5㈹の前半（前述5以下）で主として我妻理論を中心にして説いたさいにもふれたように、一口で不当利得が問題となると言っても、①給付行為によって媒介された場合と、②そうでない場合とがあり、この点が妥当な結論を導くうえで極めて重要であるという点が、最近、一般に認識されるようになってきている。①の場合には、給付利得の清算が問題であるのに対して、②の場合には、契約的媒介のない所有・占有関係における「他人の財貨からの利得」の返還義務が問題となる

図10

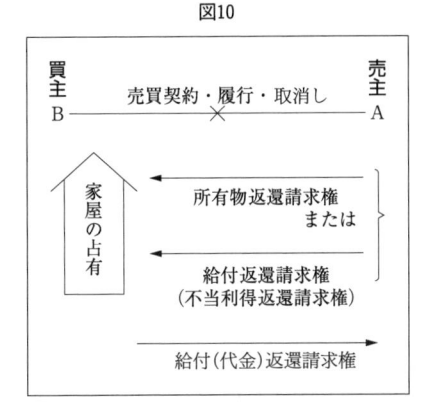

```
買主B ──売買契約・履行・取消し──× 売主A
        ←── 所有物返還請求権 ──
家屋の占有         または
        ←── 給付返還請求権 ──
           (不当利得返還請求権)
        ── 給付(代金)返還請求権 ──→
```

(後述(4)参照)。前述の松坂説はこのような相違を十分に意識したうえで、従来の通説を修正したものと理解してよいであろう。近時の不当利得論を理解するには、この観点が基本的に重要である。

(2) **不当利得における類型論**(第3節 **2**(1)ハ参照)**の特徴** 不当利得における類型論について説くことは本書の目的外であるが、果実取得権との関連で、具体的にふれておこう。

A―B間での家屋の売買契約を例にして説明しよう。売主Aにとっての代金と、買主Bにとっての家屋それ自体は契約的給付である。A―B間の売買契約が取り消されると(意思主義によれば)、家屋の所有権はAに戻る(または、初めからAのもとに存在したことになる)。したがって、AはBに対して、所有権に基づく返還請求権を有すると同̇時̇に̇、売買契約の清算として目的家屋の返還を請求(原状回復請求)することができる。買主Bも、当然に代金の返還を請求することができる。これを図示すれば**図10**のようになる。

この場合に、Aは所有者として、非所有者Bに対して所有物返還請求権を行使する可能性と、売主として取り消された契約に基づいてなされた給付の返還を請求する可能性とを有していることになる。

類型論によれば、この場合に、AはBに対しては、常に給付返還請求権のみを行使しなければならない。その理由は、以下のように整理することができよう。

(イ) AのBに対する返還請求は、A―B間が契約関係に立っており、それに基づいてなされた給付の返還が問題になっているのであるから、「所有権」の論理による「所有物返還請求権」によって処理すべきではない。一般的には、AとBとの関係においても所有者と非所有者の関係が成立しているが、契約関係の次元では、AもBもそれぞれ当事者として相対しているのであり、その限りで特̇別̇な̇規̇制̇を受けている。例えば、A―B間が賃貸借契約である

とした場合に、契約存続中に、Aが所有者だからといって所有物返還請求権を行使することができないのもそのためである。

このことは、AのBに対する関係において言えることであるから、B以外の第三者に対する関係では「所有権」の論理が妥当することは当然である。例えば、賃借人Bの占有のもとにあるA所有の家屋に対して、第三者Cが妨害を加えている場合には、AはCに対して所有者として妨害排除請求権を有する。

(ロ) 上において述べたことは、A―B間の契約がいったんは有効に成立したことを前提としているが、同様のことは契約が無効である場合のA―B間の関係についても、基本的に妥当する。「契約」関係の清算の場面だからである。

(3) 給付から生じた果実　それでは類型論による場合に、給付から生じた果実や給付に関する使用利益は、どのように処理されるであろうか。

給付利得返還請求の対象は、「有効な契約」を欠いてなされた「給付」であると解するならば、論理的にみて果実や使用利益は給付利得返還義務の対象には入らないと解することも可能である。しかし、この考え方に対しては、果実や使用利益は、それ自体独立して存在するものではなく、給付利得を前提として生じたものであるという点が忘れられてはならないとの批判がなされ、現在では、おおむね以下のように整理されている。

果実や使用利益は、それ自体としては（給付利得ではなく）他人の財貨からの利得である。しかし、この場合の果実や使用利益は、契約的給付を前提としたものであるから、「給付」に従たるものとして把握し、「給付」と運命を共にすると解されている。したがって、契約的給付に基づく果実や使用利益には、703条以下の規定が適用されるべきであり、189条以下の規定は適用されるべきではない（論者により差はあるが、近時、この方向をとる学説としては、川村、広中、谷口、四宮等の各説がある）。

この問題は、実際には、売買契約において生じることが多い。その場合には、A、Bの双方が給付利得の返還義務を負っているから、575条の類推適用が問題となる。

＊　売買における果実と代金の利息　この問題を考える前提として、通常の売買契

約の場合についての一定の予備知識が必要である。すなわち、売買契約において目的物が引き渡されないうちに目的物から果実が生じた場合には、その果実は売主に属し、これに対応して、買主も原則として目的物の引渡しの日までは代金の利息を支払う必要がない（575条）。さらに、判例によれば、目的物の引渡しが遅滞した場合でも、引渡しの日までは売主が果実を取得し、使用利益を収めることができ、買主も、これに応じて、代金の利息を支払う必要がないものと解されている（大判大13・9・24民集3巻440頁）。

上に述べたことは、通常の売買契約の履行が問題とされる場合の理論であるが、これは、履行された契約が無効や取消しを原因として清算される場合でも、類推適用されると解してよい。したがって、給付利得の返還義務者は、相手方が反対給付を返還しないかぎり、そもそも果実ないし使用利益を返還する義務を負わない（広中・債権各論390頁）。相互に返還義務が発生しているが、相手方も返還しないから返還しなくてもよい、と考えるのではない（田山・契約法148頁）。

なお、上に述べた問題は、すでに発生している果実等の返還義務（無効または取り消された売買契約において、代金の大半が返還済の場合には、その後に生じた果実は返還すべきである）と反対給付の返還義務との同時履行の問題とは、理論的に区別して整理しておくべきである。

(4) 「他人の財貨からの利得」返還請求権　A所有の土地・建物をBが勝手に自己名義に登記して、これをCに売却し、CがこれをDに賃貸して賃料を得ていることが判明したので、AがCに対して同土地・建物の返還と果実の返還をあわせて請求した、という事例で考えてみよう。この場合には、A－C間には何らの契約関係もないので、AはCに対して所有権者として返還請求していることになる。したがって、類型論によれば、所有者A対占有者Cとの関係になるから、Cは土地・家屋自体については返還しなければならないが、189条以下の規定が適用される結果、Cが善意であれば果実（Dから受領した賃料）の返還義務を負わないことになる（図11参照）。

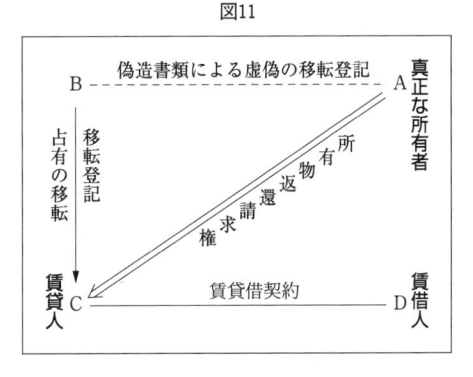

図11

4　占有訴権（占有の訴え）
1　占有訴権の意義
　占有訴権とは、占有が侵害され、もしくは侵害される恐れが生じた場合に、占有権者からこの侵害状態をひき起している者に対して、侵害もしくはその恐れを除去して、占有内容の維持（保全を含む）・回復を求める権利である。
　このように、占有訴権は、所有権に基づく物上請求権と類似しているが、社会の事実的支配状態ないし物の現実的支配を一応あるがままに保護しようとする制度である点で、通常の物上請求権とは異なっている。
　民法上の請求権でありながら、占有訴権という表現をとっているのは、フランス民法の流れを汲んでいるという沿革的な理由にすぎない。したがって民法上の用語法としては、占有請求権というのが正しい（川井170頁ほか）。

2　占有訴権と自力救済
　Ａの所有に属する動産を、現にＢが占有する場合に、Ａは自力でこれを取り戻すことができるだろうか。Ａ―Ｂ間に賃貸借等の契約関係があれば、Ａが返還を請求できないのは当然であるが、Ａ―Ｂ間にいかなる契約関係もない場合には、どうであろうか（極端な例として、Ｂが盗人である場合）。
　このような場合には、Ａの所有物がＡの占有のもとにあるというのが健全な法秩序であろう。しかし、同動産がＢの占有下にある状態がそのまま定着し、これが法的保護に値する新しい事実状態といえる場合には、たとえ所有権者が無権限の占有者に対して行う場合であっても、実力による取戻しは許されないと解されている。これを自力救済の禁止という（第2章第2節1参照）。Ａは、裁判所に対して、権利の救済を求めるべきである。かりに、Ａが上の場合に実力で自己の所有物を取り戻した場合には、Ｂは、占有訴権によって、その占有を回復することができる。

　＊　**小丸船事件（大判大13・5・22民集3巻224頁）**　Ａ所有の船をＢが窃取し、Ｃ、Ｄと転売され、Ｄが同船を鉄鎖で係留し、施錠しておいたところ、Ａがこれを発見して錠を破壊して持ち帰った。そこで、Ｄは、占有権侵害を理由として、占有回収の訴えを提起した。大審院はＤの訴えを認め、船はすでに売却されていたので、Ａに損害賠償を命じた。
　　なお、一般に所有者と盗人等の間で目的物の占有の奪い合いが行われる場合を「相互侵奪」と呼んでいる。所有者が自己の物を奪い返したのに対して、盗人等か

らの占有回収の訴えを認めないと、自力救済禁止の原則を維持できないとして占有回収の訴えを認めない考え方に反対する立場も有力である。しかし、所有者が目的物を奪い返した段階で未だ最初の（所有者からの）侵奪状態が続いているとみられる限り、盗人等からの占有回収の訴えを否定すべきであろう。

3　占有訴権の当事者

(1)　**主体**　占有訴権の主体は占有者であるが、その占有は間接占有であってもよい。Aの占有代理人Bがいる場合には、AもBも占有訴権の主体となることができる。Bも占有訴権を行使できることについては、明文の規定（197条後段）があるが、受寄者や賃借人にも占有意思を承認する通説的立場においては、同規定は単なる注意規定である。ただし、単なる占有補助者は、占有訴権を有しない。

なお、占有は悪意占有（前掲大判大13・5・22）でもよいし、正権限に基づくものであることを確定する必要もない（大判大4・9・20民録21輯148頁）。

(2)　**相手方**　占有訴権の相手方は、占有の侵害者である。例えば、占有回収の訴えにおいては、占有の侵奪が要件であるから、Aが自己の所有物を任意にBに交付し、後にBがAの意思に反してAの占有を侵害することになっても、AはBに対して占有訴権を行使することはできない（例えば、賃貸借関係の終了の場合）。

4　占有訴権の諸類型

占有の訴えには、占有保持の訴え（198条）、占有保全の訴え（199条）、占有回収の訴え（200条）の3つの類型がある。この3類型は、基本的には、物上請求権について述べたところと同様である（第2章第2節3以下）から、ここでは簡潔に述べるにとどめる。

占有が妨害されている場合には、占有保持の訴え、占有が妨害される恐れが生じている場合には、占有保全の訴え、目的物の占有が奪われた場合には、占有回収の訴えが認められる。

5　占有保持の訴え

(1)　**内容と要件**　占有者がその占有を妨害されたときは、占有保持の訴えにより、その妨害の停止および損害の賠償を請求することができる＊（198条）。本質的には、物上請求権としての妨害排除請求であるから、妨害が妨

害者の責に帰すべき事由に基づくものであることは必要でないが（大判大5・7・22民録22輯1585頁）、損害賠償の請求をするには、一般不法行為の原則により、妨害者の故意または過失を要するとするのが判例である（大判昭9・10・19民集13巻1940頁）。

＊ **人格権の侵害に基づく妨害排除**　建築基準法42条2項に規定する指定がされた道路指定土地内に同法44条1項に違反する建築物（ブロック塀）が設置されたとしても、このことから直ちに、同土地に隣接する土地の地上建物の所有者に、同建築物の収去を求める私法上の権利があるということはできない。同敷地は現実に道路として開設されていない部分があり、また、日常生活上支障が生じたとはいえないので、人格権（自由権）の侵害があったとはいえないからである（最判平5・11・26判時1502号89頁）。

しかし、建築基準法42条1項5号の規定による道路位置指定を受けて現実に開設されている道路を通行することについて日常生活上不可欠の利益を有する者は、同道路の通行をその敷地の所有者によって妨害され、または妨害される恐れがあるときは、敷地所有者が同通行を受忍することによって通行者の通行利益を上回る著しい損害を被るなどの特段の事情のない限り、敷地所有者に対して同妨害行為の排除および将来の妨害行為の禁止を求める権利（人格権的権利）を有するものというべきである（最判平9・12・18民集51巻10号4241頁）。

(2) **費用負担**　妨害除去のための費用負担の問題については、第1編第2章第2節 **4** 参照（占有保全の訴え、占有回収の訴えについても同様である）。

(3) **権利行使期間**　占有保持の訴えは、妨害の存する間、またはその消滅した後1年内に提起することが必要である（201条1項本文）。これは除斥期間と解されている。事実上の所持を中核とする占有権について、通常の物権のように長期間、物上請求権を認めるのは妥当でないからである。ただし、「消滅した後」1年という期間は損害賠償についてだけ適用されることになる。しかし、工事により占有物に損害が生じた場合においては、その工事着手の時から1年を経過し、またはその工事が完成した場合には、占有保持の訴えを提起することは許されない（201条1項ただし書）。工事に対する社会経済上の配慮に基づく期間制限である。

6　**占有保全の訴え**

(1) **内容と要件**　占有を妨害される恐れがある場合には、占有者は占有保全の訴えによりその妨害の予防または損害賠償の担保を請求することがで

きる (199条)。「妨害されるおそれ」に関する判例として、宅地内に厚さ約1尺のがれきを堆積したために雨水が隣地に侵入する地勢となった場合に、隣地に対して占有妨害の恐れがないと判断するためには、隣地との高低差が僅少であるとか、隣地に排水路がある等の事実を認定しなければならない、としたものがある (大判大10・1・24民録27輯221頁)。

(2) 権利行使期間　占有保全の訴えは、妨害の危険が存在する間に限り提起することができる。ただし、工事により占有物に損害を生ずるおそれがあるときは、201条1項ただし書（占有保持の訴えの提起期間）が準用される (201条2項)。

7　占有回収の訴え

(1) 内容と要件　占有者がその占有を奪われた場合には、占有回収の訴えにより、その物の返還および損害の賠償を請求することができる (200条)。最も重要な要件は、「占有を奪われた」ことである。代理占有の場合には、直接占有者について判定すべきは当然である。他人に詐取された場合には、任意に（瑕疵はあるが）引き渡したのであるから「侵奪」の要件を具備しない (大判大11・11・27民集1巻692頁)。

(2) 占有回収の訴えの相手方　占有者が占有の侵奪者を相手方とする点では、他のタイプの場合と同様である (200条1項) が、他の場合と異なり、占有回収の訴えは、侵奪者の特定承継人に対して提起することができないとされている (同条2項本文)。事実状態の一応の保護を目的とする占有訴権によって善意の承継人の利益を害することは妥当でないのみならず、占有が善意の承継人に移るときは、占有侵奪の撹乱状態はむしろ平静に帰したとみるべきだからである (我妻〔有泉〕510頁)。したがって、その承継人が侵奪の事実を知っている場合は、この限りではない (同条同項ただし書)。

(3) 権利行使期間　占有回収の訴えは、占有侵奪の時より1年内に限り提起することができる (201条3項)。この期間も除斥期間であり、損害が生じた場合の賠償請求の提訴期間については、規定を欠いているが、占有保持の場合 (201条1項ただし書) と同様に、損害賠償請求にも適用されると解すべきである。

　　＊　「侵奪」に関する判例　本文で述べた詐取の場合以外にも、次のような事例が

ある。賃借人が賃貸借終了後も目的物の占有を継続する場合（大判昭7・4・13新聞3400号14頁）には「侵奪」に当たらない。賃借人Aが賃借目的物である部屋をBに転貸し、Bを占有代理人として間接占有する場合には、BがAの入室を拒んだとしても、それだけでは、BがAの占有を奪ったことにはならない（最判昭34・1・8民集13巻1号17頁。この判決によって維持された原審判決では、間接占有の侵奪は第三者による侵奪に限りこれをなしうる、としている）。強制執行によって物の占有を解かれた場合には、原則として占有回収の訴えによってその物の返還を請求することは許されない（最判昭38・1・25民集17巻1号41頁）。これに対して、A会社の店舗の支配人B（占有補助者）が退職届の提出後に、以後みずから同店舗を占有する旨をAに表明した場合には、Aはその意思に基づかないで店舗に対する所持を失った、とした判例（最判昭57・3・30判時1039号61頁）、ある宗教法人に属する寺院の住職が僧籍を剥奪される処分を受けた後に、その宗教法人から寺院の建物の所持を奪われたのに対して、占有回収の訴えが認められた判例（最判平10・3・10判時1683号95頁）、がある。

＊＊ **悪意の特定承継人**　判例は、悪意の判定について慎重な態度をとっている。悪意とは、特定承継人が何らかの形で占有の侵奪があったことについて認識を有していた場合をいい、占有の侵奪を単なる可能性のある事実として認識していただけでは足りない（最判昭56・3・19民集35巻2号171頁）。占有回収の訴えを広く認めると、いったん平静に戻った事実状態に攪乱を起こすことになりかねないから、占有に基づく物上請求権であることをも考えれば（本権との対比では仮の権利ともいうべきものであるから）、判例の態度は妥当なものというべきであろう。これと同様の趣旨において、いったん善意の特定承継人の占有に移った後は、その後に悪意の特定承継人の手に移っても、もはや占有回収の訴えは提起できないと解すべきである（大判昭13・12・26民集17巻2835頁）。侵奪者または悪意の特定承継人から目的物を賃借し、または寄託を受けている場合には、侵奪者等に対しては占有回収の訴えを提起できるのは当然であるが、同賃借人または受寄者は特定承継人として扱うべきである（大判昭19・2・18民集23巻64頁）。したがって、この者が悪意であれば占有者はこの者に対して返還を請求することができる。

8　占有の訴えと本権の訴え

(1)　**本権の訴え**　占有の訴えは、占有のみを基礎として成立するのに対して、通常の物上請求権は、所有権や地上権などの実質的権利のみを基礎として成立し、本権の訴え（実体法上の権利の訴訟法的表現）と呼ばれる。

(2)　**占有の訴えと本権の訴えの関係**　占有の訴えは、本権の訴えと互いに相妨げることがないというのが民法上の第1の原則である（202条1項）。し

たがって、ある物の占有を奪われた所有者は、所有権に基づいて返還請求してもよいし、占有回収の訴えによってもよい。この２つの手段は、同時に行使してもよいし、別個に行使してもよい。またそれぞれの既判力は他に及ばないと解されている（大判大４・５・５民録21輯658頁）。

第２の原則は、占有の訴えは本権に関する理由に基づいて裁判をすることはできない、としている点である（202条２項）。例えば、ＢがＡに対する占有回収の訴えを提起したのに対して、ＡがＢに対する防御方法として、自分はその物の所有者であるから返還には応じないと主張することは許されない、という趣旨である。*

上の２つの原則は、ともに占有の訴えと本権の訴えとは次元を異にするものである、との考え方に基づいていると解してよい。

> * **202条２項と反訴の提起** 反訴とは訴訟の係属中に被告が原告を相手にして、その訴訟に併合して提起する訴えである（民訴146条）。例えば、Ｂの占有回収の訴えに対して、その物の所有者Ａがその訴えにおいて防御方法として本権に基づく返還の主張をするのではなく、その訴訟に併合して本権に基づく返還請求訴訟を提起する方法である。判例は、202条２項は本権に基づいて反訴を提起することまでも禁止するものではないとの理由で、これを肯定している（最判昭40・３・４民集19巻２号197頁）。学説も、①占有の訴えの相手方Ａは、Ｂに対して本権に基づいて別訴を提起することができる、②両者には牽連性があり併合は否定できない、③しかも、本訴である占有訴訟において審理が進めば、一部判決をすることも可能である（民訴243条３項）などを理由として、肯定説に立っている。これに対して、反訴を無限定的に認めると本権に基づく自力救済を認めるのと大差はないことになるので、占有保全の訴えの場合のように、侵奪が未だ具体化していない場合にのみ、反訴が許されると解する有力説がある（川井182頁ほか）。

5 　占有による家畜外動物の取得

家畜以外の動物については、通常、その取引の安全の保護を図る必要は存在しない。野生の動物は一般に無主物であるから、これを捕獲した者は直ちにその所有権を取得する（239条１項）。しかし、いったん捕獲されて飼育された動物が逃失しても直ちに無主物になるわけではないから、他人が占有していれば、遺失物としてその返還を請求することができる。そこで、善意でこのような逃失動物の占有を開始した者を保護するために、逃失の時から１カ

月内に飼養主より回復の請求を受けない場合には、占有者は、その動物の所有権を取得する (195条)。

6 占有権の消滅

　占有権も、他の物権と同様に、目的物の消滅によって、消滅するが、権利の性質上、混同や消滅時効によっては消滅しない。以下では、占有権の特殊な消滅原因について述べておこう。

　(1) **自己占有(直接占有)の消滅原因**　直接占有の場合には、占有の意思の放棄または所持の喪失によって、占有権は消滅する (203条本文)。Aが自己自身のために直接に占有している場合だけでなく、AがBのために直接に占有している場合 (Aの占有) も、同様である。

　占有の意思を放棄するとは、占有者が単に自己のために占有する意思を有しなくなることではなく、自己のためにする意思をもたないことを積極的に (放棄といえるほどに) 表示することであると解されている。単なる占有の意思は占有継続の要件ではないから、その不存在のみでは消滅しない。

　所持は、占有継続の要件でもあるから、その喪失が占有権消滅の原因となることは当然である。ただし、占有者が占有回収の訴えを提起し、これに勝訴する場合には、事実上の支配は従来の占有者のもとで継続していると考えられるから、占有権は消滅しない (203条ただし書)。占有回収の訴えの要件が存在している場合において侵奪者が任意に返還する場合も、同様に考えてよい (通説)。

　(2) **代理占有(間接占有)の消滅原因**　以下の3つの場合に、占有権は消滅する (204条1項)。①本人が占有代理人に占有させる意思を放棄したこと、②占有代理人が本人に対し以後自己または第三者のために占有物を所持する意思を表明したこと、③占有代理人が占有物の所持を失ったこと、である。

　法律行為の代理人や物の賃借人が、本人のために代理占有をしている場合には、その代理権ないし賃借権が消滅しても、事実的支配関係が消滅しない限り、代理占有は消滅しない (204条2項)。占有権の基礎が存続しているからである。

7 準 占 有

1 準占有の意義

自己のためにする意思をもって財産権(後述2(2)参照)の行使をすることを、準占有という(205条)。占有は、ほんらい物の上の事実的支配であるが、物の支配を伴わない事実関係においても、外形上認識しうるものについては、物の場合に準じて保護する必要がある。これが、準占有の存在理由である。

2 準占有の要件

(1) 自己のためにする意思　通常の占有の場合と同様に解してよい。

(2) 財産権の行使　行使の概念は広く解し、財産権がその者(準占有者)の事実的支配内に存すると認められる客観的事情が存すること、と理解すべきである(通説)。したがって、通常は1回限りの行使で消滅する債権や取消権、解除権などについても、準占有は成立する。

財産権のうちで、通常の占有を成立させる財産権、例えば、所有権、地上権、永小作権、賃借権、質権などについては、準占有は成立しない。理論的には不可能ではないが、その必要がないし、準占有制度の趣旨にも合致しないからである。逆に、目的物を占有しない地役権、先取特権、抵当権については、準占有が成立する。

3 準占有の効果

(1) 占有規定の準用　準占有には、占有の規定が準用される(205条)。すなわち、権利適法の推定(188条)、果実の取得(189条、190条)、費用償還請求(196条)、占有訴権(197条以下)などの規定が、準用される。しかし、各法制度の趣旨から考えて、準占有の場合には準用すべきでないものもある。例えば、動産の即時取得に関する192条は準用すべきではない(大判大8・10・2民録25輯1730頁——電話加入権の例)。同条の場合には、権利取得者が承継した占有に関連する規定ではなく、前主の権利の表象としての占有に対する信頼を保護する規定だから、同条の準用を認めるならば、債権の取引一般について公信の原則を適用する結果になるからである(同条によって、そこまで取引の安全を保護する必要はない)。

(2) 債権の準占有者への弁済と205条　478条は、債権の準占有者に善意・無過失でなした弁済は有効であると規定している。しかし、同条は、債

権の準占有者の相手方の信頼を保護することを目的として弁済の効果を定めた規定であり、それは準占有の効果とは考えるべきではない。したがって、債権の準占有概念を定めるに当たって、205条を参照することはよいが、例えば、債権者の詐称代理人について478条を（類推）適用するか否かを考えるさいに、代理準占有の理論を用いるのは妥当ではない。権利者らしい外観を問題にすべきである（詳細は、田山・債権総論228頁以下参照）。

第2章 所有権

第1節 所有権の意義と法律的性質

1 所有権の古典的意義

　所有者は、法令の制限内において、自由にその所有物の使用、収益および処分をする権利を有する（206条）。

　このような所有権観念を理解するには、まず第1に、封建制社会における所有ないし所有権の意義と対比させてみることが大切である。封建制社会にあっては、土地所有権は、農民の土地への緊縛を伴った土地に対する支配権であり、社会の経済的・政治的支配の基本的手段であった（上級所有権）。これと並行して、耕作者である農民の利用権を中心とした所有権が存在していた＊（下級所有権）。

　第2に重要な観点は、近代的所有権観念と資本主義のメカニズムとの関連である。近代社会にあって、最も典型的な所有権は商品所有権である。すなわち、初めから売るために作られる物について成立する所有権である。資本主義社会は、商品交換が全社会的規模において展開する社会であるから、そこで最も重要な財である商品について成立する所有権は、まず完全な譲渡性を保障されていなければならない（処分の自由）。この処分は人（格）権的に自由な市民相互の間において行われるから、商品交換のための契約の自由が同時に保障されなければならない。

　このような近代資本主義社会における商品所有権の論理が、全社会的規模で貫徹する結果、ほんらい商品ではない土地や人間の労働可能性（労働力）についてまで、それが貫徹することになる（法的には、それぞれ土地登記制度の発達と土地の売買、さらに時間を単位とする労働力の売買（＝雇用契約）の形態をとって現れる）。

　　＊　**近代市民革命と土地所有権**　　高額な地代徴収権能を中心とした上級土地所有権と、処分の自由を持たず（例えば永代売買の禁止）、様々な身分的拘束を伴った利

用権を中心とした下級所有権とから成る封建的土地所有制度は、近代社会の誕生にあたっては、全面的に崩壊ないし変革されなければならなかった。封建的諸拘束を廃止し、自由な社会を創造するためには、まず、土地において「自由なる所有権」を創造する必要があった。このような所有権は、1個の物については1つでなければならず、観念的には万能なものでなければならなかった。このような近代社会誕生のプロセスにおける土地所有権の近代化こそが、近代的所有権観念の歴史的基礎をなしていると考えてよい。このような観点から、206条を熟読してみることが大切である。

2　所有権の現代的意義

(1)　**商品交換法の優位**　土地の利用を中心とした社会・経済体制から商品交換を中心とした体制へと重点が移行するに従って、近代財産法においてもしだいに商品交換法の重要性が増してきた。このような社会の発展は、契約の自由を中核とした債権法の発展を促進し、金銭債権は、一方では金融資本（資本所有権）として企業の中枢を支配し、他方では商品交換の媒介にとって不可欠なものとして、ますます制度的な発展を遂げている（手形法、小切手法など）。

(2)　**土地所有権の位置づけ**　土地所有権は近代市民革命を経て自由なる土地所有権として確立したが、資本主義社会の論理に適合的な存在形態となるためには、まず第1に、土地に投下された資本の安定を保障し、かつその回収をも確実に保障するものでなければならなかった。土地をめぐる特別法が制定されなければならなかったのは、土地所有権の現代資本主義社会に対する対応のプロセスでもあったと考えてよい（借地借家法、農地法など）。第2に、土地自体が商品と同様に流通するに至り、資本主義の発展に伴って人口の大都市への集中等が生じる段階に至ると、土地の有限性等のため、地価の高騰が生じ、土地は極めて重要な取引の対象となる。すなわち、土地登記簿の発達により土地取引の安全が促進され、金融担保制度における土地の重要性はますます高められてきた。

> ＊　**商品の利用価値の具体化と法**　商品交換が重要性を増したとはいえ、すべての商品が最終的には消費されるのであるから、各商品の利用をめぐる法律問題も当然に発生する。資本主義的商品生産の特徴の一つである大量生産の結果、商品は通常、

複雑な流通過程を経ることになるため、もし各商品（生産物）に欠陥が存在したとしても、直接の責任者（メーカーなど）と被害者とは、通常、直接的な契約関係にないため、民法の領域でも立法的解決が図られつつある（製造物責任など）。

3 所有権の法律的性質

所有権は、目的物に対する全面的・排他的な支配権であるが、これをさらに分説すると、次のようになる。

(1) **支配の全面性・渾一性** 所有権は、目的物を全面的に支配する物権である。地上権、永小作権など所有権以外の物権は、目的物を一面的に支配するにすぎない点で所有権と異なっている。また、近代的所有権の目的物に対する全面的支配権は、諸機能の総合ではなく、その内容は渾一的なものである。

(2) **所有権の観念性** 人がある物の所有者であるといえるためには、その物を現実に支配している必要はない。すなわち、人はその物の占有を有することなく所有権を享受することができる。例えば、AがBにある物を売却する場合に、占有とは無関係に、A－B間の意思表示のみでその物の所有権をBに移転することができる。その物の占有は、動産の場合には対抗要件としての意味があるが、不動産の場合には、原則として、そのような意味すらない。所有権や占有権のこのような性格を観念性と呼んでいる。

(3) **所有権の絶対性** 所有権は、すべての人に対する関係で、画一的にある人に帰属するという性質を有している。このような所有権の絶対性は、沿革的には絶対主義的国家権力（政治的権力）からの不可侵の権利として、近代自然法思想に基づいて成立したものである。したがって、絶対性によって守られる所有者の自由は政治権力からの自由であり、所有者自身の恣意的自由ではない。私的所有権のこのような性格を、所有権の物権的支配権の側面においてみるならば、人の物に対する直接的な支配権であるということができる。

(4) **所有権の弾力性** 所有権に他人の用益権や担保物権が設定されても、これが消滅すれば、当然に所有権の全面的支配権能は復活し、ほんらいの円満なる所有権に戻る。

(5) 所有権の恒久性　　所有権は、時効によって消滅することはない。公用収用・没収の場合や権利の放棄がなされない限り、権利の客体が消滅するか、他の者の時効取得の反射的効果によって消滅するほかには、消滅することはない。

第2節　所有権の内容

1　所有権の内容一般

　所有権の内容は、前述のように、法令の制限内において、自由に目的物を使用、収益、処分することである(206条)。まず、所有権一般の内容について、自由と制限の観点から説くことにしよう。
　(1) 所有権の自由　　所有者は、法令の制限に反しない限り、他人の干渉を受けることなく自由に権利行使をすることができる。使用・収益とは目的物を物質的に利用しまたは目的物から果実を収取することである。処分とは目的物を物質的に変形・改造・破壊するだけでなく、目的物を他人に譲渡したり、それに担保権を設定すること等をも含む。ただし、所有権の内容は使用・収益・処分に限られるわけではないから、所有者の具体的行為がそのいずれに該当するかを問題とする必要はない。
　(2) 所有権の制限　　前述の206条によれば、所有者は、「法令の制限内」において所有権を行使すべきものとされているから、法律または命令によって所有権を制限できるようにもみえるが、憲法29条2項によれば、財産権の内容は法律で定めなければならないから、命令のみに基づく所有権の制限は許されない。
　所有権の制限の態様は、動産と不動産とに分けて説くのが一般であるが、不動産については後に述べることとし、ここでは動産を前提として一般論を述べるに留める。所有権も権利一般と同様に、公共の福祉に従い、信義則を尊重し、権利濫用にならないように行使すべき制限を受ける（1条）。
　具体的制限の態様としては、次の3つが重要である。
　(イ) 他人の侵害を忍容すべき義務を伴うことがあるが、実際には相隣関係において生ずることが多いので、土地所有権の制限の項に譲る（後述2参照）。

(ロ) 不作為義務を伴うこともある。これも土地に関して問題となることが多いが、産業廃棄物による公害規制なども、これに含まれる。

(ハ) 作為義務を伴う場合としては、土地以外では建築物の維持保全義務 (建基8条) などがある。

2 土地所有権の内容と制限

1 土地所有権の古典的内容と制限

土地所有権は、法令の制限内において土地の上下に及ぶ (207条)。土地所有権は単なる地表の支配権ではなく、空中と地下を含む支配権であるという趣旨であるが、物的支配の可能性の範囲内に限られることは当然である。したがって、その範囲内における地中物は土地所有権に服するが、次の場合は例外である。

①鉱業法3条に列挙される鉱物を掘採し取得する権利は、土地所有者には帰属しない。鉱業権は、国から私人に賦与されることになっている (鉱業2条)。②温泉の湧出地から引湯使用する権利（温泉権）も一種の物権的権利であり、通常、温泉地の所有権とは別個独立に処分される慣習が存在する (大判昭15・9・18民集19巻1611頁)。③地上の湧水または地下水をその土地において使用する権利は、土地所有者に帰属するが (大判大8・5・13新聞1580号19頁)、余水を自然に流し、その下流において他の者が流れを利用する慣行が存在する場合には、これは独立の慣行上の物権（流水利用権）であり、水源地または流水地の所有権とは別個に併存する権利である。

2 相隣関係

(1) 意義　民法は土地所有権相互の間の調整を図るために相隣関係について詳細な規定を置いている。これには、前述の所有権制限の諸態様のうち、受忍義務を課する場合と積極的作為義務を課する場合とが含まれている。

相隣関係の規定は、所有権の内容のうち利用に関する調整を目的とするものであり、地上権にも準用されているが (267条)、永小作権や賃借権についても同様の利用調整の問題が生じうるから、関連規定を類推適用すべきである (農地賃借権につき、最判昭36・3・24民集15巻3号542頁)。相隣関係において、妨害排除ないし妨害予防請求が問題となる場合もあるが、この点については、第

1編第2章第2節**3**参照。

(2) **隣地利用上の相隣関係** 隣地の使用請求(209条)と公道に至るための他の土地の通行権(210条)とに分かれる。

(イ) **隣地の使用請求** 土地所有者は、境界またはその付近において障壁もしくは建物を築造し、またはこれを修繕するために必要な範囲内において隣地の使用を請求することができる。ただし、隣人の承諾がなければその住家に立ち入ることはできない(209条1項)。この場合に隣人が損害を受けた場合には、その償金を請求することができる(同条2項)。

(ロ) **公道に至るための他の土地の通行権──原則** ある土地が他の土地に囲まれて公路に通じない場合(袋地)、および、ある土地が池沼、河川、水路もしくは海を通るのでなければ公道に至ることができないか、または崖があってその土地と公道とが著しい高低をなす場合(準袋地)には、その土地の所有者は公道に至るためにその土地を囲んでいる他の土地(囲繞地という)を通行する権利を有する(210条)。この規定は、いやしくも人の通行しうる道があれば、「公道に至るための他の土地の」通行権(以下、囲繞地通行権という)は生じないように読めるが、その土地の利用方法をも考慮して、既存の道では著しく迂回をしなければならず、極端に不便である場合には、囲繞地通行権を認めるべきである(大判大3・8・10新聞967号31頁、大判昭13・6・7民集17巻1331頁、建築基準法43条1項の接道要件との関連につき最判平11・7・13判時1687号75頁──消極)。

囲繞地通行権による通行の場所および方法は、通行権者にとって必要であり、かつ囲繞地のために損害が最も少ないものを選ばなければならない(211条1項)。通行権者は、必要があれば通路を開設することができる(同条2項)。人が通行することを前提とした道幅が原則であるが、自動車を必要とする事情が存する場合には、自動車の通行が可能な道幅も認めるべきであろう。判例は、自動車による通行を前提とする本条1項所定の通行権の成否およびその具体的内容は、他の土地について自動車による通行を認める必要性、周辺の土地の状況、通行権が認められることにより他の土地の所有者が被る不利益等の諸事情を総合考慮して判断すべきである(最判平18・3・16民集60巻3号735頁)としている。

通行権者は通行地の損害に対して償金を支払わなければならない。通路開

設のために生じた損害については1回払いで、その他の損害については1年ごとに支払うことでよい(212条)。

(ハ) 囲繞地通行権——例外　ほんらい袋地または準袋地でなかった土地が、分割されまたは一部が譲渡されたために袋地または準袋地となった場合には、公道に至るため、分割された他方または譲渡された他方だけを通行することができる(213条)。ほかに、さらに便利な土地があってもそこを通行することは許されない。このような不便は、譲渡または分割のさいに当然予期することができるからである。この場合の通行については、償金を支払う必要はない(213条1項後段)。1筆の土地全部を同時に分筆譲渡したことによって袋地が生じた場合については、前述の一部譲渡の場合と同様の事態と解してよいから、分筆前1筆であった残余地についてのみ囲繞地通行権を有する(213条2項、最判昭37・10・30民集16巻10号2182頁)。

なお、213条による囲繞地（残余地）に対する通行権は、残余地の所有者がこれを第三者に譲渡しても消滅しない(最判平2・11・20民集44巻8号1037頁)。本条2項は、同一人の所有に属する数筆の土地につき担保権が実行され袋地を生じた場合にも適用される(最判平5・12・17判時1480号69頁)。

(3) 水の相隣関係

(イ) 自然的排水　水が自然に高地から低地に流れる場合には、低地の所有者はこれを忍容する義務を負う(214条)。自然の水流が事変によって低地で閉塞(そく)した場合には、高地の所有者は自費で水流の障害を除去するために必要な工事をすることができる(215条)。ただし、費用の負担について別段の慣習がある場合には、その慣習に従う(217条)。

(ロ) 人工的排水　人工的排水のために隣地を使用する権利は原則として認められない。土地所有者は、雨水を直接に隣地に注ぐ構造の屋根その他の工作物を設けてはならない(218条——雨水注瀉工作物の禁止)。

さらに、例えば、甲地において、貯水・排水または引水のために設けた工作物の破壊または閉塞によって乙地に損害を及ぼし、または及ぼす恐れがあるときは、乙地の所有者は、甲地の所有者に対して、その修繕もしくは障害の除去を要求し、また必要があるときは、予防工事を要求することができる(216条——予防工事請求権)。ただし、費用の負担について別段の慣習があればそ

れに従う (217条)。

　高地の所有者は、その高地が浸水した場合に、これを乾かすため、または自家用もしくは農工業用の余水を排泄するために公の水流または下水道に至るまで低地に水を通過させることができる。ただし、低地にとって最も損害の少ない場所および方法を選ばなければならない (220条――余水排泄権)。

　土地の所有者は、その所有地の水を通過させるため、高地または低地の所有者が設けた工作物を使用することができる (221条1項――通水用工作物の使用権)。この場合に、他人の工作物を使用する者は、その利益を受ける割合に応じて工作物の設置および保存の費用を分担しなければならない (同条2項)。また、例えば、宅地の所有者は、他の土地を経由しなければ、水道事業者の敷設した配水管から当該宅地に給水を受け、その下水を公流、下水道等まで排出することができない場合において、他人の設置した給排水設備を当該宅地の給排水のため使用することが他の方法に比べて合理的であるときは、その使用により当該給排水設備に予定される効用を著しく害するなどの特段の事情のない限り、当該給排水設備を利用することができる (最判平14・10・15民集56巻8号1791頁)。

　(ハ)　流水の使用　　境界線を流れる溝、堀その他水流の敷地が一方の岸と同一の所有者に属する場合であっても、対岸が他人の所有に属する場合には、敷地の所有者は、その水路または幅員を変えてはならない (219条1項――水流変更権)。対岸所有者の利益と調整を図るためである。したがって、両岸の土地および敷地が同一所有者に帰属している場合には、水路および幅員を変更することができる。ただし、下口においては自然の水路に戻さなければならない (同条2項)。水流変更権について、別段の慣習がある場合には、それに従う (同条3項)。

　一方の岸および水流地 (河床・敷地) を所有する者は、対岸を所有しない場合にも、堰を設ける必要があるときは、その堰を対岸に付着させることができる。ただし、これによって生じた損害については、償金を支払わなければならない (222条1項――堰の設置および利用権)。対岸地の所有者は、水流地の一部がその所有に属する場合には、当該堰を利用することができる (同条2項)。ただし、堰の設置および保存の費用を分担しなければならない (同条3項)。

(4) 境界に関する相隣関係

(イ) 界標設置権　土地の所有者は、隣地の所有者と共同の費用で境界を表示する物を設けることができる (223条)。界標の設置および保存の費用は、相隣者が平分して負担する。ただし、測量の費用は、その土地の広狭に応じて負担する (224条)。

(ロ) 囲障設置権　2棟の建物が別々の所有者に属し、かつ、その間に空地が存する場合には、各建物所有者は、他の所有者と共同の費用でその境界に囲障を設けることができる (225条1項)。囲障については、当事者が協議して定めるべきであるが、協議が調わない場合には、板塀または竹垣その他これに類する材料のものであって、高さ2メートルであることを要する (同条2項)。囲障の設置および保存の費用は、相隣者が平分して負担する (226条)。相隣者の1人は、費用増額分を自己負担して225条2項の定める材料よりも良質なものを用い、または高さを2メートル以上として囲障を設けることができる (227条)。ただし、囲障設置に関して、これと異なる慣習が存在する場合には、その慣習に従う (228条)。

(ハ) 境界線上の工作物の共有推定　境界線上に存する境界標、囲障、障壁、溝および堀などの所有関係は、相隣者の共有に属するものと推定される (229条)。これと異なる当事者間の合意が存在する場合には、それが優先する。

この推定規定に対しては、2つの例外が定められている。すなわち、①境界線上の障壁が1棟の建物の部分であるときは、その推定を受けない (230条1項)。②高さの異なる2棟の建物を隔てる障壁の低い建物を超える部分も共有の推定を受けない (同条2項本文)。この部分は、高い建物の所有者の専有に属する。ただし、防火障壁については、全部について共有の推定を受ける (同条2項ただし書)。防火という共通の利害関係に基づく推定である。

境界線上の工作物が共有の推定を受ける場合には、共有に関する規定に従うが、各所有者は分割請求権を有しない (257条) ことのほか、次の2つの例外的規定に服する。①相隣者の1人は共有の障壁の高さを増すことができるが、その障壁がこの工事に耐えられない場合には、自費で工作を加え、またはその障壁を改築しなければならない (231条1項)。隣人がこれによって損害を受けた場合には、その償金を請求することができる (232条)。②相隣者の

1人が共有の障壁の高さを増した場合には、その増した部分は、その工事を行った者の単独の所有に属する (231条2項)。

㈤ 竹木の枝の切除と根の切り取り　隣地の竹木の枝が境界線を越えるときは、その竹木の所有者にその枝を切除させることができる (233条1項)。隣地の竹木の根が境界線を越える場合には、相隣者は自分で切り取ることができる (同条2項)。枝に比べて根は重要でないとの考えに基づくものとされている。

㈥ 境界線付近における工作物の建造　建物を築造するには、境界線から50センチメートル以上の距離を保たなければならない (234条1項)。ただし、その距離に関して別段の慣習がある場合には、それに従う (236条)。大都市の繁華街には、そのような距離を保たなくてもよい慣習が存在している場合が多い。なお、建築基準法65条参照 (最判平元・9・19民集43巻8号955頁)。

慣習がないにもかかわらず、当該距離を保たずに建築しようとする者がある場合には、隣地の所有者は、その建築を中止させまたは変更させることができる (234条2項本文)。ただし、建築着手の時より1年を経過し、またはその建築の竣成した後は、損害賠償の請求ができるのみである (同条同項ただし書)。竣成の判断基準時は、建築の中止または変更の訴え提起時である (大判昭6・11・27民集10巻1113頁)。

境界線より1メートル未満の距離において他人の宅地を観望すべき窓または縁側 (ベランダを含む) を設ける者は、目隠しを付することが必要である (235条1項——目隠し設置義務)。この距離は、窓または縁側の最も隣地に近い点より直角線で境界線に至るまでを計算する (同条2項)。これと異なる慣習がある場合には、その慣習に従う (236条)。

井戸、用水だめ、下水だめまたは肥料だめを掘るには境界線より2メートル以上、池、穴蔵、し尿だめを掘るには1メートル以上の距離を保つことを要する (237条1項)。導水管を埋め、または溝もしくは堀を掘るには境界線よりその深さの2分の1以上の距離を保つことを要す。ただし、1メートルを超える必要はない (同条2項)。境界線の付近においてこのような工事をする場合には、土砂の崩壊、または水もしくは汚液の漏出を防ぐため必要な注意を払わなければならない (238条)。

＊　**越境建築物と相隣関係**　　民法に規定はないが、隣地所有者は、直ちに異議を述べないかぎり、故意または重過失なしに建築された越境建物を除去することはできず、単に償金を請求しうるだけである、と解すべきである（ドイツ民912条参照）。解釈論としては、234条2項の類推適用とすべきであろう。

3　土地所有権と現代都市問題

1　現代土地問題と物権法

　少しずつ明らかにしてきたように、現代社会における所有権法は、しだいに不動産法に重点を置きつつ発展してきている。現在の不動産をめぐる法現象は、一方では債権法の領域の一部（借地権など）を物権化現象のもとでとり込みつつ、他面では多くの公法的規制を実施することによって、私的所有権との調整の面で困難な問題点を生じさせている。

　都市問題は土地問題である、と言われることからも分かるように、都市問題として現象している土地所有をめぐる問題は、現代物権法の最大の課題となっている。

　この課題に取り組む場合には、古典的所有権法の理解を前提としつつ、現代都市問題の構造的特徴を把握しなければならない。そのために、伝統的な物権法の教科書の枠組みを破ることになるが、本書では、現代日本の都市問題を土地問題の観点から分析しておこうと思う。今や、現代土地問題を知らずして物権法を勉強したことにはならないからである。論述の順序としては、初めに、戦後日本の土地問題について述べ、つぎに住宅問題について、住宅立法という観点に立って、沿革を重視しながら述べることにしよう。なお、土地問題については住宅問題との関連も考えて、一般論として述べるのではなく、都市の土地問題に限定する。

2　戦後日本の地域開発政策

　初めに戦後日本の地域開発の展開と土地問題について述べておこう。土地をめぐる法的トラブルを考察する際に背景として参考になると思われるからである。

　第1期（敗戦から昭和29年）　　第二次大戦中の軍事的国土開発を否定しつつ、地方自治の尊重のもとに低開発地域の開発や食糧の増産に重点を置いた地域

開発が構想された（国土総合開発法（昭和25年、以下では国総法という））。このうち実行されたのは、「特定地域総合開発計画」だけであったが、その中心内容であった多目的ダムの建設は、地元住民の水没の犠牲を伴いつつ、産業資本の復活・成長のためのエネルギー源を準備した。一方、都市については、資本の中枢管理機構の再建・整備を目的とする首都建設法（昭和25年）が制定された。また、自治体の「公共投資」能力を増大させ、あわせて行政の中央集権化をも意図して制定された町村合併促進法（昭和27年）も注目に値する。

　第2期（昭和30～34年）　　第一次高度成長期に入り重化学工業重視の傾向とともに、工業用水の確保と道路建設が開始される。さらに、住宅公団（昭和30年）、道路公団（昭和31年）の発足にみられるように、政策実施主体が事業化され、受益者負担原則が導入された。都市については半径100キロメートルの地域の整備計画を構想する首都圏整備法（昭和31年）が制定された。

　第3期（昭和35～40年）　　第一次高度成長期後半の展望ともいうべき所得倍増計画（昭和35年）により太平洋岸ベルト地帯構想が打ち出され、四大工業地帯の周辺部へ工場を分散し、交通網の整備によりその外延の拡大をはかった。さらに、後進地域への工業配置をめざす工業適正配置構想（昭和36年）は、全国総合開発計画（昭和37年）の一部として定着した。これは全国を過密地域・整備地域・開発地域に分け、後2者に拠点開発方式を適用するものであり、新産業都市建設促進法（昭和37年）、工業整備特別措置法（昭和39年）は、その具体化であった。

　第4期（昭和41年以降・第二次高度成長期）　　このような地域開発政策に対しては、経済効率への配慮を欠いており、かつ地域格差の是正もしくは後進地域の開発という観点を偏重しているという批判がなされるようになった。実際にも、政策意図とは逆に、産業の地域的集積・集中という結果をもたらした。大都市は、ますます過密化し、その周辺のスプロール現象はまさに無秩序状態の観を呈するに至った。これは、第一次高度経済成長政策により設備投資が重化学工業の直接的生産過程に集中された結果であり、しかも、その資金は金融機関や財政投融資のパイプを通じて大企業に集中的に貸し出されたものであった。この豊富な資金が設備投資の前提として土地購入にあてられ、企業の信用が膨張する結果、慢性的インフレが生じ、これが一方では経済成

長の背景となり、他方では激しい地価騰貴となって現れた。これと並行して産業基盤の整備のためになされた公共企業による大量の土地購入も、土地騰貴の一要因となった。さらに、戦後の家族構成の変化（＝核家族化）や一世帯一住宅政策も宅地需要の増大に拍車をかけた。こうして、土地はますます投機の対象となり、市街地はいっそう零細化・密集化していったのである。

　このような地価騰貴を抑制するために、地価公示法（昭和44年）が制定された。同法は都市計画区域内に標準地を選定して、その正常な価格を公示し、それによって適正な地価形成等に寄与するとともに、収用や公的な買収の場合の基準価格としようとするものである。

　地域開発政策は、まず産業政策の面から強い批判を受け、都市政策の面からも政策意図に逆行する現実を造り出してしまった結果、こんどは一転して、産業・人口の大都市への集積・集中を必然的なものとして前提とする立場に立って、その受入れのための条件整備を課題にした政策や立法が打ち出された。

　昭和40年には、首都圏整備法が根本的に改正され、既成市街地の平面的拡大を近郊地帯＝グリーンベルトの設定によって遮断しようとした当初の方針を断念し、逆に近郊地帯の市街化を計画的に推進する方向に転換した。ここに端的に示されているように、都市政策は大都市の膨張を肯定し、その膨張を計画的に進める方向に変ったといえる。これは、自民党の都市政策大綱（昭和43年）、新全国総合開発計画（昭和44年）、新経済社会発展計画（昭和45年）などにおいて集大成されている。これらの基本政策のめざすところは、経済的対外進出、および大企業の支配下での産業構造の高次化・再編成であり、それらの基盤としての「社会開発」である。このように位置づけられた「社会開発」の主要な内容は、大規模な工業基地の開発、政治・経済の中央集権化と、市場支配を全国に及ぼすための中枢管理機構としての大都市の再編成、およびそれらに必要な新幹線、高速道路、港湾、空港、水資源などの新ネットワークの開発であった。

　以上概観したところからも分かるように、戦後日本の地域開発政策ないし土地立法の展開は、1950（昭和25）年の国総法を起点としていると考えることができる。全国総合開発計画（昭和37年）や第三次全国総合開発計画（昭和52年）

なども国総法を法律上の根拠としているのである。しかし、各地方ごとの振興法や、目的を異にする整備法などが数多く制定されるに及んで、開発法制全体における体系性が失われ、各法制度の間における矛盾も現れるに至った。これらの点を調整するために国総法の改正が国会の審議日程にのぼったが、各界からの批判にあい、結局、法案中の開発に関する部分を削除し、国土利用計画の部分のみを残して国土利用計画法（昭和48年）として成立した。この法律は、国土利用計画の策定に関し必要な事項について定めるとともに、土地利用基本計画の作成、土地取引の規制に関する措置、その他土地利用を調整するための措置を講ずることにより、総合的かつ計画的な国土の利用を図ることを目的としている（1条）。新国総法案と国土利用計画法とを比較してみると、前者は開発計画のために安価な土地を大量に供給するための土地規制を考えていたのに対して、後者は土地規制の根拠として計画を策定しようとしている点で、基本理念を異にしていると言われている。

　国土利用計画法が定めている主要な土地取引規制は、規制区域における許可制と届出・勧告制である。前者によれば、投機的取引により地価が急激に上昇している地域を規制区域とし、規制区域の土地取引については都道府県知事の許可を必要とし（14条）、申請に係る取引予定価格が基準価格に適合しない場合には許可できないことになっている（16条）。この場合の基準価格は、「近傍類似の取引価格等を考慮して」決定される場合（同施行令7条）や地価公示法による公示価格を規準として決定される場合（同施行令8条）などがある。後者の届出・勧告制とは、全国の一定規模以上の土地取引について事前の届出を求めるものである。例えば、市街化区域内の土地であれば2,000平方メートル以上の取引について事前に予定価格と利用目的を届け出ることを義務づけ、著しく適正を欠く価格、不適正な利用目的については勧告がなされる。なお、法改正により監視区域制度が設けられ（27条の2）、1987年8月から、東京都23区内等では300または500平方メートル以上の土地取引も届け出ることになった（地価上昇の沈静化に伴って1995年1月に届出義務は解除された——27条の3参照）。

　しかし、最も強力な規制区域制が、東京都心部における狂乱的地価上昇に対してまったく発動されなかったような状況（1987年当時）では、このような

施策にどれ程の地価抑制効果を期待できるかは疑問であった。1969年の地価公示法の制定以来、公共用地の取得にさいしては、公示価格が参考にされてきたが、その場合でも抑制的効果はあまり見られなかった。事態はこの場合に類似しているように思われる。今後は、土地法制全体の再検討の中で、公共投資の効果としての「開発利益の還元」などの問題と関連させて検討してゆかなければならないであろう。

　なお、昨今では、バブル経済の崩壊と地価の暴落が生じ、それが担保物権法等の分野において、困難な問題を生じさせている。

第3節　所有権の原始取得

1　所有権取得の意義

　民法は、239条以下において「所有権の取得」と題して、無主物先占、遺失物拾得、埋蔵物発見、付合、混和、加工について規定している。これらの規定に基づく所有権の取得は、売買や相続による所有権の承継的取得とは異なり、原始取得である。所有権取得の実際的・社会的意義という点では、本節の所有権取得よりも、売買や相続による承継取得の方がはるかに重要である。

　(1)　無主物先占　　野生の動物のように、現に所有者のいない動産を、所有の意思をもって占有すること（先占）により、その所有権を取得することができる (239条1項)。ただし、無主の不動産は国庫に属する (同条2項)。先占に関する判断は、各場合について、その者の支配に属したと認められるか否かを基準としてなされる (狸を岩穴に追い込み入口をふさいだことにより、先占を認めた例、大判大14・6・9刑集4巻378頁。また、ゴルフ場内の人工池の底にあるロストボールは、ゴルフ場の所有であって無主物ではないとした例、最決昭62・4・10刑集41巻3号221頁)。先占は、意思を要素とする準法律行為中の非表現行為に該当する。

　(2)　遺失物の拾得　　遺失物は、特別法の定めるところに従って公告をなした後、3カ月内にその所有者が知れない場合には、拾得者がその所有権を取得する (240条)。遺失物とは、占有者の意思によらないでその所持を離れたものであって、盗品でないものである。この特別法とは遺失物法[*] (平18法

73)のことであり、同法によれば、「誤って占有した他人の物、他人の置き去った物及び逸走した家畜」(同法2条1項)も遺失物に準じて扱われる。なお性質上、遺失物に含まれるもののうち「漂流物」と「沈没品」の拾得については水難救護法(明32法95)に従う(同法24条以下)。

　拾得とは、遺失物の占有を取得することであり、先占とは異なり、所有の意思を必要としない。遺失物拾得の法律的性質は、先占と同じである。

　　＊　**遺失物法の関連規定**　拾得した場所と拾得者の性格によって取扱いが異なっている(同4条、13条以下)。拾得者と所有者との関係は、理論的には事務管理となるが、同法によれば物件の返還を受けた者は、物件の価格の5分ないし2割の範囲内で報労金を拾得者に給すべき旨を定めている(28条1項)。なお、小切手については、振出銀行に届出で小切手を失効させることができることとの関連で、報労金の算定が困難である。善意の取得者に帰する危険をも考えて小切手の経済的価値を評価することになる(額面額の10分の1とした例、大判大10・12・26民録27輯2199頁、100分の2とした例、東京高判昭58・6・28判時1083号91頁)。

　(3)　**埋蔵物発見**　埋蔵物は、特別法(遺失物法)の定めるところに従い、公告をした後、6カ月内にその所有者が知れない場合には、発見者がその所有権を取得する(241条)。ただし、物の中において発見した埋蔵物は、発見者およびその物の所有者が折半してその所有権を取得する(241条ただし書)。

　埋蔵物とは、土地その他の物(包蔵物という)の中に埋蔵されて、外部から容易に見えない状態に置かれ、その所有権が誰に属するか容易に識別できないものである。包蔵物は土地で、埋蔵物は動産である場合が多いが、必ずしもそうとは限らない(包蔵物が建物という場合もありうる)。

　なお、埋蔵文化財については、文化財保護法の適用を受け、その所有権は国庫に帰属し、国庫が土地所有者と発見者に報償金を折半して支給する(同104条、105条)。

2　添　付
1　付合・混和・加工

　付合(242条-244条)、混和(245条)、加工(246条)の三者を合わせて添付と呼んでいる。所有権の取得原因とされる理由および法律効果の点で、共通点があるからである。すなわち、所有者の異なる2つ以上の物が結合されて社会

的・経済的に1つの物とみられる関係に至った場合に、これを原状に復させる不利益を避けるため、添付によって、何人かに所有権を認めようとする点で共通している。これによって、従来の所有者が、所有権を失うことになる場合には、これを前提とする権利も消滅するが (247条1項)、その物の所有者が合成物、混和物または加工物の単独所有者となった場合には、消滅前の所有権を前提とした権利は、以後、合成物、混和物または加工物の上に存し、その共有者となった場合には、その持分の上に存する (同条2項)。242条から247条によって生じる不利益は不当利得の関係に従って解決される (248条)。

なお、添付を認めるか否かに関する規定は強行規定であるが、添付によって生じた物を誰の所有とするかに関する規定は、任意規定と解されている (後述2(4)参照)。したがって、その償金に関する規定 (248条) も任意規定である。

2 不動産の付合

(1) 不動産の付合制度の趣旨　民法は不動産については、「不動産の所有者は、その不動産に従として付合した物*の所有権を取得する。ただし、権原によってその物を附属させた他人の権利を妨げない」(242条) と規定しているのみである。

(イ) 通説　通説によれば、民法が所有権の取得原因としてこのような付合に関する規定を置いている趣旨は、結合した物を分離することは社会経済上不利益だということにあるとされている。したがって、分離によって付合物が損傷する場合はもちろんのこと、損傷せずに分離が可能であっても過分の費用を必要とする場合には、国民経済的利益 (公益的ニュアンスを帯びている) に反することになるから、同様に扱うべきことになる (より厳密には社会経済上の不利益を基準とする説と、より具体的な分離の困難性を基準とする説とに区別すべきである)。

(ロ) 取引観念ないし取引安全説　この説は、損傷せずに取り外せる物 (例えば、屋根瓦など) でも付合していると解されているのは、取引観念に基づくものであると主張し、またコンクリート建物のように完全に土地に付着しているものでも土地に付合しないとされているのは、独立して取引の対象となるからであると主張する。すなわち、付合の基準は物理的に損傷せずに分離しうるか否かではなく、付合物が取引の通念上独立の物として扱われてい

るか否かに求めるべきであると主張する（末弘厳太郎「不動産の附合について」法協50巻11号）。

　このような「取引観念上の独立性」という基準を承継しつつ、取引の安全との関連で付合基準を再構成する説も存在する。これによれば、まず取引の安全を一物一権主義の内容としてとらえ、物の外形的物質的状態からみて1つの物としての統一性の中に吸収されたか否か、すなわち取引社会の通念がそれを独立の一物として認めるかどうかということを付合の基準とすべきである、とされている（川島64頁以下）。

　(ハ)　両説の相違点　　付合に関する伝統的通説（(イ)）の考え方は、付着物を分離することが社会経済上不利益であることにその根拠を求めている。この説は、本質的には物自体の国民経済的観点に立って、付着物の原所有者Bと付着時の不動産所有者Aとの間の紛争解決基準として、付合を位置づけている。

　これに対して、(ロ)の取引観念ないし取引安全説は、付合の根拠を取引社会の通念ないし取引の安全に求めている。したがって、この説は主として、付着部分を含む不動産をその所有者から取得した者Cと、付着部分の原所有者Bとの間の紛争解決基準として、付合を位置づけていると考えられる。すなわち、付着物の原所有者Bと被付着不動産の所有者Aとの間の関係は、同不動産の取得者Cと付着物の原所有者Bとの間の紛争解決基準の前提として決定されるべきものとされていたと思われる（少なくとも利益衡量上の重点は、後者にあると思われる）。

　　＊　**不動産相互の付合**　　土地と建物とを別個の不動産とする法制のもとでは、両者の付合はありえない。ただし、建物相互の場合には、複数の建物を結合して独立性を失わせるようなときは、付合が生じうる。

(2)　付合制度の法的構成

　(イ)　242条の意義　　A所有の甲動産がB所有の乙不動産に付合した場合には、物権法上は、B所有の乙不動産のみが存在することになり（242条）、A－B間の実質的調整は不当利得の関係として処理される（248条）。ただし「権原によってその物を附属させた他人の権利を妨げない」（242条ただし書）とされているから、他人の不動産に動産を付着させてその不動産を利用する権

利、例えば、地上権、永小作権、使用借権、賃借権（ただし、建物賃借権は増改築を当然の内容としていないから除外するとする説が有力である）等を有する場合には、例外となる。

　(ロ)　ところで、上の例外の場合の法的構成については、まず、基本的に次の2つの考え方の対立がある。

　　(a)　付着した物は付合の例外として、乙不動産の内容とはならず、A所有の甲動産として独立した動産所有権の対象としてとどまっている（新田敏「附合」民法講座(3)24頁など）。

　　(b)　付着した物は物権法上は、乙不動産の内容となり、AはBに対してその分離・返還請求権（債権）を有するにすぎない（川島・判民昭和6年103事件416以下の評釈はこのように解されている〔瀬川信久・不動産附合法の研究25頁〕）。

　この問題の中心的論点は、242条の本文とただし書の関係を、付合制度の趣旨との関連において、いかに矛盾なく理解するか、という点にある。

　例えば、AがB所有の土地に播いた種は、（苗（木）の場合は根付により）いったんBの土地に付合するが（これを同体的構成部分となるという表現をとる説と、強い付合が生じるという表現をとる説がある）、種が成熟し、取引上独立した財産といいうる程になると「潜在的所有権が顕在化して」その権原者に帰属するに至る、と解することも可能である（舟橋368頁、我妻〔有泉〕307頁）。これに対して取引価値のある立木の植栽の場合には、土地の非同体的構成部分となるから、242条ただし書により、立木の所有権は植栽者に留保される。

　この説によれば、無権原者がこのような行為を行っても、ただし書の適用はなく、したがって「潜在的所有権の顕在化」も生じない（舟橋367頁、我妻〔有泉〕307頁）。この説は、不動産の付合二分論（新田・前掲論文20頁）と呼ばれている。

　この説に対しては、小作人が畑に播いた種を成熟期前に抜き取ったら（間引きもこれに当たる）地主の土地所有権の侵害になるのかとの批判がなされているが、土地の利用権により違法性は阻却されるし、成長過程にある作物の「潜在的所有権」によって同様の説明をすることも可能であろう。また、作物の成熟期前に契約関係が終了する場合には、有益費用償還請求権の問題として処理するのが妥当であろう（後述(ハ)参照）。

播いた種が成長・成熟すれば種の所有権が顕在化し、独立の所有権の対象となると解すると（例えば稲立毛）、それについては対抗要件（明認方法）を具備しなければ第三者に対抗することはできないか、という点も問題となる（大判昭17・2・24民集21巻151頁参照）。これは主として立木をめぐって議論されているが（第1編第4章第1節3参照）、成熟した作物については取引の安全を配慮すべきであるから、必要説が妥当であろう。

(ハ) 242条と収去権との関係　242条ただし書に基づいて分離・返還請求ができる場合については、権原者からの収去権の行使との関連が問題となる。地上権者（269条1項）、永小作権者（279条）、使用借人（598条）、賃借人（616条）は、まず242条ただし書により収去権を有しており、これを前提として上の各規定において原状回復義務を負担していると解すべきである。また前記の場合のうち、地上権と永小作権の場合については、収去権を前提としたうえで、地主からの買取申込権が認められている（269条1項ただし書、279条）。

これに対して、小作契約が収穫期前に途中解約される場合のように、242条ただし書に基づく分離・返還請求が実際上できない場合（例えば、作物が生育中の場合）には、Aの甲動産（種ないし未成熟作物）については付合が生じており、したがってAには収去権もないし収去義務もないが、Aは地主Bに対して原則として費用償還請求権を有すると解すべきである。

(ニ)　付合の法的性質　付合を通説の立場から理解すれば、付合に関する規定は「社会経済的価値の保有」といういわば公益に関する規定であるから、その趣旨を生かす限度で強行規定であると解すべきである。すなわち、付合した物について分離・返還請求を許さないという点（物権的秩序）に関しては強行規定であるが、付合物の所有権が誰に帰属するかに関しては、当事者の意思を優先させてさしつかえないから、この点に関する規定は任意規定であると解すべきである。

建物の付合については、近時、請負契約との関連において重要な問題が生じているので、後に詳述する（3 1(1)参照）。

3　動産の付合

各別の所有者に属する数個の動産が付合により損傷しなければ分離することができなくなった場合には、その合成物の所有権は、主たる動産の所有者

に属する。その分離のために過分の費用を要する場合も同様である (243条)。付合した動産について、主従の区別をすることができない場合には、各動産の所有者は、その付合の当時における価格の割合に応じてその合成物を共有する (244条)。

例えば、発動機を船に据えつけた場合には、付合が問題となりうるが、取り外しが容易であれば付合を否定すべきであろう。肯定しうる場合でも、常に船が主たる動産となるとは限らないとされており、発動機の価格などの事情も考慮して決すべきものとされている (付合を肯定した例、大判昭12・7・23判決全集4巻17号3頁、否定した例、大判昭18・5・25民集22巻411頁)。

4　混　和

混和とは、米や金銭などのような固形物が混合すること、および酒や油などのような流動物が融和することを意味する。各別の所有者に属する物が混和して識別することができなくなった場合には、動産の付合に関する規定 (243条、244条) が準用される (245条)。

5　加　工

加工とは、物に工作を加えることである。要件と効果の点で3つのタイプに整理される。①他人の動産に工作を加えた者がある場合には、その加工物の所有権は材料の所有者に属する。②ただし、工作によって生じた価格が著しく材料の価格を超える場合には、加工が独自の価値ないし存在を有するに至るから、加工者がその物の所有権を取得する (246条1項)。③加工者が材料の一部を提供した場合には、その価格に工作によって生じた価格を加えたものが他人の材料の価格を超えるときに限り、加工者がその物の所有権を取得する (同条2項)。加工によって通常は、新たな物が生じるが、これは加工の要件と解すべきではなく、加工と言いうるための一指標と解すべきである (例えば、古美術品についての修理により価値が著しく上昇した場合など)。

なお、雇用契約や請負契約などに基づいて加工がなされた場合には、契約当事者の意思に鑑みて、246条の規定は適用されないと解すべきである (洋服の仕立業者が預った生地を加工した事例、最判昭45・4・8判時590号91頁)。

3 建物の築造と付合・加工

1 建物の生成過程

(1) **建物の成立時期** この問題は、通常は民法86条の解釈問題とされている。例えば、ＡＢ間の家屋の建築請負契約において、請負人Ａが自己の建築材料を建設現場に運び込んだだけでは、それらの材料（動産）は、いぜんとしてＡの動産所有権（複数）の対象であるが、建築工事が一定の段階に達すれば、1個の建物（不動産）となることは確かである。では、どのような段階に達した場合に不動産としての建物と言えるのであろうか。判例の見解によれば、「単に切組をすまし降雨をしのぎうる程度に土居ぶきを終えた程度で荒壁の仕事に着手したか否かも的確ではない状態」（大判昭8・3・24民集12巻490頁）では、不動産としての建物とはいえないが、「屋根がわらをふき荒壁を塗り終えた」場合（大判昭10・10・1民集14巻1671頁）には、床および天井を張るに至らなくても、不動産としての建物といえる（いずれも原文はカタカナ）。なお、戦後の判例として「棟上げを終え、屋根下地板を張り終えた」が「屋根がわらもふかず、荒壁も塗らず」という状態では未だ独立の不動産とは言えないとしたものがある（最判昭54・1・25民集33巻1号26頁）。

(2) **成立前の「工作物」** 建物が独立の不動産となる時点を上のように理解するとしても、成立以前の状態にあるもの（これを前掲最判昭54・1・25に従って「建前」と呼ぶ）は、動産と解してよいであろうか。

単に建築現場に置いてある材料は、いつでも移動可能であり、まさに「動産」であるが、土台ができてこれに固定された材料については、単なる動産というよりも一種の「土地定著物」というべき状態になっている。しかし、建物といえる状態ではないから、土地とは別個の独立した不動産とはいえない。

そこで、「建前」が一種の土地定着物である以上、土地の所有権に吸収されていると解してよいかが問題となる。単なる論理的な問題として考察するかぎりにおいては、「建前」はまず敷地所有権に付合し（したがって、土地所有権に吸収され）、建物といえる状態になった瞬間に独立の不動産として建築者（または注文者）に帰属すると解することも可能である。

しかし、日本の民法は土地と建物とは別個の不動産であるという原則に立

っているから、たとえ「建前」の段階であれ、建物としての生成過程にあるものが土地に付合すると解するのは妥当でない*と言うべきだろう。したがって、「建前」は敷地に付合しておらず、しかも独立の不動産とは言えないものであるから、その法的性質は土地からは独立した動産（結合体）であると解するのが妥当であろう（前掲最判昭54・1・25も同旨）。土地に付合しないと解する以上、「建前」が第三者の所有に属する場合もありうる**。

このような考え方を前提とすれば、(1)の設例の場合において、請負人Aが自己の材料を用いて建築工事を進めて独立の不動産といえる状態にした場合には、その建物の所有権は、主たる材料提供者としての請負人Aまたは注文者Bに帰属することになる。いずれを原則と解すべきかは、後述する（2参照）。

請負契約において、完成した建物の所有権が誰に帰属するかを決定するにさいして、判例と従来の通説が、材料を誰が提供したかということを基準としているのも、上のような観点が前提となっているものと思われる（最近の学説・判例の動向については、後述2）。

* **土地に付合しない理由** 　請負人は注文者との間の請負契約により、建物完成までの間、注文者の土地を建築行為のために利用しうる権原を取得していると解すべきであり、この権原が242条ただし書の権原に該当すると解することができる。
** 「建前」を構成している個々の動産の一部が、①請負人と第三者に分属している場合であれ、②その全部が第三者に属している場合であれ、独立の不動産になった段階で1つの所有権が成立する（一物一権主義）。しかし、それが誰に帰属するかは、別途検討してみなければならない。①の場合には付合に関する243条の類推適用により所有者を決すべきであり、②の場合には原則として動産の所有者に帰属するが、注文者は192条の類推適用により保護されると解すべきである。いずれの場合にも、関係者の合意があれば、それが優先することは当然である。

2 建築請負契約における所有権の帰属

(1) **判例** 　建築請負契約において、完成した建物の所有権の帰属の問題を考えるにあたっては、まず第1に、材料提供者が誰であるかということが基準となる（以下引用判例を含めて傍点は筆者）。

(ｲ) 注文者が材料の全部または主要部分を提供する場合には、「建物ノ所有権ハ当然原始的ニ註文者ニ帰属スル」と解されている（大判昭7・5・9民集

11巻824頁)。

(ﾛ) 請負人が材料の全部または主要部分を調達する場合には、建物所有権は、敷地所有権に吸収されることなく、原則として請負人に帰属し、引渡しによって注文者に移転する（大判明37・6・22民録10輯861頁）。

(ﾊ) 上のような原則論に立ったうえで、特約による例外を大幅に認めている。当初は、所有権移転時に関する特約として構成していた。

(a) 請負人が全部の材料を供給して建物を建築する場合でも、注文者に金融を得させるため建物完成前に注文者の所有に帰せしめる旨の特約があるときは、所有権は引渡し以前に注文者に移転する（大判大5・12・13民録22輯2417頁）。

(b) 注文者が工事完成前に請負代金を完済したときは、特別の事情がない限り、その家屋の所有権は工事完成と同時に注文者に帰属すべき暗黙の合意があったものと推認するのが相当である（大判昭18・7・20民集22巻660頁）。この判決は、工事完成前の請負代金完済の事実から当事者間の「暗黙の合意」を推認している。

(c) 注文者が、全工事代金の半額以上を棟上げのときまでに支払い、なお工事の進行に応じ、残代金の支払いをしてきたような場合には、建築された建物の所有権は完成と同時に注文者に帰属する（最判昭44・9・12判時572号25頁）。この判決には、「特約」や「合意」という語は見当たらないが、後述の(d)の判決との関連（双方とも第二小法廷であり裁判官も4名中2名共通）で考えれば、同様の法律構成と解することも可能であろう。このような理解が可能であれば、このような「推認」が可能となるためには、請負代金は必ずしも工事完成前に完済される必要はなく、大半が支払われていればよいという趣旨に、(c)の判例によって、拡大されたものと考えてよいであろう。

(d) 請負人が材料全部を提供して建物を建築した場合であっても、明示または黙示の合意により、引渡しおよび請負代金完済前に建物の完成と同時に注文者が所有権を取得するものと認めることは、何ら妨げられるものではないと解される（最判昭46・3・5判時628号48頁）。この判決では、いぜんとして(ﾛ)の判決の「原則論」を繰り返しているが、引渡しと代金完済前であっても、「明示または黙示の合意」により、注文者が所有権を取得することに何らの

妨げのないことを認めたことは注目に値する。

(2) 学説　　注文者が材料の全部または主要部分を提供した場合　　((1)
(イ)) の結論については、各学説も異論のないところである（我妻〔有泉〕120頁ほか）。しかし、請負人が材料の全部または主要部分を調達した場合については、学説の一致がみられない。かつては、学説の多くも基本的には判例の「原則論」を支持していた（理論構成は別として）が、最近では、判例の「原則論」を否定し、注文者帰属説に立つ見解が多くなっている（来栖・契約法466頁、加藤一郎・民法教室債権編120頁、内山「請負」旧民法演習IV154頁、吉原「請負契約における所有権移転時期」契約法大系IV135頁、星野・概論IV261頁、石田・契約法328頁、田山・契約法276頁以下）。

(イ) 請負人帰属説　　(a) 注文者が材料の全部または主要な部分を提供した場合には、この説も、完成物は注文者に帰属することを認める。

(b) 請負人が材料の全部または主要部分を調達した場合については、完成物は原則として請負人に帰属すると解するが（例えば、末川・債権各論(二)277頁、我妻 V_3 616頁）、その理論構成の点では、各説は一致していない。とくに、末川説の場合における引渡しは、物権契約としての意味を持つことになるから、判例理論や我妻説と同次元で論ずることはできないだろう（物権変動論との関連で考えてみること）。

判例が、その「原則論*」の根拠としているのは、637条1項と633条である。前者は、請負人の担保責任が目的物の「引渡」時から生じるということを根拠にするものであり（前掲大判明37・6・22）、後者は、請負人の報酬請求権が目的物の「引渡」時から生じるということを根拠としている（大判大3・12・26民録20輯1208頁）。判例を支持する学説の多くは、このような理論構成を前提としているとも解せられるが、その点は必ずしも明らかではない。ただし、我妻説は引渡しによって所有権が移転すると解することが当事者の意思に合致するということを根拠としてあげている（我妻 V_3 617頁）。

*　**判例の原則論批判**　　このような判例理論（ないし我妻説）に対しては、次のような批判がなされている。すなわち、売買契約における物権変動論においては、所有権の移転時期と代金支払いとは無関係であるとしておきながら、請負契約においては、一転して代金の支払時期と一定の関連をもたせることは理論体系の面でやや

矛盾することにならないか、との批判である。このような理論体系上の問題を除いても、さらに次のような問題点が指摘されている。

①建物が請負人に属するといっても完成後については敷地利用権を有していないから、建物の存在の合法性について説明ができない。②請負人が建物の所有権を有しているなら、使用・収益・処分権を認めてよいのか（一種の所有権留保と解すれば収益は基本的には不当利得にならないか）。③同様に、請負人が自己の名義で建物所有権の保存登記をし、しかもこれに抵当権を設定することまでも有効になしうることになる。これは、請負代金債権を担保する目的であるとすれば請負人に過大な権限を与えることになるが、それでよいか。

このような難問を生み出してしまうところに、近時の有力説（注文者帰属説）が主張される前提があった、と考えてよいだろう。

(ロ) 注文者帰属説　(a)　この説は、請負契約一般に関するものではなく、主として建築請負契約に関するものであると考えてよい。すなわち、請負契約には様々のタイプのものがあるから、所有権帰属の問題についても、請負契約一般について画一的に論ずることを避け、建築請負契約における所有権の帰属・移転の問題として考えるところから出発する。この考え方は、付合や加工などの法律的ドグマから出発するのではないから、そこでは取引界の実際において、この問題がどう取り扱われているか、という面が重視されることになる。これを理論化すれば、まず当事者の意思を確認することから始めるべきである、ということになろう。

(b)　このような考えを前提としたうえで、近時の学説は、取引界の慣行などを尊重しつつ、請負契約の性質上、建物所有権はその完成と同時に注文者に原始的に帰属すると解すべきであると主張している＊。ただし、注文者に原始的に帰属する時点（動産の集合が1個の不動産となる時点か、建物として完成する時点か）については、必ずしも明らかにされていない。

＊　**注文者帰属説への批判と反論**　この説に対する予測される批判の第1点は、判例理論のようにいったん請負人に所有権が帰属すると解するならば、それによって請負人の代金請求権が担保されるが、注文者帰属説では請負人の保護が不十分とならないかという点であろう。これに対しては、①請負人の代金請求権の担保のためには、まず先取特権（325条、327条、338条）を利用すべきであるとの反論が可能である（ただし、これらの制度は要件の厳しさの故に、実際上あまり利用されていない）。さらに、②請負人は所有権を留保していなくても、同時履行の抗弁権（533条）や留置権（295条）により、ほぼ同様の効果をあげることができる、との反論も

可能である。

　批判の第2点は、もし注文者が代金を支払えない場合には、請負人が所有権を留保していれば、それを担保として金融を得ることができるが、注文者帰属説ではそれが不可能であるという点である。これに対しては、次のように反論することができる。①理論的にはそのとおりであるが、実際上、融資者が敷地利用権のない建物だけを担保にとることは考えられないであろう。②むしろ、注文者の所有権を前提としたうえで請負人が代金請求権を被担保債権として抵当権を取得するか、または注文者に銀行から借金をさせ、建物に抵当権を設定させる方が現実的である。

　(3)　付合と加工に関する問題　　(イ)　請負人帰属説に立つ場合には、(i)請負人甲が材料の全部または主要部分を出したときは、完成物は特約のないかぎり請負人に帰属する。(ii)注文者が材料の全部または主要部分を出した場合には加工理論の適用は当事者の意思によって排除されて、注文者に帰属すると解されている（我妻V₃616頁）。

　(ロ)　注文者帰属説に立つ場合には、当事者双方または請負人のみが材料を出した場合であっても、請負契約の性質上、完成した建物の所有権は注文者に帰属する。

　(4)　建築請負契約と付合・加工規定の性質との関係　　(イ)　請負人帰属説によれば、工作物ないし製作物の所有権の帰属は、主たる材料の提供者（その背後に添付の問題が存在する）に従って決定されるのを原則とし、当事者間の明示もしくは黙示の合意による例外を認める。少なくとも、そのような考え方から出発した。したがって、合意との関連で付合規定の任意法規性が問題となる。これに対して、注文者帰属説は、主として建築請負契約を前提としたうえで、取引界の慣行ないし当事者間の意思によれば、完成した建物の所有権は、通常、注文者に帰属すると解すべきであると主張する。このような注文者帰属説の法律構成が成り立つためには、付合と加工（添付）に関する規定は任意規定である、という前提をとらなければならない。

　かつては添付に関する規定はすべて強行規定であるという説も存在したが、最近では、添付に関する規定を2つに分け、添付が生じた場合に旧所有者からの復旧請求を封じる趣旨の規定は強行規定であるが、新所有権を前提にしてその帰属について定める規定、さらにはそれによって損失を受ける者の救済に関する規定は、任意規定であると解されている。新所有権の取得（旧所

有権の喪失）という法律関係の「当事者」間を規律しているからである（同旨、我妻〔有泉〕304頁以下、末川301頁、舟橋364頁ほか）。すなわち、新所有権の発生（時期を含む）に関する規定は強行規定であるが、その帰属ないし移転に関する規定は任意規定である。したがって、注文者帰属説は、論理的にいえば、後者の規定の適用を排除するだけであるということになる。

　このような整理を前提としたうえで、注文者帰属説は建物の所有権を注文者が原始取得する説であると理解するならば、その取得時点は何時かということが問題となる。原始取得を前提とする以上、「建前」が建物になった時点（＝旧所有者が復旧を請求できなくなる時点）と言わざるをえないのではないかと思われる（この点に関する規定は、強行規定であるから、当事者の特約の効力は及ばない）。

　㈡　請負人帰属説に立った場合でも、当事者が所有権の帰属・移転についての特約を交すことは可能である。①その場合には「建前」が建物になった時点で所有権はいったん請負人に帰属するが、当事者の「特約」により、建物の引渡しよりも前に注文者に移転するという場合が考えられる。この場合は、所有権移転時期に関する特約がなされたということになろう。②さらに一歩すすんで、そもそも所有権の帰属について特約を結ぶことも可能である。この場合には、注文者帰属説と酷似してくるが、これが原則的形態とは考えられていない点で、法律構成上は異なっている（したがって、取引慣行によって説明されることはない）。

3　付合・加工と建築行為

　建築請負契約について付合ないし加工の規定が適用されるか否か、に関する一般論についてはすでに述べたが、特殊な事例においては、前述の請負人帰属説・注文者帰属説のいずれに立つかに関係なく、付合ないし加工の規定が適用される場合がある。具体例で考えてみよう（次頁図12参照）。AがBに建物の建築を依頼し、BがCに下請に出したが、Cが建築行為に着手した後、不動産となりうる前に工事を中止してしまった（未完成建築物を「建前」と呼ぶ）。そこで、Aは、直接に第三者Dに依頼して、工事進行に伴い建築中の建物の所有権がAに帰属するとの特約のもとで、「建前」を完成させた。この例におけるD—C間には、直接的には何らの契約関係も存在しないし、また事例

自体がかなり特殊なものであるため、前述の学説に立っても当事者の合意や取引界の慣行に従って処理することはできないので、いずれにしても付合または加工の規定の適用が検討されなければならない。

(1) 根拠規定　家屋の建築行為の過程において生じる複数の動産の結合を単なる結合と解するとすれば、その結合作業における労働の価値を無視することになり、妥当な解釈とは言えないであろう。

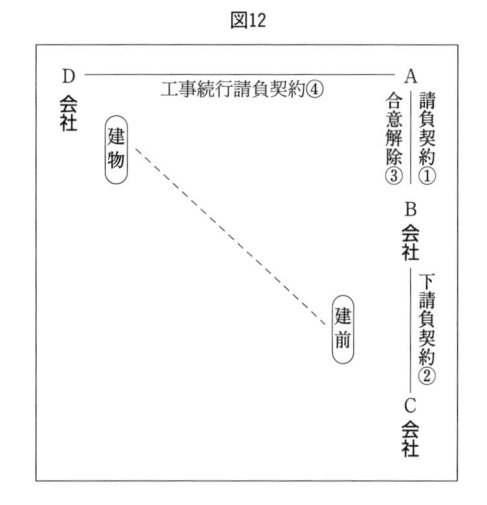

図12

D会社 ──工事続行請負契約④── A 合意解除③ 請負契約①
　　建物　　　　　　　　　　　B会社
　　　　　　　　　　建前　　　下請負契約②
　　　　　　　　　　　　　　　C会社

したがって、この問題は、付合か加工かという問題として考察する限りにおいては、加工の問題であると解するのが妥当である（前掲最判昭54・1・25も同旨）。すなわち、DはCの「建前」と自己が調達した材料とを単に結合したのではなく、D会社の多くの従業員の労働力を消費することによって建物として完成したと理解すべきであるから、建物の価値は単なる動産の価値の合計をはるかに超えるものとなっている。このような実態から考えれば、動産の付合の規定によっては評価しきれない要素（とくにDの労働の評価分）を含んでいるというべきであり、これを評価できるのは、加工の規定であると考えるべきであろう。

(2) 加工物の所有権帰属時点　加工物（付合物についても同様）の所有権がいつDに帰属するのか、という問題も理論的には面倒な問題を含んでいる。一般論として、加工者が加工物の所有権を取得する時点と加工の対象となっている物が不動産（建物）となる時点とが一致するという前提で考えるならば、上の例の場合に、その時点においてDが加工対象物の所有権を取得するのかどうか、明確ではないと言わざるをえない。この設例において、DがCの所有物たる「建前」のかわらをふき荒壁を塗っただけで、Dの工作（＝労働）と材料費の合計がCの「建前」の価格を超えるかどうか疑問だからであ

る。
　しかし、このような問題の立て方は誤りであろう。建築行為のような加工を問題にする以上、Dの工作行為が一段落するまでを一体として評価すべきだからである。
　たしかに、Dは個別具体的な材料を用いて工作を行っているのであるが、その個々の行為が独自に社会的意義を有するわけではなく、一連の行為が一体として社会経済上の意義を有しているのであり、しかもそれが全体として加工という評価を受けるものである以上、その過程における工作行為の一部分をとり出して加工（や付合）の理論を適用すべきではないからである。したがって、上の設例では、A－D間の特約を度外視すれば、加工の規定を根拠として、Dが加工物の所有権を取得しうると解すべきである。

第4節　共　　有

1　共同所有の意義

　かつては、封建体制下における土地所有のように、同一の土地に対して上級所有権と下級所有権が存在していたこともあったが、それぞれの国情に応じて様々な近代化の過程を経て、一般的に単独所有を前提とした自由なる所有権観念が成立したことについては、すでに述べた（第2編第2章第1節）。しかし、複数の者が同一の物の上に均等な権利を有する現象のすべてを排除したわけではない。
　近代社会においては、1個の物の所有権の主体は1人とするという単独所有形態を原則とするが、所有権の担手が複数の者となる場合も決して少なくない。民法は、249条以下において共有に関する規定を置いているが、これは広義の共同所有の形態を規律するものとしては狭すぎる。
　一般的には、広義の共同所有の形態としては、総有、合有、共有の三形態があるとされており、民法が規定しているのは、そのうちの共有についてのみである。
　(1) 総有　　複数人が共同体を構成して1つの物を所有する場合の共同所有の一形態である。具体的な例としては、村落共同体等が昔から有していた

入会権をあげることができる。この場合には、村落有の山に入り会い、一定の収益行為（粗朶の採取など）を行う権利が共同体の各構成員に分属している。しかし、このような収益権はその構成員がその村落に住み、構成員として承認されることによってのみ認められるものであるから、そのような前提と分離された観念的権利（持分）は存在しないと解されている。したがって、ある構成員が、その村落を永久に離れるにさいして、総有地の分割請求をしたり、持分の処分をしたりすることはできない。すなわち、管理権能は村落自体に帰属しているのである。民法は、このような入会権の性質・内容については、慣習によるべき旨を定めているにすぎない（263条、294条）。総有としての性格を有するものとしては、入会権のほかに温泉権や漁業権があるとされている。

なお、注目すべきものとして、権利能力なき社団の財産関係を基本的に総有として理解しようとする判例がある（最判昭48・10・9民集27巻9号1129頁、最判昭55・2・8民集34巻2号138頁。なお、田山・総則120頁以下参照）。

(2) 合有　合有は、数人が1つの物を共同して所有する場合の一形態であるが、各主体の間に、共同の事業を営むというような共同の目的があり、その共同目的達成の手段とされている場合に成立する。この場合の各共同所有者は、目的物に対する管理権能と収益権能（持分権）とを有しているが、共同目的達成のために制限に服し、持分権を処分する自由も、財産分割請求権も有していない。持分権は、当該共同目的が終了した場合に初めて具体的なものとなる。民法は、組合財産や相続財産については共有概念によって規定しているが、処分制限等の性質から、これらを合有として理解しようとする学説も有力である。

(3) 共有　狭義の共有は、ローマ法以来の共同所有の形態である。各共同所有者は、縮減されたものであるが、管理権能と収益権能とを結合した持分権を有しており、これを自由に処分することができ（持分処分の自由）、かつ、いつでも単独所有に移行すべきことを請求することができる（分割請求の自由）。以下では、この形態について詳論する。

2 共　　有
1　法律的性質
　共有とは、各共有者が各個の所有権を有し、各所有権が一定の割合において制限し合って、その内容の総和が1個の所有権の内容と均しくなっている状態である（我妻〔有泉〕320頁）。これに対しては、1個の所有権を数人で量的に分有する状態であるとする説（末川308頁ほか）もあるが、主として理論構成上の差であり、結論において差は生じない。
2　共有の内部関係
　(1)　持分・持分権の意義　　共有関係における各共有者の所有の割合を持分といい、持分に基づいて各共有者が有する権利を持分権という。持分の割合は、法律の規定（241条ただし書、244条、245条、900条-904条）、または当事者の意思表示によって定まる。明らかでない場合には、持分の割合は相均しいものと推定される（250条）。ただし、不動産の共有については、登記のさいに必ず各自の持分を記載しなければならない（不登59条4号）。共有者の1人がその持分を放棄したとき、または相続人なくして死亡したときは、その持分は他の共有者に帰属する（民255条）。

　(2)　共有物の利用関係等　　共有者は、共有物の全部につき、その持分に応じた使用をすることができる（249条）。共有者間の合意により、共有者の1人が共有物を単独で使用する旨を定めた場合には、当該合意により単独使用を認められた共有者は、その合意が変更され、または共有関係が解消されるまでの間は、共有物を単独で使用することができ、その使用による利益について他の共有者に対して不当利得返還義務を負わない（最判平10・2・26民集52巻1号255頁）。収益についても、同様に解すべきである。共有物の保存行為（修理など）は、各共有者が単独ですることができる（252条ただし書）。要役地が数人の共有に属する場合には、各共有者は、単独で共有者全員のため共有物の保存行為として、要役地のために地役権設定登記手続を求める訴えを提起することができるというべきであって、この訴えは固有必要的共同訴訟には当たらない（最判平7・7・18民集49巻7号2684頁）。共有物の管理（利用と改良）は、持分の価格に従って過半数で決することができるが（252条本文）、共有物の変更（例えば、共有山林の伐採）は、共有者全員の同意を要する（251条）。共有者

の一部が他の共有者の同意を得ないで共有物につき物理的損傷、改変などの変更を加えている場合には、他の共有者はその行為の禁止を求め、共有物を原状に復させることを求めることができる（最判平10・3・24判時1641号80頁）。

　共有物の管理費用・公租公課などの負担は、持分に応じて各共有者が分担し（253条1項）、共有者が立替払いをした者から催告を受けたにもかかわらず1年内に履行しない場合には、他の共有者は、相当の償金を払って、その者の持分全部を取得することができる（同条2項）。

　　＊　**255条の適用時点**　　共有者の1人が死亡し、相続人の不存在が確定したときは、その共有持分は他の相続財産とともに民法958条の3の規定に基づく特別縁故者への財産分与の対象となり、なお相続財産が残存することが確定したときに初めて、本条が適用される（最判平元・11・24民集43巻10号1220頁）。

　　＊＊　**共有物に関する契約の解除**　　共有物を目的とする貸借契約を解除することは252条の「共有物の管理に関する事項」に該当し、同解除について544条1項の規定は適用されない（最判昭39・2・25民集18巻2号329頁）。

　(3)　**共有者相互の債権**　　共有者が他の共有者に対して共有と不可分の関係にある債権を有する場合には、この債権を共有持分の特定承継人に対しても行うことができる（254条）。また、分割にさいしては、債務者である共有者に帰すべき部分をもって、その弁済をさせることができる（259条1項）。必要があれば、債務者に帰すべき共有物の部分の売却を請求することもできる（同条2項）。

　(4)　**内部関係における持分権の主張**　　持分権は、対内関係においても普通の所有権と同様の効力を有する。他の共有者に対する持分権を確認（持分権否認の場合）することも、持分に応じた物上請求権を行使（持分の割合に応じた使用の妨害の場合）することもできる。

　(5)　**持分権の譲渡**　　各共有者は、その持分権を自由に譲渡し、または担保に供することができる。

　3　共有の対外関係

　(1)　**各持分権の対外的主張**　　持分権は、共有者以外の者に対する関係においても普通の所有権と同様の効力を有する。第三者が自分の持分権を否認する場合には、その第三者に対して持分権の確認を求めることができ、第三者が共有物に対して妨害をする場合には、共有物全部に対する妨害の除去を

請求することもできる。占有侵奪の場合にも全部の返還を請求することができると解すべきである。なお、不実の持分移転登記がされている場合には、その登記によって共有不動産に対する妨害状態が生じているということができるから、共有不動産について全く実体上の権利を有しないのに持分移転登記を経由している者に対し、不動産の共有者の1人は、その持分権に基づき、単独でその持分移転登記の抹消登記手続を請求することができる（最判平15・7・11民集57巻7号787頁）。

(2) 共有関係の対外的主張　各共有者が全員のために時効中断をしたり、所有権の確認ができれば、便利である（各共有者が自己の持分を主張して、第三者によるその持分の時効取得を中断する場合とは、区別すべきである）。しかし、判例は、そのような場合には、共有者全員が原告にならなければならないとしている（固有必要的共同訴訟──大判大5・6・13民録22輯1200頁、最判昭46・12・9民集25巻9号1457頁）。訴訟の目的が共同訴訟人の全員につき同一にのみ確定すべき場合に該当するからであるという。しかし、判例の見解によったのでは、共有者の数が多い場合には、実際上、著しく面倒であるし、1人でも反対者がいれば訴訟自体が不可能になってしまう。そこで、判例に反対する少数説が有力に主張されているが、通説は判例を支持していると解してよい。その理由は、共有関係の対外的主張といっても、多くは各共有者の持分権の主張という形で処理しうること、入会権に関する訴訟については入会団体自体に訴訟能力を認めるべきであること、共有者間に不和が生じて訴訟ができないのであれば、むしろ共有関係を終了すべきであること、折衷的肯定説に立って判決の既判力が全員に及ばないとするのであれば肯定することの実益に乏しいことなどである。しかし、近時、判例は、共有者が境界の確定を求める訴えを提起するには、本来、その全員が原告となって訴えを提起すべきものであるが、共有者のうちに当該訴えを提起することに同調しない者がいるときには、その余の共有者は、隣接する土地の所有者とともにその訴えを提起することに同調しない者を被告として、訴えを提起することができる（最判平11・11・9民集53巻8号1421頁）としている。

＊　**持分に基づく明渡請求**　共有者の協議に基づかないで一部の共有者から共有物の占有使用を承認された第三者は、その占有が、承認をした共有者の持分に基づく

ものと認められる限度で、共有物を占有使用する権限を有するから、他の共有者は当該第三者に対して当然には共有物の明渡しを請求することはできない（最判昭63・5・20判時1277号116頁）。

4 共有物の分割

(1) **分割請求の自由** 各共有者は、原則として、いつでも共有物の分割を請求することができる（256条1項本文）。共有物分割の法律的性質は、持分の交換または売買である（最判昭42・8・25民集21巻7号1729頁、最判昭53・4・11民集32巻3号583頁）。ただし、境界線上の共有物（229条）については、分割請求自由の原則は適用されない（257条）。

共有者は、不分割契約によって5年以内において共有物の分割を禁止することができる（256条1項ただし書）。この契約の更新は可能であるが、更新の時から5年を超えることはできない（同条2項）。不分割契約の効力は、持分権の承継人をも拘束する（254条）。ただし、不動産の場合には特約の登記を必要とする（不登59条6号）。

(2) **分割の方法** 各共有者はいつでも共有物の分割を請求することができ（256条1項本文）、ここでいう請求は形成権と解されているから、これによって各共有者間に具体的に分割を実現すべき法律関係が生じる。その結果、各共有者は、分割の協議をなすべき義務を負担するに至る。

分割の方法に制限はないが、現物分割の方法、共有物を売却して代金を分割する方法、共有者の1人が単独所有権を取得して他の者に価格の支払いをする方法などがある。共有者の分割に関する協議が調わない場合には、その分割を裁判所に請求することができる*（258条1項）。これも、必要的共同訴訟であるとされている（大判大12・12・17民集2巻684頁）。

裁判上の分割のさいには、現物分割が原則とされ、これが不可能な場合、または、これによっては著しく価格を損する恐れがある場合には、競売を命じ、その代金を分割すべきである（258条2項）。ただし、同条による現物分割をするに当たっては、その一態様として、持分の価格以上の現物を取得する共有者に当該超過分の対価を支払わせ、過不足の調整をすることも許される（最大判昭62・4・22民集41巻3号408頁）。共有者が多数（5名）である場合に、分割請求をする原告が多数（4名）であるときは、被告（1名）の持分の限度で

現物を分割し、その余は原告らの共有として残す方法によることも許される（最判平4・1・24判時1424号54頁）。また、共有物の分割の場合において、諸事情を総合的に考慮し、当該共有物を共有者のうちの特定の者に取得させるのが相当であると認められ、かつ、その価格が適正に評価され、当該共有物を取得する者に支払能力があって、他の共有者にはその持分の価格を取得させることとしても共有者間の実質的公平を害しないと認められる特段の事情が存するときは、共有物を共有者のうちの1人の単独所有または数人の共有とし、これらの者から他の共有者に対して持分の価格を賠償させる方法、すなわち全面的価格賠償の方法による分割をすることも許される（最判平8・10・31民集50巻9号2563頁）。

なお、ほかにも全面的価格賠償の方法を採用した判例（最判平9・4・25判時1608号91頁、最判平10・2・27判時1641号84頁、最判平11・4・22判時1675号76頁）が出されている。

(3) 利害関係人の保護　共有物について権利を有する者および各共有者の債権者は、自己の費用をもって分割に参加することができる（260条1項）。この参加請求がなされたにもかかわらず、その参加を待たないで分割をなした場合には、その分割をもって参加請求者に対抗することができない（同条2項）。しかし、分割にさいして当該利害関係人に対して通知等を行う義務はない。

(4) 分割の効果　分割により共有関係は消滅するが、その法律的性質は、前述のように持分の交換または売買であるから、不動産の一部を取得した者は、分筆登記をしたうえでその部分につき移転登記を取得することになる（最判昭42・8・25民集21巻7号1729頁）。なお、分割の効果は遡及しないが、遺産分割についてだけは遡及効がある（909条）。

(イ) 担保責任　各共有者は、他の共有者が分割によって得た物について、売主と同様の担保責任を負う（261条、なお559条も参照）。具体的には、代金減額と損害賠償は常に可能であるが、解除については、協議による分割の場合には認められるが、裁判上の分割の場合には許されないと解されている。

(ロ) 証書の保存　共有物の分割後においても、各分割者は、その取得した物に関する証書の保存義務を負う（262条1項）。数人の共有者に帰属した物

に関する証書は、その物の最大部分を受けた者（同条2項）、最大部分を受けた者がない場合には協議によって定めた者、協議が調わない場合には裁判所の指定する者（同条3項、非訟80条）が保存すべきである。証書の保存者は、他の分割者の請求があるときは、これを使用させなければならない（262条4項）。

(ハ) 共有物上の担保物権への影響　Ａの共有持分に担保物権が設定されている場合に、Ａが共有物の全部を取得したときは、Ａの持分は混同によっては消滅せず（混同による消滅を肯定すれば、担保物権は所有権の上に存続することになる）、担保物権の客体として存続する。Ａが分割によって共有物の一部を取得した場合には、Ａの取得部分についても他の者の取得部分についても持分権が存続し、これら複数の持分権の上に担保物権が存続する（Ａ以外の者は物上保証人となる）。共有物が分割により全部Ａ以外の者に帰属し、Ａは持分権の価格を取得したにすぎない場合には、Ａの担保物権者は、物上代位の規定（304条、350条、372条）に従って、この価格の上に権利を行使することができるが、Ａ以外の者に帰属した物の持分権の上に存続すると解することもできる（この場合にも、Ａ以外の者は物上保証人的立場に立つ）。もちろん、Ａは他の共有者に対して担保責任（261条、567条）を負う。

　　＊　**遺産共有と分割請求**　共同相続人の一部から分割前の遺産を構成する特定不動産の共有持分権を譲り受けた第三者が、当該共有関係の解消を求める方法として裁判上取るべき手続は、907条に基づく遺産分割審判ではなく、258条に基づく共有物分割訴訟である（最判昭50・2・7民集29巻10号1525頁）。遺産相続により相続人の共有となった財産の分割については、家事審判法による家庭裁判所の審判によるべきで、同条による共有物分割請求の訴えは不適法である（最判昭62・9・4判時1251号101頁）。

5　準　共　有

数人が共同して、所有権以外の財産権を有する場合を、準共有という。特定の権利について別段の規定がない限り、原則として共有の規定が準用される（264条）。具体的には、地上権、永小作権、地役権、抵当権、債権などについて準共有が成立するほか、特別法や慣習法上の権利についても成立しうる。

債権については、民法の多数当事者の債権関係に関する規定（427条以下）に詳細な特則が定められており、これが優先的に適用されるので、その限りで

は、実際に適用されることはない。また、準共有が成立する場合にも、特別法において多くの特則が設けられているから注意を要する（会社106条、685条3項、4項、686条、鉱業44条5項、区分所有8条以下、漁業32条、33条、特許73条、著作権65条など）。

第5節 建物の区分所有

1 建物区分所有制度の沿革

(1) **民法旧208条** 1棟の建物を区分して数人が所有するということは、民法典の制定以来認められていたことであったが、1962年に現行法の前身である「建物の区分所有等に関する法律」（昭39法69、以下では「62年法」という）が制定されるまでは、民法典にわずかに1カ条*（208条）が置かれていただけであった。

立法者は当該規定によって「西洋造ノ家屋ニ在リテハ一階毎ニ所有者ヲ異ニスル場合」と「日本造ニ在リテハ長屋ノ各戸ヲ別別ニ所有スル場合」の双方について対処できるものと考えていたようである（梅・要義・巻2・94頁以下）。実際には、民法典の制定後、後者すなわち「棟割長屋」しか存在しない状態が長い間続いたため、法改正の必要は生じなかったのである。

* **民法旧208条** ①数人ニテ一棟ヲ区分シ各其一部ヲ所有スルトキハ建物及ヒ其附属物ノ共用部分ハ其共有ニ属スルモノト推定ス
②共用部分ノ修繕費其他ノ負担ハ各自ノ所有部分ノ価格ニ応シテ之ヲ分ツ

(2) **「62年法」** しかし、第二次大戦後の復興期を過ぎた頃から、土地利用の高度化が大都市を中心として急速に進み始め、それに伴って中高層ビルの区分所有の法形式が利用されることも多くなった。民法典の編纂者も「西洋造リノ家屋」を予想していたとはいっても、その規定はせいぜい階層的に区分された2～3階の建物を想定したものであったため、多くのトラブルが発生し、立法的解決が望まれるようになり、前述の民法208条の廃止と共に特別法として「62年法」が制定された。

その後、1955年以降の経済の高度成長によって、大都市への人口の集中化現象は、大都市を肥大化させ、地価の著しい高騰をもたらした。それに伴っ

て、中高層ビル形式の分譲マンションが大都市を中心に急速に普及した。

その結果、区分所有建物も大型化・多様化し、「62年法」による法規制だけでは不十分な点が顕在化した。すなわち、一方では区分所有建物の敷地の登記簿があまりにも膨大なものとなった結果、もはや公示機能を十分に果たせなくなり、他方では「管理」をめぐって様々な問題が生じ、旧規定では不十分であることが明らかになったのである。そこで1983年に同法の全面的な改正がなされた（昭58法51、以下では改正された「62年法」を「83年法」という）。

(3) 被災区分所有建物再建等特別措置法　1995年の阪神・淡路大震災によって、多くの区分所有建物が被災したが、その程度は様々であり、一部損壊の場合には、区分所有者の多数決によって建替えを決議することが可能であったが、全壊した場合には、もはや区分所有者の団体が存在しないから多数決による建物の再建は不可能であった。このような場合にも、旧区分所有者である敷地利用権の共有者または準共有者が、「83年法」62条以下の規定に準じて、多数決により建物を再建することができるようにしたのがこの法律（平7法43）である。

(4) マンションの管理の適正化の推進に関する法律　2000年12月に制定された本法律は、マンションを「2以上の区分所有者が存する建物で人の居住の用に供する専有部分があるもの並びにその敷地及び付属施設」と定義したうえで、①マンション管理適正化指針、②マンション管理士制度の創設、③マンション管理業者登録制度の創設等について定めている。なお、マンションの管理の適性化に関する指針（平成13年国土交通省告示第1288号）が定められている。

(5) マンション建替え円滑化法　「マンションの建替えの円滑化等に関する法律」（2002年6月）は、マンションの建替えを実施する区分所有者の団体に法人格を付与すること、建替え前の建物上の抵当権等の権利を再建建物に移行させること等、マンションの建替え事業を円滑に実施するための措置を規定している。これらの措置は、「83年法」による建替え決議がされたことを前提として、この決議がされた後の手続を規律するものである。なお、この法律は、2002年の「83年法」の改正に伴って改正された。

(6) 2002年の法改正　法改正の主要点は以下の通りである。

建替えをしようとすると、法律上の要件が明確でないために、建替えを円滑に実施できないといった事情等があった。そのため、①復旧決議、②建替え要件の明確化、③建替え要件の部分的撤廃と緩和、④大規模修繕の決議要件の緩和、⑤管理組合理事長らの権限拡充、⑥管理組合の集会等のＩＴ化等について改正がなされた。

(7) 2006年の法改正　民法の法人に関する規定の改正と一般法人法の制定に伴う改正等がなされた。

2　区分所有建物の所有関係

1　建物の区分所有

1棟の建物に、構造上区分され、かつ独立して、住居、店舗、事務所、倉庫など建物の用途に供することができる数個の部分がある場合に、右の各部分を専有部分と呼び、区分所有権の対象とし（2条3項）、専有部分以外の建物部分を共用部分と呼んでいる（同条4項）。

(1)　専有部分の独立性　専有部分は構造上も利用上も独立性を有していなければならない。構造上の独立性を有すると認められるためには、その部分を他から隔離する設備が存在していなければならない。利用上の独立性が認められるためには、その部分が独立の経済的取引単位として認められ、かつ他の専有部分から独立して利用することが可能でなければならない。

(2)　共用部分の性質　共用部分とは、数個の専有部分に通ずる廊下または階段室その他構造上区分所有者全員またはその一部の共用に供されるべき建物部分である（4条1項）。

(3)　付属物　電気、ガス、水道の配線・配管やテレビの共同アンテナの配線など建物の附属物については、独立のカテゴリーは存在しない。本管（本線）と支管（支線）に分けることができるとすれば、前者は共用部分に、後者は専有部分に属すると解してよい。

(4)　規約共用部分　ほんらい専有部分の対象となりうる建物の部分や付属の建物でありながら、規約によって共用部分とされるものを、規約共用部分という（4条2項前段）。共同の集会室や応接室などにその例が見られる。ただし、性質上の共用部分ではないから、第三者に対抗するには、その旨の登

記が必要である（同項後段）。

　2　敷地利用権

　区分所有建物の敷地は、建物とは別個の不動産であるから、区分所有者の共有に属する場合にも、共用部分とは区別された、民法上の共有である。

　(1)　専有部分と敷地利用権の一体化　　敷地に関する利用権は、各区分所有者が所有権、地上権または賃借権を共有するという形をとる場合が多く、そのために従来は登記簿が膨大で複雑なものとなっていた。

　そこで、これに対処するために現行法では、第1に、このような場合については各専有部分と敷地利用権とを原則として分離して処分することができないものとしている。ただし、規約で別段の定めをする場合はこの限りではない（22条1項）。同項のただし書は、小規模区分所有建物についての配慮であるとされている。

　第2に、各区分所有者の有する敷地利用権は、原則として各専有部分の床面積の割合によって定まるものとされ（同条2項）、さらに規約によって例外が設けられないかぎり、敷地利用権は専有部分の表題部に表示され、その物権変動は専有部分の登記用紙のみに記載されることになっている。

　それによって、専有部分を中心とした両者一体性の原則が確立されている。これらの規定は、取引の当事者は専有部分を主物、敷地利用権を従物と意識しているものとの前提で、「従物は主物の処分に従う」という民法上の原則を具体化したものと考えてよい。

　(2)　敷地の範囲　　さらに、建物の庭、通路、駐車場、附属建物の敷地など利用上の一体性を有する土地については、規約によって敷地とすることができることになっている（5条1項）。

　このようにして、広義の敷地についても共用部分と同様に専有部分との一体性が確立したことによって、区分所有権は実質的には専有部分の所有権を中核として、共用部分の持分と敷地利用権とを一体的に統合する特殊な権利として確立されているということができる。

3 区分所有建物の管理関係

1 共用部分の管理

共用部分を変更するための要件に関しては、「62年法」では、「共有者全員の合意がなければすることができない」とされていたが、1983年の改正により、多額の費用を要しない改良行為を除き、区分所有者および議決権 (38条参照) の各4分の3以上の多数による集会の決議 (以下、特別決議という) で決定できることになった (17条)。なお、共用部分に関するその他の管理に関する事項は、集会の通常決議によって行われる (18条1項)。

「一部共用部分」(3条) の管理については、区分所有者全員の利害に関するものまたは全体規約に定めのあるものと、そうでないものとに分けられ、後者は、共用すべき区分所有者のみで管理するものとされている (16条)。

2 管理組合とその法人化

建物、その敷地および付属施設の管理を行うための団体が区分所有者全員を構成員として法律上当然に成立し、法律の規定に従って集会を開き、規約を定め、管理者を置くことができることになっている。「一部共用部分」の管理についても同様である (3条)。

さらに、そのような団体 (管理組合) は、集会の特別決議 (4分の3) で法人となる旨を定め、かつ主たる事務所の所在地において登記をすることによって法人格を取得しうるものとしている (管理組合法人という。47条、48条)。

このように、管理組合 (法文では区分所有者の団体) が権利義務の帰属主体となることによって、組合をめぐる法律関係が明確になると同時に、組合の存在とその代表者の資格が、法人登記により公示されることによって、第三者が組合との取引をしやすいように配慮している (とくに、47条7項-9項参照)。

3 規　　約

建物またはその敷地もしくは付属施設の管理または使用に関する区分所有者相互の事項は、この法律に定めるもののほか、規約で定めることができる (30条1項)。規約は、所定の「事情」を総合的に考慮して、区分所有者間の衡平が図られるように定めなければならない (同条3項)。規約の設定、変更および廃止も、共用部分の変更の場合と同様に「特別決議」によってなされる (31条1項)。これによって、既存の規約を改正することも可能である。

最初に建物の専有部分の全部を有する者（分譲業者）は、共用部分に関する規約（4条2項）、敷地（5条）および敷地利用権（22条1項、2項）に関する規約を公正証書により設定することができる（32条）。この規定により、分譲業者はあらかじめ単独で専有部分と一体化する敷地の範囲や、共用部分とすべきものの範囲を定めることができるから、適切な内容の規約の設定により、紛争の防止に役立ちうるものと思われる。

　しかし、規約設定により紛争を防止しうるとはいっても、駐車場の専用使用権などについては、業者が「契約自由」の範囲内において自由に定めることができることになっているから、規約の内容いかんによっては、この種の紛争は依然として発生することも考えられよう。なお、規約は建物内の見やすい場所に掲示しなければならない（33条3項）。

　一部共用部分に関する事項で区分所有者全員の利害に関係しないものについて定めた規約も、諸事情を総合的に考慮して区分所有者間の利害の衡平が図られるように定めなければならない（30条3項）。また、規約は電磁的記録によっても作成できるが（同条5項）、これについても、閲覧が可能でなければならない（33条2項）。

4　集　　会

　共用部分の変更や規約の設定、変更、廃止が、1983年の改正により全員一致から「4分の3」に変更されたことに伴って、集会の有する実際上の重要性も高まったが、上の「改正」を実効あるものにするためには、集会自体が機能しやすいものにならなければならない。そこで、管理者は少なくとも年に1回集会を開くものとし、さらに区分所有者の5分の1以上で議決権の5分の1以上を有する者（「62年法」ではいずれも4分の1）は、管理者に対して集会を開くよう請求することができ、管理者がないときは区分所有者が同様の要件で集会を招集することができることにしている（34条）。

　なお、2002年の改正では、電子メールによる議決などを認めた。もっとも、集会を開催しない決議方法においても、その都度全員の承諾を必要とするので（45条1項）、全員合意の困難性は残ることになる。

5　管　理　者

　区分所有者の団体は、管理者を置くことができる（3条）。管理者は管理行

為として締結された共用部分に関する損害保険契約に基づく保険金の請求、受領について区分所有者を代理するほか、規約または集会の決議に基づいて区分所有者のために原告または被告となることができる (26条)。

　管理者が、区分所有者のために（代理人として）第三者と取引をする場合には、その法律効果は区分所有者に帰属するが、その責任分担は原則としてその有する専有部分の床面積の割合に従うものとされている (29条1項)。区分所有者が交替した場合には、第三者の債権は専有部分の特定承継人に対しても行うことができる (29条2項)。

　2002年の改正により、管理組合理事長らの権限拡充と法人化の要件が緩和された。共用部分の維持管理をめぐる訴訟は、区分所有者全員が当事者とならなくても管理組合の理事長らで提起できるようになった。1997年に建設省（当時）が改正した中高層共同住宅標準管理規約においても、単棟型の63条（理事長の勧告および指示等）の内容につき、差止め、排除もしくは原状回復のための必要な措置または費用償還もしくは損害賠償の請求のような幅広い請求内容を認めている。2002年の改正はこうした流れに沿うものであり、今後、損害賠償請求等に関し、管理者等の訴訟による紛争解決の途が開かれた (26条、47条6項)。なお、管理組合の法人化の人数要件が撤廃された (47条1項)。

　管理組合が法人となった場合には、一般論としては権利義務はすべて「法人」に帰属し、その構成員は物的有限責任を負うにすぎないことになるはずであるが、この「法人」は通常、特有財産を有しないから、取引の安全のために、各区分所有者にその専有部分の床面積の割合に応じた責任を法定している (53条)。

6　義務違反者に対する措置

　区分所有者が建物の保存に有害な行為その他建物の管理または使用に関連して、区分所有者の共同の利益に反する行為をしてはならないということは、明文の規定 (6条1項) を待つまでもなく当然のことであるが、このようなことを明文化する以上、それに違反した者に対する措置を定めておかないならば、明文の規定を設けた意味が半減してしまう。

　このような措置として区分所有者に対する3段階の措置と、さらに占有者（賃借人など）に対する措置とが設けられている。

(1) 違反行為の停止請求　　まず、義務違反をした区分所有者に対しては、他の区分所有者の全員または管理組合法人はその行為の停止措置をとるよう請求することができ、さらに集会の決議により停止を求める訴訟を提起することができる (57条1項-3項)。

(2) 使用禁止の請求　　上記の措置によっては区分所有者の共同生活の維持を図ることが困難であるときは、管理者等は集会の特別決議に基づいて、違反者による専有部分の使用禁止を求める訴訟を提起することができる (58条)。

(3) 区分所有権の競売請求　　上の使用禁止等の措置によっては共同生活の維持を図ることが困難であるときは、(2)と同様に集会の特別決議により、違反者の区分所有権および敷地利用権の競売を求める訴訟を提起することができる (59条)。

(4) 占有者に対する引渡請求　　賃借人等の占有者が共同の利益に反する行為をした場合において、違反行為の停止請求措置では共同生活の維持を図ることが困難である場合には、(2)と同様に集会の特別決議により専有部分の使用収益契約を解除し、その専有部分の引渡しを求める訴訟を提起することができる (60条)。

　以上述べた各措置の要件としての集会決議にさいしては、「行為の停止請求」の場合を除いて、当該区分所有者に弁明の機会が与えられなければならない (58条3項とその準用)。

7　大規模修繕の決議要件の緩和

　共用部分の大規模修繕に必要な要件が、「その形状又は効用の著しい変更を伴わないもの」については、費用に関係なく「過半数の賛成」に緩和された (17条)。大規模修繕工事を含めて、修繕は、費用の多寡にかかわらず、本来、区分所有者が協力して、機動的に実施する必要があると考えられることから、2002年の改正法は、これを「形状又は効用の著しい変更を伴」わないものとして普通決議で実施できるものとしたと解されている。

8　復旧決議

　復旧決議 (61条5項) は「83年法」でも可能であったが、2002年の改正において、買取請求に関連して「復旧決議の日から2週間を経過したときは」

(同条7項)が挿入された。その他は従来通りである。同期間の経過を要件として、原則として、復旧決議に賛成した区分所有者以外の区分所有者は、決議賛成者の全部または一部に対して、建物およびその敷地に関する権利を時価で買い取るべきことを請求することができる(同条7項)。

9 建替え

「37年法」によれば、建物が旧式化しさらには朽廃した場合であっても、1人でも反対者がいれば建替えは不可能であったが、1983年の改正により、区分所有者および議決権の各5分の4以上の多数による集会決議によって「建替え決議」を行うことができることになった(62条1項)。さらに2002年の改正で、以下のような重要な改正がなされた。

建替えとは、建物を取壊し、跡地を再建建物の敷地とし、従前の建物と主たる使用目的を同じくする建物を建築することである。このような決議をするためには、老朽、損傷、一部滅失等の事由により建物の効用を維持または回復するのに過分の費用を要するという場合であることが必要である。したがって、通常の単なる居住用ビルを商業用ビルに建て替える場合には、全員の賛成が必要であったが、その要件は以下のように緩和された。

(1) 建替え要件の明確化　「建物の維持などに過分の費用を要するとき」(「83年法」62条)とされていた要件を削除し、区分所有者の5分の4以上が賛成すれば建替えができるようにした。これまでは「過分の費用」等の要件があいまいであったため、実際に合意に至るケースは少なく、またトラブルが続発していた。改正論議の過程では築年数というはっきりした基準を設けること等も検討されたが、築後一定の年数に満たなくても、区分所有者の5分の4以上の賛成によって「建替え決議」を行うことができるようになり、手続も整備された(同条)。この問題に関しては、開発業者等を中心に「一切の制約をなくし、多数決で決められるようにすべきだ」との声がある一方で、「終の住み家」と考える住民の間には「意に反する建替え決議で追い出されてしまうのでは」困る、との心配も出されていた。

(2) 建替え要件の撤廃・緩和　再建建物の敷地につき、「敷地の同一性の要件の緩和」と「再建建物の主たる使用目的を限定した使用目的の同一性の要件の削除」によって、現行制度の硬直的な部分が見直された(62条)。こ

れにより、建替え費用の負担を軽くするために隣接地との共同開発も可能となり、一部を商業フロアにして貸し出すこともできるようになった。

「建替え決議」があったときは、集会招集者は建替え決議に賛成しなかった者に対して、遅滞なく建替えに参加するか否かを問い、不参加の回答をした者に対しては区分所有権および敷地利用権を時価で売り渡すべき旨を請求することができる (63条1項-4項)。

建替えにより生活上著しい困難をきたす者に対する配慮の規定 (同条5項) と、「建替え」が遅滞する場合には売り渡された区分所有権の買戻しができる旨の規定 (同条6項、7項) が置かれている。

10 団地の一括建替えに関する事項

団地に関する規定 (65条-68条) についても改正された。「83年法」では、複数の区分所有建物 (専有部分のある建物) が敷地を共通にする団地において、その中の1棟の建物を建て替える場合の手続規定が存在していなかった。そのため、各建物の敷地全体が全建物の区分所有者の共有 (所有権以外の権利については、準共有) に属する場合には、民法の共有の規定に従うことになっていたが、現在ある建物を取り壊して、その敷地を新たな建物の敷地として利用することは、共有土地の利用方法の変更に当たるから、敷地共有者全員の合意を要する (民251条)。そこで、一団地内にある建物の建替え手続等の整備が待たれていたが、次の点等につき、改正がなされた。

(イ) 敷地を共有する団地内の特定の建物の建替えは、その棟の建替え決議 (5分の4の賛成) のほか、団地の集会の4分の3の承認決議があれば可能となった (62条、69条)。

(ロ) 敷地を共有する団地の集会の5分の4 (さらに各棟の3分の2) の決議で団地内のすべての建物の一括建替えが可能となった (66条、70条1項)。

11 新区分所有権と現代版相隣関係

1983年以降の改正法を、「建物所有権」という観点からみる場合の最も興味ある点は、建物の区分所有権という新しい所有権カテゴリーが生成されつつあるのかどうかという点であろう。

日本の不動産法制は、周知のように、土地と建物とを別個独立の不動産として構成しているため、区分所有建物のような場合について、専有部分と敷

地利用権を統一的に把握することは根本的に困難な問題を含んでいたといえる。しかし、専有部分と共用部分に対する権利とが一体的に把握され、さらに敷地利用権についても同様な観点で一体的に把握されるようになると、その限りでは不動産法制の構造上の差違（土地と建物の分離）を超越した統一的な住居所有権的な観念が生成される可能性をも含んでいるといえるのではないだろうか。

　区分所有権のようなものも、所有権のカテゴリーで理解するということは、大都市における通常の隣接不動産所有権相互間における制約の問題（その限りで所有権の社会的制約の面をも含んでいる）にも少なからず影響を与えることも考えられる。とくに、産業や人口が少数の限られた大都市へ極端に集積・集中している日本のような国では、そうした状況のもとでの不動産所有権の将来におけるあり方について大きな示唆を与えているように思われる。

　なお、2006年に66条（建物の区分所有に関する規定の準用）が改正された。

第3章　用益物権

民法上の用益物権としては、地上権 (265条以下)、永小作権 (270条以下)、地役権 (280条以下)、入会権 (263条、294条参照) がある (特別法上の用益物権およびこれに準ずる権利については、第1章第2節**3**の特別法を参照)。

第1節　地　上　権

1　意義と法律的性質

(1)　意義　　地上権とは、他人の土地において建物等の工作物または竹木を所有するために、その土地を使用する権利である (265条)。工作物としては、建物が最も一般的であるが、橋梁、水路、池、銅像、トンネルなど地上および地下の一切の建造物を指す、と解されている。竹木の概念それ自体については制限はないが、それを栽植することが耕作と認められる場合には、同じ用益物権でも永小作権が成立すると解すべきである。したがって、桑、茶、果樹などは「竹木」からは除外すべきである。

建物所有を目的とする地上権は、民法典の編纂過程においては、一般宅地用に利用されることが予定されていたが、民法は同時に債権編に賃借権に関する規定を置き、不動産一般をもその対象としうるものとしたため、建物所有を目的とする土地利用権の圧倒的多数は賃借権 (601条以下) となってしまった。したがって、建物所有を目的として他人の土地を利用する契約関係をめぐって生じる法律問題のほとんどすべてが、賃貸借の領域において生じている (田山・契約法197頁以下参照)。

(2)　法律的性質　　(イ) 地上権は、他人の所有地の上に設定される物権である (制限物権)。1筆の土地の一部に地上権を設定することも可能であるが、登記によって対抗要件を具備するためには、分筆が必要である (昭和35年の不登法の改正で旧111条中の「範囲」が削除された)。

土地を上下の階層によって区分して、その一部について地上権を設定する

ことも可能である（269条の2）。これは、区分地上権（後述3 1）と呼ばれる。
　(ロ)　地上権は、工作物または竹木の所有を目的として、他人の土地を使用する権利であり、独立した物権であるから、地上工作物の滅失によって権利が消滅することはない。また、わが国の法制では、土地と建物とは別個の不動産であるから、ドイツなどにおけるように、地上権の内容として地上建物を把握することは不可能であり、地上権はもっぱら敷地を利用しうる権利として構成されている。
　(ハ)　地上権は、物権であるから、相続性も譲渡性も、具有している。
　(ニ)　地上権者は、地代支払義務を負担するのが通常であるが、これは地上権の要素ではない（3 4参照）。

2　地上権の成立

　地上権は、土地所有者との間の地上権設定契約によって成立する場合が最も多い。そのほかにも、取得時効（163条）や法定地上権（388条）の場合のように民法上の他の制度に関する規定に基づいて成立する場合や、特別法に基づいて成立する場合（民執81条など）がある。

1　地上権設定契約

　地上権設定契約は、地上権の設定自体を直接の目的とする、諾成・不要式の物権契約である。地代は地上権の要素ではないから、無償契約でもよいが、通常は地代支払義務を伴う（一括払いの場合と分割払いの場合がある）から、その場合には有償契約である。
　他人の土地に利用権を設定する契約を締結した場合に、それによって設定される権利が地上権であるか、賃借権であるかが、不明確である場合もある。基本的には、契約の解釈の問題（とくに当事者の意思解釈の問題）であるが、1900（明治33）年の「地上権ニ関スル法律」は、同法施行前に他人の土地において工作物または竹木を所有するためにその土地を使用する者は、地上権者であると推定している。

2　法律の規定に基づく地上権

　(1)　同一人が所有する土地とその上の建物の一方に設定された抵当権が、実行されて土地と建物とが別人に帰属する場合には、建物所有者のために、

法律上当然に、地上権が成立する (388条)。

(2) 地上権は時効によって取得される場合もある (163条)。近時、不動産賃借権の時効取得が認められるに至っているから (最判昭44・7・8民集23巻8号1374頁など。田山・総則273頁参照)、取得時効の要件を充足している場合にも、いずれの権利が取得されたのか判別しがたい場合も生じうる。基礎となった占有の態様によって定まることになるが、建物所有を目的とする場合には、一般に賃借権と解すべき場合が多いと思われる。

3 地上権の存続期間

(1) **設定契約による場合** 当事者は、契約において地上権の存続期間を定めることができる。この点については、永小作権 (278条) や賃借権 (604条) の場合のように、民法上は特別な規定は存在しない (建物所有を目的とする場合については後述(5))。

(2) **永久地上権** 地上権の存続期間を明確に永久としている場合には、これを肯定するのが判例 (大判明36・11・16民録9輯244頁) の態度である。これに反対する学説は、所有権が虚有権になってしまうという理論的な理由や、土地の利用、改良を阻害することになりやすいということなどをあげていたが、今日では、この説の支持者は少ない。ただし、「無期限」という場合には、期間の定めなきものと解すべきであろう (大判昭15・5・26民集19巻1033頁)。

(3) **最短期間の制限** 借地借家法による制限を受ける場合以外については、法律による制限はない。しかし、建物所有を目的とする場合以外の契約においても、3年、5年という程度の短期の場合には、旧借地法制定前の判例がとった理論構成のように、地上権設定の目的との関連で考えて、単なる地代据置期間と解すべき場合もあろう。

(4) **期間の定めなき場合** この場合の存続期間は、慣習がある場合には、これに従い、慣習がない場合には、地上権者はいつでもこれを放棄することができる (268条1項本文)。ただし、地代支払いの約定がある場合には、1年前に予告をするか、期限未到来の1年分の地代を支払わなければならない (同項ただし書)。

慣習もなく権利放棄もなされず、かつ当事者間において存続期間について協議が調わない場合には、当事者は裁判所に対して存続期間に関する決定を

求めることができる (268条2項)。

なお、民法施行前からの地上権については、建物・竹木が以前から存続する場合には、建物の朽廃すべきとき、または竹木を伐採すべきときまで存続するとされている (民施44条)。

(5) 建物所有のための地上権　借地借家法が適用されることになるので (同法1条)、賃貸借に関する説明を参照してほしい (田山・契約法203頁以下ほか)。

3　地上権の効力

1　土地の使用権

地上権者は、設定行為によって定められた目的の範囲内において、その土地を排他的に使用することができる。もし、権利内容の実現が妨げられた場合には、所有権の場合と同様に、三態様の物上請求権が発生する (第1編第2章第2節3以下参照)。地上権者はその土地を第三者に賃貸することも許される。賃借権の場合のような譲渡・転貸に関する制限 (612条) はない。地上権は、区分地上権の場合 (269条の2) を除いて、原則として目的土地の上下に及ぶ。

地上権者も、永小作権のように (271条) 明文の規定はないが、「土地に回復することのできない損害を生ずべき変更」を加えることはできないと解されている。

＊　**区分地上権**　土地利用の高度化に伴って、地下 (地下権) または空間 (空中権) にも地上権を設定することが必要となってきた。そこで、現在では、その上下の範囲を定めて、工作物の所有を目的として地上権を設定することができる (269条の2第1項)。これを区分地上権と呼んでいる。この権利は、所有者と区分地上権者との間の契約によって設定されるが、その土地について第三者が利用権を有する場合には、その全員の承諾を得ることが必要である (同条2項)。この承諾の効力は、権利の部分放棄とみるべきではなく、区分地上権者との関係において、その部分につき利用権の行使が制限されることになると解すべきである。したがって、これらの利用権者も第三者に対して妨害排除を請求することは可能である。

　　　区分地上権の行使をより十分なものとするために、土地の使用 (地表の使用) に制限を加えることも可能である (269条の2第1項)。

2　対　抗　力

地上権は、物権の一種として登記をすることによって第三者に対抗するこ

とができる (177条)。建物所有を目的とする地上権の場合には、その地上建物について登記をすることによって対抗力が生じる (借地借家10条)。この対抗力は建物の滅失によって効力を失うが、罹災都市借地借家臨時処理法の適用要件を充足している場合には、一定期間につき対抗力が存続する。なお、同条2項も参照。

3 投下資本の回収

(1) **地上権の譲渡による回収**　地上権者は、土地所有者の同意と無関係に、これを第三者に譲渡し、またはこれに担保を設定することができる。抵当権の設定については明文の規定があるが (369条2項)、譲渡についても、物権である以上、当然に譲渡性がある。地上権者は地上権自体の譲渡等の処分によって投下資本を回収することができる。

(2) **地上権消滅の際の収去**　地上権者は、地上権消滅のさいに、工作物または竹木を収去することができる (269条1項)。この点については、別段の慣習があればこれに従うべきである (同条2項)。地上物を収去したときは、一般に土地の原状回復義務が発生するが (269条1項本文)、土地の客観的価値を増加している場合については、費用償還請求の問題となりうるから注意を要する (後述(4)参照)。

(3) **地上権消滅の際の地上物買取請求権**　地上権が消滅した場合には、土地所有者の売渡請求権 (269条1項ただし書) と、借地借家法に基づく地上権者の買取請求権 (同法13条1項) とが発生する。

(4) **費用償還請求権**　地上権者が、賃貸借の場合における必要費、有益費に相当する出捐をした場合に、地上権の消滅にさいして、その償還を請求することができるか。明文の規定はないが、本質的には不当利得の関係が生じることがありうるから、その場合には、これを認めるべきであろう。

4 地代の支払い

地代は、地上権の要素ではないから、当事者間において地代の支払いを約定している場合にのみ、支払義務が発生する。地代支払義務を約定した場合には、それは単なる債権的特約ではなく、地代支払義務を伴う地上権として成立すると解されている (この場合には地代支払義務ある物権という点で、永小作権に類似する)。これを第三者 (地上権が譲渡された場合の新地上権者) に対抗するに

は、登記が必要となる（不登59条、78条）。しかし、地盤所有権が譲渡された場合には、新所有者と地上権者との間に契約関係が移転するから、新所有者は地代について未登記でも、地上権者に対して地代を請求することができる。

いったん合意された地代についても、その増減額請求は認められる（建物所有を目的とする場合には借地借家11条、その他の場合には、慣習法などを根拠とする）。

4　地上権の消滅

地上権は、物権一般の消滅事由によって消滅するほか、土地所有者からの消滅請求、地上権者の放棄および約定消滅事由によって消滅する。

(1)　消滅請求　　定期の地代を支払うべき地上権者が「引き続き2年以上」地代の支払いを怠った場合には、土地所有者は地上権の消滅を請求することができる（266条1項、276条）。この消滅請求の法的性質は、告知であると解されている。

(2)　地上権の放棄　　地上権者が、土地所有者に対して放棄の意思表示をした場合には、地上権は消滅する。ただし、地上権に抵当権が設定されている場合には、その放棄をもって抵当権者に対抗することはできない（398条）。

地代支払義務のある地上権の放棄については、一定の制限が定められている（268条1項、266条1項、275条）。

(3)　約定消滅事由　　当事者間で消滅事由を約定することは自由であるが、地代の滞納を理由とする場合には、前述の276条の要件よりも地上権者に不利なものとすることはできないと解すべきである。なお、借地借家法による存続保護規定に反する合意は、無効である（同法9条）。

(4)　消滅の効果　　地上権者は、目的土地を土地所有者に返還しなければならない。

第2節　永小作権

1　永小作権の意義

永小作権は、小作料を支払って他人の土地において耕作または牧畜をなす権利である（270条）。しかし、一般に「小作」と呼ばれている関係は、その

大多数が賃貸借契約 (601条以下) に基づくものであり、永小作権によるものは極めて少ない。

　永小作権は契約によって設定することができるが (許可を要する——農地3条1項)、民法施行の当時において存在した永小作権は、ほとんどが旧慣に基づくものであって、民法施行により民法上の永小作権として承認されたものであった (民施47条参照)。

　第二次大戦後に行われた農地改革において、不在地主の所有する小作地と、在村地主の小作地のうち1町歩を超えるもの (北海道は5町歩) とを国が買収し、小作人に売り渡したが、その小作地には賃借地のみならず、永小作地も含まれたから、これによって永小作権はますます少なくなった。

2　永小作権の効力

　(1)　土地使用上の制限　　永小作人は、土地に回復することのできない損害を生ずるような変更を加えることはできない (271条)。ただし、これと異なる慣習がある場合には、これに従う (277条)。

　(2)　永小作権の譲渡・賃貸　　永小作人は、その権利を他人に譲渡し、またはその権利の存続期間内において耕作もしくは牧畜のために土地を賃貸することができる。ただし、設定行為によってこれを禁じた場合は、この限りではない (272条)。この禁止特約は、登記をしなければ第三者に対抗することはできない (不登59条、79条)。これと異なる慣習がある場合には、それに従う (277条)。

　(3)　賃貸借規定の準用　　永小作人の義務については、永小作権に関する規定および設定行為による定めのほか、賃貸借に関する規定 (601条以下) が準用される (273条)。

　(4)　小作料　　永小作人は、小作料支払いの義務を負う (270条)。永小作人は、不可抗力によって収益につき損失を受けた場合であっても、小作料の免除または減額を請求することができない (274条)。これと異なる慣習がある場合には、それに従う (277条)。ただし、274条は、農地法24条 (小作料の減額請求) が適用される限り、適用の余地はない。

　(5)　永小作権の放棄　　永小作人が、不可抗力により引続き3年以上まっ

たく収益を得ず、または5年以上小作料より少ない収益を得た場合には、その権利を放棄することができる (275条)。これと異なる慣習がある場合には、それに従う (277条)。

(6) 存続期間　永小作権の存続期間は、20年以上50年以下とされ、もし50年より長期の永小作権を設定した場合には、その期間は50年に短縮される (278条1項)。同期間は更新することができるが、更新の時より50年を超えることができない (同条2項)。設定行為をもって存続期間を定めなかった場合には、別段の慣習がある場合を除くほか、その期間は30年とする (同条3項)。

(7) 収去権・買取権　地上権に関する269条の規定が準用されるから、別段の慣習がない限り、永小作人は、その権利の消滅の際に土地を原状に復して地上物を収去することができるが、土地の所有者が時価を提供して、これを買い取るべき旨を通知した場合には、正当の理由がない限り、これを拒むことができない (279条)。

3　永小作権の消滅

　永小作権は、物権に共通の消滅原因によって消滅するほか、前述のように永小作権の放棄 (275条)、存続期間の満了 (278条) によっても消滅する。さらに、特殊な消滅原因として、永小作権の消滅請求がある。永小作人が引続き2年以上小作料の支払いを怠った場合には、地主は永小作権の消滅を請求することができる (276条)。これと異なる慣習がある場合には、それに従う (277条)。

第3節　地　役　権

1　地役権の意義

　地役権とは、ある土地の便益のために他人の土地を利用する権利である (280条)。例えば、A所有の甲地の利用価値を増すために隣接するB所有の乙地に通行地役権を設定する場合が、これに当たる。甲地を要役地、乙地を承役地と呼ぶ。地役権の設定により、要役地は利用価値を増し、承役地はそれに応じて利用制限を受ける。

土地相互の利用の調整という点では、相隣関係に類似した面を有しているが、相隣関係は不動産所有権自体の機能の拡張または制限であるのに対して、地役権は、契約によって設定される独立の物権である点で相違している。ただし、地役権は、取得時効によって成立する場合も少なくない。

* **地役権の時効取得**　地役権も、時効（163条）によって取得することは可能である。ただし、例えば、通行地役権の場合に、長年にわたって通行が認められていても、隣人の好意に依存している場合も少なくない。このような場合には、承役地となるべき土地の所有者も決して権利の上に眠っているわけではない。民法も、こうした点を配慮して、地役権は継続かつ表現のものに限り（後述 2 1 参照）、時効によって取得することができるとしている（283条）。この要件の存在により、地役権の時効取得の成立は、一般の権利に比べて困難になる。判例は、上記の「継続および表現」の要件のうち、継続性につき、通行地役権の時効取得を主張する者は、自ら通路を開設することが必要であると判示している（最判昭30・12・26民集9巻14号2097頁ほか）。

2　地役権の形態と法律的性質

1　形　　態

要役地に与える便益の種類については制限はないが、要役地の価値を高めるものでなければならないから、要役地の所有者の個人的な利益のためであってはならない。前述の通行地役権のほかにも、引水地役権、観望地役権、日照地役権など多様である。主として、時効の成否をめぐって、次のような分類がなされている。

　(イ)　継続地役権・不継続地役権　　地役権の内容の実現が間断なく続いている地役権を継続地役権（通路を開設した通行地役権など）といい、権利行使のためにその都度、行為を必要とする地役権（汲水地役権など）を、不継続地役権という。通行地役権について「継続」の要件を満たすためには、要役地の所有者によって、承役地となる土地の上に通路が開設されたことを必要とする（最判平6・12・16判時1521号37頁）。この判例では、要役地の所有者が、道路の拡幅のために他人にも土地の提供を働きかける一方、みずからもその所有土地の一部を提供した場合には、要役地の所有者によって通路が開設されたものというべきである、としている。

(ロ) 表現地役権・不表現地役権　　地役権の内容の実現を外部から認識しうる事実を伴う地役権（通行地役権など）を表現地役権といい、そうでない地役権（観望地役権など）を不表現地役権という。
(ハ) 作為地役権・不作為地役権　　地役権者が一定の行為をすることができ、承役地利用者がこれを忍容すべき義務を負担するものを作為地役権という（通行地役権など）。承役地利用者が、単に一定の利用をしない義務を負担するものを不作為地役権という（観望地役権など）。

2　法律的性質

(1) 承役地利用者の義務　　地役権の内容に応じて、承役地の利用者は、一定の忍容義務ないし不作為義務を負う。それ以上に、承役地の利用者に一定の積極的義務を課することができるか否かについては、学説は分かれている。否定説は、地役権の物権としての性質を理由としてあげている。すなわち、物権は直接に客体を支配する権利であって、他人の行為を目的とすることはできないからである、という（末川359頁ほか）。肯定説は、物権といえども付随的に他人の行為を要求しうる場合があること（相隣関係など）および比較法ないし沿革的理由により、地役権行使に必要な設備の設置・修繕義務などを認めようとしている（我妻〔有泉〕411頁）。

(2) 地代支払義務　　地役権は無償に限る、というのが判例である（大判昭12・3・10民集16巻255頁は対価支払特約の登記を認めない）。しかし、対価支払義務は、地役権の内容となりうるが、登記できないだけであるとの説も有力である（我妻〔有泉〕412頁ほか）。

(3) 土地の利用権者と地役権　　地役権設定後の要役地の賃借人または地上権者が地役権を利用することができ、また承役地の賃借人等が地役権による制限に服することは当然であるが、要役地または承役地の利用権者、すなわち地上権者や永小作人が地役権設定の当事者となれるだろうか。地役権は土地利用の調整を目的とする制度であるから、肯定してよい。賃借人については否定説もあるが、不動産賃借権の物権化を前提として考えるならば、同様に肯定すべきであろう。

(4) 独立の従たる権利　　地役権は、要役地の所有権から独立した権利であるが、要役地と承役地の存在を前提とした権利である。したがって、これ

を要役地から分離して譲渡したり、他の権利の目的とすることはできない（281条2項）。逆に、要役地の所有権が譲渡され、もしくは他の権利の目的とされる場合には、地役権も法律的運命を共にする（同条1項本文）。ただし、地役権の随伴性は、設定行為によって排除することができる（同条1項ただし書）。

(5) 地役権の不可分性　　土地が共有である場合において、土地が分割もしくは譲渡されたときは、地役権をどう処理するかということが、地役権の不可分性の問題である。民法は、地役権存続の方向で、次のような規定を置いている。

(イ)　共有の場合　　要役地の共有者の1人は、その持分につき、その土地のために存する地役権を消滅させることはできない（282条1項）。また、承役地の共有者の1人は、その持分につき、その土地の上に存する地役権を消滅させることはできない（同条同項）。

(ロ)　分割・一部譲渡の場合　　要役地の分割または一部譲渡の場合には、地役権はその各部のために存する（282条2項本文）。ただし、地役権がその性質により土地の一部のみに関する場合は、この限りではない（同項ただし書）。承役地の分割または一部譲渡の場合においても、地役権はその各部の上に存する（同項本文）。ただし、地役権がその性質により土地の一部のみに関する場合は、この限りではない（同項ただし書）。

(ハ)　共有者による時効取得　　共有者の1人が、時効によって地役権を取得した場合には、他の共有者もまたこれを取得する（284条1項）。共有者に対する時効中断は、地役権を行使する各共有者に対して行わなければ効力が生じない（同条2項）。地役権を行使する共有者の1人に対して時効停止の原因があっても、時効は各共有者のために進行する（同条3項）。

(ニ)　要役地が共有の場合の地役権の時効消滅　　要役地の共有者の1人のために時効の中断または停止がある場合には、その中断または停止は、他の共有者のためにも効力を生ずる（292条）。

(6) 地役権の対抗要件　　地役権も物権として登記をしなければ、第三者に対抗することはできない（177条）。ただし、地役権の存在を知りながら承役地の所有権を取得した者は、背信的悪意者となる場合があろう。通行地役権の承役地が譲渡された場合において、譲渡の時に、同承役地が要役地の所

有者によって継続的に通路として使用されていることが、その位置、形状、構造等の物理的状況から客観的に明らかであり、かつ、譲受人がそのことを認識していたか、または認識することが可能であったときは、譲受人は、通行地役権が設定されていることを知らなかったとしても、特段の事情がない限り、地役権設定登記の欠缺を主張するについて正当な利益を有する第三者に当たらない、と解するのが相当である (最判平10・2・13民集52巻1号65頁)。このような場合には、通行地役権者は、譲受人に対し、同権利に基づいて地役権の設定登記手続を請求することができ、譲受人はこれに応ずる義務を負う (最判平10・12・18民集52巻9号1975頁)。

3 地役権の内容

　地役権の内容は、設定行為 (時効取得の場合には基礎となった占有) によって定まるが、地役権の目的を達成するのに必要であって、かつ、承役地利用者に最も損害の少ない範囲に限るべきであると解されている。
　(1) 用水地役権　　用水地役権の承役地において、水が要役地および承役地の需要のために不足する場合には、その各地の需要に応じ、まずこれを生活用に供し、その残余を他の用に供するものとされている (285条1項本文)。ただし、設定行為によってその使用方法や使用量を変更することができる (同項ただし書)。同一の承役地の上に数個の用水地役権を設定した場合には、後の地役権者は前の地役権者の水の使用を妨げてはならない (285条2項)。
　(2) 承役地所有者の義務と権利　　設定行為または設定後の契約により、承役地の所有者がその費用をもって地役権の行使のために工作物を設け、またはその修繕義務を負担した場合には、その義務 (これが地役権の内容か、特別契約による債務かについては説が分かれている──2 2(1)参照) は、承役地の所有者の特定承継人もまた負担する (286条)。もっとも、承役地の所有者は、いつでも地役権に必要な土地の部分の所有権を地役権者に放棄して地役権者に移転し、その義務を免れることができる (287条)。
　承役地の所有者は、地役権の行使を妨げない範囲内において、その行使のために承役地上に設けられた工作物を使用することができる (288条1項)。この場合には、承役地の所有者は、その利益を受ける割合に応じて工作物の設

置および保存の費用を分担することを要する（同条2項）。

(3) 通行地役権の効力　車両を通路土地に恒常的に駐車させることによって同土地の一部を独占的に使用する者に対して、地役権に基づく妨害排除ないし妨害予防請求権が認められた事例（最判平17・3・29判時1895号56頁）がある。

4　地役権の消滅

地役権は、物権共通の消滅事由によって消滅するほか、以下の特別な事由によって消滅する。

(1) 承役地の時効取得による消滅　承役地の占有者が取得時効の要件を具備した場合には、地役権はこれによって消滅する（289条）。この場合には、地役権者がその権利を行使することによって、時効取得の基礎たる占有が地役権の制限を受けるから、地役権は消滅しない（290条）。

(2) 地役権の時効消滅　地役権は、一般の制限物権と同様に、20年間行使しない場合には、時効によって消滅するが（167条2項）、その時効期間の起算点については特別の定めがある。すなわち、不継続地役権については最後の行使の時、継続地役権についてはその行使を妨げるような事実が生じた時である（291条）。

要役地が共有である場合には、消滅時効は全共有者について完成した場合にのみ効力を生ずる（292条）。

地役権者が地役権の内容の一部分（例えば、3メートル幅の通路中2メートル）だけを行使する場合には、その不行使の部分だけが時効によって消滅する（293条）。

第4節　入　会　権

1　入会権の意義

入会権の観念を、沿革を尊重しつつ説明するとすれば、次のようにまとめることができよう。自然に形成された村落における住民（団体）が、一定の山林や原野において雑草や粗朶(そだ)などを採取するための慣習上の使用・収益権

である。入会地の所有形態については、入会団体（同地の村落住民）が所有している場合と、他の村落その他の個人が所有している場合（さらに国公有地の場合も）とがあった。民法は、前者を共有の性質を有する入会権（263条）、後者を共有の性質を有せざる入会権（294条）と呼んでいる。両条文とも権利内容の解釈にあたっては、まずその地方の慣習に従うべきであり、これによって明確にならない場合には、民法の共有または地役権に関する規定を準用すべき旨を定めている。

* **国有地上の入会権に関する判例** 判例は、かつては、明治初年の土地官民有区分によって入会権は消滅したとの態度をとっていたが（大判大4・3・16民録21輯328頁）、そのような解釈は歴史的事実に反しており関係法令の解釈を誤ったものである、との学説の影響のもとに、第二次大戦後に至って、「そもそも、官民有区分は、……地租改正事業の基本政策として行われたもので、民有地に編入された土地上に従前入会慣行があった場合には、その入会権は、所有権の確定とは関係なく従前どおり存続することを当然の前提としているのであるから、官有地に編入された土地についても、入会権の消滅が明文をもって規定されていない限り、その編入によって、入会権が当然に消滅したものと解することはできないというべきである」（最判昭48・3・13民集27巻2号271頁）としている。

2 入会地の利用形態

入会地の利用形態は、古くは構成員が共同体の規制のもとで共同して入会地に入り、そこで各自、雑草、粗朶などの産物を採取するのが一般的であった（入会の古典的形態）。しかし、近代社会の成立に伴って次第に古典的な入会権も形態転化を遂げてきている。

(1) **団体直轄利用形態** 入会団体が直接に入会地を支配し、入会権者個人の自由な立入りを禁止する。この場合の入会地利用の主目的は、植林・造林などによる入会団体への貨幣収入にあるとされている。

(2) **個人分割利用形態** 各構成員ごとに一定の利用地域が画され、その部分のみの排他的・独占的利用が認められる。もちろん、入会団体による統制が前提である。

(3) **契約利用形態** 入会地の管理・利用形態の一つとして、入会団体が特定の個人との間で契約を締結して利用させる場合であり、その対価は入会

団体に帰属する。

　以上の諸形態は、現実の入会権の存在形態のすべてを説明したものではない。実際には、その混合形態が多いとされている。また、いずれの場合にも、入会団体として統制が存在しない場合には、もはや入会権とはいえない。

3　入会権の効力

　(1)　入会権の主体　　入会権の主体は、慣習によって定まった村落団体である。構成員の権利は、入会地の持分ではなく、入会団体に総有的に帰属している土地所有権の一機能にすぎない。したがって、各構成員の権利の譲渡処分ないし分割請求ということはありえない。

　団体の構成員となる資格も、原則として慣習によって定まる。地域からの最終的転出は、通常、権利喪失事由となる。

　(2)　入会権による共同収益　　入会権者は、入会地において慣習に従い共同収益をすることができる。これが入会権の本体的効力である。その範囲は慣習により決まるが、通常、雑草の刈取、小柴・枯枝・落葉の採取などにとどまる[*]。しかし、製炭材料や建築用材にまで及ぶ場合もある。

　(3)　権利の対抗要件　　入会権は、不動産物権でありながら入会権としての登記をすることができない（不登3条参照）から、地役入会権（294条）は、登記なくして第三者に対抗することができ、共有入会権（263条）についても、入会団体による入会地の管理により、入会権を第三者に対抗することができると解されている（通説・判例、大判大10・11・28民録27輯2045頁）。入会団体が権利能力のない社団にあたる場合には、同入会団体は構成員全員の総有に属する不動産について総有権確認請求訴訟の原告適格を有し、規約等により構成員全員の総有に属する不動産につき代表者でない構成員甲を登記名義人にすることとしていた場合には、甲は登記手続請求訴訟の原告適格を有する（最判平6・5・31民集48巻4号1065頁）。

　(4)　侵害に対する救済　　個々の入会権者が、収益権能を超えて権利行使をする場合には、入会団体は、違反行為の停止と損害の賠償とを請求することができる。入会権が第三者によって侵害される場合も、同様である。

　　[*]　**入会権の内容**　　大正末期に部落有林野統一の方針に従い村の所有とされた土地

につき、入会住民が造林組合を結成して同土地上の天然の樹木を育成し、伐採樹木につき村3分、造林組合7分の割合で収益を分配してきたという場合において、同土地上の天然の立木は、土地の構成部分として村の土地所有権がこれに及び、入会権者は立木の所有権を主張することはできないとされた例（最判昭63・1・18判時1265号72頁）がある。

4　入会権の消滅

(1)　**入会団体の権利としての入会権の消滅**　　入会権は、入会地の滅失によって消滅する（ダムによる水没など）。公用徴収の場合にも原則として消滅する。そのほか、入会権者全員の同意によって入会権を消滅させること（放棄）も可能である。

なお、入会団体の団体性（統制力など）の消滅も、入会権の消滅事由となる。

(2)　**構成員の権利としての入会権の消滅**　　入会団体の規範に従って、構成員としての資格を喪失すると、その者は、当然に入会権を失う。

(3)　**入会林野の整備による消滅**　　入会林野等に係る権利関係の近代化の助長に関する法律（昭41法126）は、入会権を消滅させ、所有権、地上権ないし入会権以外の用益権に転換させるための手続を定めている。すなわち、入会権者全員の同意を得て、整備計画を作成し、それに従って入会権の近代的権利への転換を行うが、これは入会地を農林業用地に利用する場合にのみ認められ、都道府県知事の認可を必要とする。

事項索引

あ

悪意占有 ……………………………133
　──者の責任等 ………………150
悪意の特定承継人 …………………166

い

遺産共有の法律関係 …………………97
遺産分割の遡及効と相続放棄の遡及効 ……100
意思主義 …………………………43,155
　　　　──と形式主義………………34
　　　　──と日本民法………………36
遺失物の拾得 ………………………185
囲障設置権 …………………………179
一物一権主義 ………………………9,11～
一筆の土地の一部の取引………………10
囲繞地通行権 ………………………176
違反行為の停止請求 ………………215
入会権 ………………………………231
　　　──の意義 ……………………231
　　　──の効力 ……………………233
　　　──の消滅 ……………………234
入会地の利用形態 …………………232
入会林野の整備 ……………………234

う

請負人帰属説（建築請負）……………195

え

永久地上権 …………………………221
永小作権 ……………………………224
越境建築物と相隣関係 ……………181

か

解除と背信的悪意……………………83
解除と物権変動………………………74
界標設置権 …………………………179
加工 …………………………………191
加工物の所有権帰属時点 …………199

瑕疵ある占有と瑕疵なき占有 ………133
過失ある占有と過失なき占有 ………133
果実 ……………………………151,160
　──収取権…………………………44
　──取得権……………………152,153
　──取得の効果……………………154
　──の取得と不当利得…………154～
　──の取得と不法行為……………155
果実収取権移転時説……………………43
仮登記………………………………15
簡易の引渡し ………………108,123,137
間接占有 ……………………………134
管理組合 ……………………………212
　　　──とその法人化 ……………212
管理者（区分所有建物の）…………213

き

危険負担………………………………44
義務違反者に対する措置 …………214
規約（建物区分所有）………………212
規約共用部分 ………………………210
94条2項の類推適用……………………49
給付から生じた果実 ………………160
境界線上の工作物の共有推定 ………179
境界の確定を求める訴え …………204
共同所有の意義 ……………………200
共同占有 ……………………………134
共同相続と対抗問題……………………97
共有 ……………………………200～
　　──関係の対外的主張 …………204
　　──者相互の債権 ………………203
　　──の内部関係 …………………202
　　──部分の管理 …………………212
共有物 ……………………………202～
　　　──上の担保物権 ……………207
　　　──に関する契約の解除 ……203
　　　──の管理 ……………………202
　　　──の全面的価格賠償の方法による分割
　　　　…………………………………206

事項索引

──の分割 …………………………205
──の利用関係 ……………………202
共用部分 ……………………………210
　　──の管理 ………………………212
　　──の性質 ………………………210
近代市民革命と土地所有権 ………171
近代社会と物権制度 ………………2

く

空中権 ………………………………222
区分所有権の競売請求 ……………215
区分所有建物の所有関係 …………210
区分地上権 …………………………222

け

形式主義の否定と物権契約 ………36
継続地役権・不継続地役権 ………227
「継続」の要件 ……………………227
契約成立時説（所有権の移転時期）……41
契約当事者間における登記請求 …66
Gewere ………………………………115
現実の引渡し ………………108, 137
現代土地問題 ………………………181
建築請負契約と付合・加工規定の性質 ……197
権利適法の推定 ……………………145

こ

公示 …………………………………31～
　　──の原則 ………………………32
　　──の原則と公信の原則 ………32
工場財団 ……………………………116
公信の原則 …………………………33
公信力 ………………………………47
　　登記の── …………………47, 49～
　　──説 …………………………49
　　──説と94条2項類推適用説 ……49
構成部分の変動する集合動産 ……12
公道に至るための他の土地の通行権 ……176
合有 …………………………………201
公用収用・没収 ……………………129
国土利用計画法 ……………………184
国有地上の入会権 …………………232
混同 …………………………………127
混和 …………………………………191

さ

債権契約と物権契約 ………………40
債権的登記請求権 …………………62～
債権的二重譲渡説 …………………48
債権の準占有者への弁済 …………169
財団抵当の対象 ……………………116
差額説 ………………………………158
詐欺を理由とする取消し …………74
作為地役権・不作為地役権 ………228
指図による占有移転 ……109, 122, 137
差止請求権 …………………………22

し

敷地の範囲 …………………………211
敷地利用権 …………………………211
時効 …………………………………129
時効起算点の選択可能性 …………93
時効取得 …………………………85, 93
　　境界紛争における── …………94
　　──と対抗要件 ………………86
　　──と177条（登記） ……………87
時効制度の本質と起算点 …………94
自己占有（直接占有） ………………134
自己のためにする意思 ……………136
自主占有 ……………………………132
自主占有未登記型 …………………90
実質的審査権（登記官の） …………49
実質的無権利者（第三者） …………56
集会（区分所有者の） ………………213
自由競争原理と背信性 ……………60
収去権 ………………………………190
集合物 ………………………………11
受寄者 ………………………………110
準共有 ………………………………207
準占有 ………………………………169
承役地 ………………………………226
使用禁止の請求（区分所有者に対する）……215
使用利益 …………………………151, 160
所持 …………………………………135
　　──の承継 ……………………140
所有権 ………………………………171
　　──取得の意義 ………………185
　　──の移転時期 ………………41

事項索引　237

――の永久性……………………18
――の観念性……………………173
――の帰属（建築請負の場合）……193
――の原始取得…………………185
――の現代的意義………………172
――の恒久性……………………174
――の古典的意義………………171
――の自由………………………174
――の制限………………………174
――の絶対性……………………173
――の弾力性……………………173
――の内容………………………174
――の法律的性質………………171,173
自力救済の禁止……………………17
人格権の侵害に基づく妨害排除……164
新区分所有権と現代版相隣関係……217

す

推定力（登記の）…………………47
水流変更権…………………………178

せ

制限説と無制限説（177条）………52
制限能力者・意思無能力者と「占有意思」…137
正当な利益を有しない第三者（177条）……56
責任財産（一般財産）……………16
善意占有……………………………133,152
　　――者と果実の取得………………151
善意であることを要する時期……153
善意・無過失の意義………………119
戦後日本の地域開発政策…………181
占有…………………………………131～
　　――回収の訴え……………………165
　　――承継の効果……………………137
　　――と占有権………………………131
　　――による家畜外動物の取得……167
　　――の訴え…………………………162
　　――の訴えと本権の訴え…………166
　　――の概念…………………………131
　　――の継続と新たな時効取得……94
　　――の取得…………………………120
　　――の種類…………………………132
　　――の承継と瑕疵の承継…………138
　　――の包括承継……………………138

――補助者と所持………………136
占有改定………………………109,121,137
――の不完全性…………………109
占有権……………………………4,131
――相続の要件…………………140
――の意義と機能………………131
――の原始取得…………………135
――の効力………………………145
――の取得………………………135
――の消滅………………………168
――の相続………………………139
――の特定承継…………………137
占有者
――と回復者との関係…………148
――に対する引渡請求…………215
――の善意の意義………………133
占有訴権…………………………162
――と自力救済…………………162
――の当事者……………………163
専有部分…………………………210
――と敷地利用権の一体化……211
――の独立性……………………210
占有保持の訴え…………………163
占有保全の訴え…………………164

そ

相続
――と登記………………………95～
――による占有の承継と185条……143
――による占有の承継と187条……142
――による占有の承継と186条2項……144
相続財産共有の法的性質…………98
相対的効力説（二重譲渡）………48
総有…………………………………200
相隣関係……………………………175
　境界に関する――…………………179
　水の――……………………………177
　隣地利用上の――…………………176
即時取得……………………………113～
　取り消された行為と――……………118
　無権代理行為と――…………………118
　無効な取引と――……………………117
　――とゲルマン法理論………………115
　――と不当利得………………………124

――の効果 …………………………124
――の対象 …………………………124
――の要件 …………………………115

た

大規模修繕の決議要件の緩和 …………215
代金支払時原則説（所有権の移転）………42
対抗要件（主義）………………………32
　　――としての登記………………31〜
　　――としての引渡し………………108
第三者
　　解除後の―― ……………………80
　　解除前の―― ……………………81
　　強迫による取消しと―― …………79
　　詐欺による取消しと―― …………74
　　取消し後の―― ……………………74
　　取消し前の―― ……………………75
　　――の範囲を制限する具体的基準…53
　　――への移転登記と時効中断………88
代理占有（間接占有）…………………134
他主占有 …………………………………132
建替え ……………………………………216
建替え要件の撤廃・緩和 ………………216
建替え要件の明確化 ……………………216
建前 ………………………………………192
建物 …………………………………192〜
　　――所有のための地上権 …………222
　　――の一部 …………………………10
　　――の区分所有 ……………………208
　　――の区分所有等に関する法律 …208
　　――の生成過程 ……………………192
　　――の築造と付合・加工 …………192
建物収去・土地明渡し……………………57
他人の財貨からの利得 …………………161
他人物売買と所有権の移転時期…………42
団地の一括建替えに関する事項 ………217
単独占有 …………………………………134
単独相続と対抗問題………………………95
担保物権 ……………………………………4
　　――と一般債権者 …………………16

ち

地域開発政策 …………………………181〜
地役権 ……………………………………226

――の形態 …………………………227
――の時効取得 ……………………227
――の消滅 …………………………231
――の対抗要件 ……………………229
――の内容 …………………………231
――の不可分性 ……………………229
地役権設定登記の欠缺を主張するについて
　正当な利益を有する第三者………60,230
地下権 ……………………………………222
竹木の枝の切除と根の切り取り ………180
地上権 ……………………………………219
　　――設定契約 ……………………220
　　――の効力 ………………………222
　　――の消滅 ………………………224
　　――の存続期間 …………………221
地上生育物の取引と対抗要件 …………111
地上物買取請求権 ………………………223
地代支払義務 ……………………………223
中間省略登記 ………………………67〜
　　――の効力 …………………………70
注文者帰属説（建築請負）………………196
直接占有 …………………………………134

て

抵当証券と公信力…………………………47
転得者の背信性……………………………61
添付 ………………………………………186

と

登記 …………………………………………31
　　共有理論と―― …………………101
　　取得時効と―― …………………84
　　相続と―― ……………………95〜
　　物権変動と―― …………………46
　　――の公信力 ………………47,49〜
　　――の効力 …………………………47
　　――の流用 …………………………91
　　――前の法律関係 …………………51
　　――を要する第三者の範囲 ………52
登記請求権…………………………………62
　　実体法上の―― ……………………64
　　手続法上の―― ……………………64
　　――の発生原因 ……………………65
登記引取請求権の法律的性質……………66

動産の二重譲渡の法的構成 ……………107
動産の付合 ……………………………190
動産物権の二重譲渡の現実性 …………110
動産物権の変動 ………………………106
　　──と即時取得 ………………113
　　──と対抗要件 ………………106
盗品・遺失物に関する特則 ……………124
盗品等の使用収益を行う権限 …………125
独自性・無因説（物権行為） …………81
特定物の譲渡人の一般債権者 …………56
土地所有権と現代都市問題 ……………181
土地所有権の古典的内容と制限 ………175
土地定着物 ……………………………192
土地登記簿 ………………………………9
土地と建物の分離 ………………………10
土地と立木等の関係 …………………111

に

二重譲渡の法的構成 ……………………48
2002年の法改正（区分所有法） ………209
202条2項と反訴の提起 ………………167

の

農地法 ……………………………………86

は

背信的悪意者 ……………………58,59,78,80
売買における果実と代金の利息 ………160
売買は賃貸借を破る ……………………110
パンデクテン方式 ………………………37

ひ

引渡し ………………………………108～
　簡易の── ……………………108,123,137
　現実の── ………………………108,137
　対抗要件としての── …………………108
　──の効力 ………………………………109
　──を必要とする物権変動 ……………106～
被災区分所有建物再建等特別措置法 …209
必要費 ……………………………………150
表現地役権・不表現地役権 ……………228
費用償還請求権 …………………………223

ふ

袋地 ……………………………………176～
付合
　動産の── ……………………………190
　不動産の── …………………………187～
付合・加工と建築行為 …………………198
附属物 …………………………………210
復帰的物権変動 …………………………73
復旧決議 ………………………………215
物権
　──と債権 ………………………………7
　──と特定物債権との間の優先的効力 …14
　──の客体 ………………………………8
　──の効力 ……………………………13
　──の種類 ………………………………3
　──の消滅 …………………………127
　──の二重譲渡 ………………………46
　──の二重譲渡と登記 ………………46
　──の排他性 …………………………14
　──の本質 ………………………………7
　──の目的 ………………………………8
　──の優先的効力 ……………………13
物権契約 …………………………………35
　──独自性説 …………………………38
　──と日本民法 ………………………36
物権制度の任務 …………………………1
物権相互間の優先的効力 ………………13
物権的請求権の行使の相手方 …………23
物権的登記請求権 ………………………63
　──と債権的登記請求権 ……………62
物権的二重譲渡説 ………………………48
物権取引と公示手段 ……………………31
物権変動
　遺産分割による── ……………………99
　遺贈による── ………………………103
　解除と── ………………………………74
　相続欠格・推定相続人の廃除による── …104
　相続欠格による── …………………104
　相続廃除による── …………………105
　取消しと── ……………………………73
　引渡しを必要とする── ……………106～
　放棄による── ………………………102
　──の種類 ………………………………30

事項索引

物権法定主義 …………………………2
物権法の法源 …………………………5
物上請求権（物権的請求権）………16
　　――相互の競合と費用負担………23
　　――と権利濫用………………………20
　　――と消滅時効………………………17
　　――と他の請求権との競合………27
　　――と費用負担………………………24
　　――における支配と責任の分化……27
　　――の競合……………………………23
　　――の構成……………………………19
　　――の譲渡性…………………………19
　　――の法律的性質……………………17
　　――の類型と内容……………………20
不動産
　　――賃借権……………………………16
　　――登記と登記簿……………………46
　　――登記法5条の第三者……………57
　　――の付合……………………………187
　　――物権の変動………………………30
不当利得における類型論………………159
不法行為者（第三者）……………………57
分割請求の自由（共有）…………………205

へ

平穏・公然の意義………………………119
返還請求権………………………………21

ほ

妨害排除請求権…………………………20
　　賃借権に基づく――…………………140
妨害予防請求権…………………………22
放棄………………………………………129
法律の規定に基づく地上権……………220

ま

埋蔵物発見………………………………186
マンション建替え円滑化法……………209

み

未分離果実………………………………111
民法旧208条……………………………208
民法の基本原理と物権制度……………1

む

無因説……………………………………40
　　――の構成……………………………40
無記名債権……………………………107,115
無権利者からの占有承継………………118
無主物先占………………………………185

め

明認方法…………………………………111
　　――による対抗要件…………………111
　　――の対抗力…………………………112

も

目的物
　　――に関する物権取得者……………53
　　――についての特定物債権者………53
　　――の滅失……………………………127
持分権の対外的主張……………………203

ゆ

有因説（物権変動論）……………………41
有益費……………………………………150
有償性の原則……………………………44
有体物……………………………………8

よ

要役地……………………………………226
　　――が数人の共有に属する場合……202
用益物権…………………………………219

り

立木………………………………………111
　　――の独自性…………………………10
　　――や農作物…………………………116
利用権……………………………………4
利用保護の理念と背信性………………60
隣地の使用請求…………………………176
隣地通行権→囲繞地通行権

る

類型論（不当利得）………………………149〜

判例索引　241

判　例　索　引

最高裁判所（大審院を含む）

明　治

大　判　明32・2・1民録5輯2巻1頁…………6
大　判　明36・11・16民録9輯244頁…………221
大　判　明37・6・22民録10輯861頁……194,195
大　判　明38・5・11民録11輯701頁…………147
大連判　明41・3・17民録14輯303頁…………72
大　判　明43・5・7民録16輯350頁…………136
大　判　明43・11・19民録16輯784頁…………92

大　正

大　判　大2・10・25民録19輯857頁…………42
大　判　大3・8・10新聞967号31頁…………176
大　判　大3・12・1民録20輯1019頁…………97
大　判　大3・12・26民録20輯1208頁…………195
大　判　大4・3・16民録21輯328頁…………232
大　判　大4・4・27民録21輯590頁…………110
大　判　大4・5・5民録21輯658頁…………167
大　判　大4・5・20民録21輯730頁…………117
大　判　大4・7・12民録21輯1126頁…………56
大　判　大4・9・20民録21輯148頁…………163
大　判　大4・12・17民録21輯2124頁…………73
大　判　大4・12・28民録21輯2289頁…………141
大　判　大5・6・13民録22輯1200頁…………204
大　判　大5・6・23民録22輯1161頁…………18
大　判　大5・7・22民録22輯1585頁…………164
大　判　大5・9・20民録22輯1440頁…………111
大　判　大5・12・13民録22輯2417頁…………194
大　判　大6・11・8民録23輯1772頁…………138
大　判　大7・3・2民録24輯423頁…………84
大　判　大7・4・4民録24輯465頁…………71
大　判　大8・5・13新聞1580号19頁…………175
大　判　大8・5・16民録25輯776頁…………67
大　判　大8・10・2民録25輯1730頁…………169
大　判　大8・10・13民録25輯1863頁…………133
大　判　大9・2・25民録26輯152頁…………57
大　判　大10・1・24民録27輯221頁…………165
大　判　大10・5・17民録27輯929頁…………82
大　判　大10・7・8民録27輯1373頁…………126
大　判　大10・11・28民録27輯2045頁…………233
大　判　大10・12・26民録27輯2199頁…………186
大　判　大11・11・24民集1巻738頁…………129
大　判　大11・11・27民集1巻692頁…………165
大　判　大12・12・17民集2巻684頁…………205
大　判　大13・5・22民集3巻224頁……162,163
大　判　大13・9・24民集3巻440頁…………161
大　判　大13・10・7民集3巻476頁…………10
大連判　大13・10・7民集3巻509頁…………10
大　判　大14・1・20民集4巻1頁……152,153
大　判　大14・6・9刑集4巻378頁…………185
大　判　大14・7・8民集4巻412頁……85,92

昭和2〜19年

大　判　昭2・2・16評論16巻商法485頁……150
大　判　昭2・10・10民集6巻558頁…………85
大　判　昭3・11・8民集7巻970頁…………19
大　判　昭5・10・31民集9巻1009頁…………26
大　判　昭6・11・27民集10巻1113頁…………180
大　判　昭7・4・13新聞3400号14頁…………166
大　判　昭7・5・9民集11巻824頁…………193
大　判　昭7・10・14裁判例（6）277頁………145
大　判　昭8・3・24民集12巻490頁…………192
大　判　昭9・3・6民集13巻230頁…………59
大　判　昭9・10・19民集13巻1940頁…………164
大　判　昭9・12・28民集13巻2427頁…………112
大　判　昭10・10・1民集14巻1671頁…………192
大　判　昭10・10・5民集14巻1965頁…………20
大　判　昭12・3・10民集16巻255頁…………228
大　判　昭12・7・23判決全集4巻17号3頁…191
大　判　昭12・11・19民集16巻1881頁……21,22
大　判　昭13・1・28民集17巻1頁…………124
大　判　昭13・6・7民集17巻1331頁…………176
大　判　昭13・9・28民集17巻1927頁…………111
大　判　昭13・12・26民集17巻2835頁…………166
大　判　昭14・5・24民集18巻623頁…………56
大　判　昭15・5・26民集19巻1033頁…………221
大　判　昭15・9・18民集19巻1611頁……6,175

大　判　昭17・2・24民集21巻151頁 ……………190
大　判　昭18・5・25民集22巻411頁 ……………191
大　判　昭18・7・20民集22巻660頁 ……………194
大　判　昭19・2・18民集23巻64頁……………166

昭和26～40年

最　判　昭26・11・27民集5巻13号775頁 ……125
最　判　昭27・2・19民集6巻2号95頁…………135
最　判　昭28・4・24民集7巻4号414頁 ………141
最　判　昭28・9・18民集7巻9号954頁…………54
最　判　昭29・8・31民集8巻8号1567頁………110
最　判　昭30・5・31民集9巻6号793頁…………98
最　判　昭30・6・24民集9巻7号919頁…………10
最　判　昭30・12・26民集9巻14号2097頁……227
最　判　昭31・4・24民集10巻4号417頁…………59
最　判　昭32・1・31民集11巻1号170頁 ………155
最　判　昭32・2・15民集11巻2号270頁 ………136
最　判　昭33・6・20民集12巻10号1585頁…41,44
最　判　昭33・7・29民集12巻12号1879頁……113
最　判　昭33・8・28民集12巻12号1936頁………92
最　判　昭33・10・14民集12巻14号3111頁……96
最　判　昭34・1・8民集13巻1号1頁 …47,146
最　判　昭34・1・8民集13巻1号17頁…………166
最　判　昭35・2・11民集14巻2号168頁 ……121
最　判　昭35・3・1民集14巻3号307頁 ………113
最　判　昭35・3・1民集14巻3号327頁 ………146
最　判　昭35・3・22民集14巻4号501頁…………42
最　判　昭35・3・31民集14巻4号663頁…………59
最　判　昭35・6・24民集14巻8号1528頁………42
最　判　昭35・7・27民集14巻10号1871頁………93
最　判　昭36・3・24民集15巻3号542頁 ……175
最　判　昭36・4・27民集15巻4号901頁…………58
最　判　昭36・4・28民集15巻4号1230頁………72
最　判　昭36・5・4民集15巻5号1253頁……112
最　判　昭36・7・20民集15巻7号1903頁…89,94
最　判　昭36・9・15民集15巻8号2172頁……116
最　判　昭36・11・24民集15巻10号2573頁……64
最　判　昭37・5・18民集16巻5号1073頁……142
最　判　昭37・10・30民集16巻10号2182頁……177
最　判　昭38・1・25民集17巻1号41頁…………166
最　判　昭38・2・22民集17巻1号235頁…………98
最　判　昭38・10・15民集17巻11号1497頁……147
最　判　昭38・12・24民集17巻12号1720頁 …152,158

最　判　昭39・2・25民集18巻2号329頁 ……203
最　判　昭39・3・6民集18巻3号437頁 ……104
最　判　昭40・3・4民集19巻2号197頁 ……167
最　判　昭40・9・21民集19巻6号1560頁……67
最　判　昭40・11・19民集19巻8号2003頁……42
最　判　昭40・12・7民集19巻9号2101頁……17
最　判　昭40・12・21民集19巻9号2221頁……61

昭和41～63年

最　判　昭41・4・28民集20巻4号900頁 ………6
最　判　昭41・6・9民集20巻5号1011頁 …115,120
最　判　昭41・11・22民集20巻9号1901頁……88,90
最　判　昭42・1・20民集21巻1号16頁………103
最　判　昭42・7・21民集21巻6号1653頁 ……88
最　判　昭42・8・25民集21巻7号1729頁 …205,206
最　判　昭42・11・9判時506号36頁 ……154,155
最　判　昭43・11・15民集22巻12号2671頁……59
最　判　昭44・1・16民集23巻1号18頁……58,59
最　判　昭44・4・25民集23巻4号904頁………59
最　判　昭44・5・2民集23巻6号951頁………71
最　判　昭44・7・8民集23巻8号1374頁……221
最　判　昭44・9・12判時572号25頁 …………194
最　判　昭44・10・30民集23巻10号1881頁 …139,141,142
最　判　昭45・3・26判時591号57頁 ………82,83
最　判　昭45・4・8判時590号91頁 …………191
最　判　昭45・9・22民集24巻10号1424頁 ……49
最大判　昭45・10・21民集24巻11号1560頁 ……29
最　判　昭45・12・4民集24巻13号1987頁……115
最　判　昭46・1・26民集25巻1号90頁…100,101
最　判　昭46・2・19民集25巻1号135頁 ……151
最　判　昭46・3・5判時628号48頁 …………194
最　判　昭46・10・14民集25巻7号933頁 ……128
最　判　昭46・11・16民集25巻8号1182頁……104
最　判　昭46・11・30民集25巻8号1422頁……67
最　判　昭46・11・30民集25巻8号1437頁……144
最　判　昭46・12・9民集25巻9号1457頁……204
最　判　昭47・9・8民集26巻9号1348頁……133
最　判　昭48・3・13民集27巻2号271頁 ……232
最　判　昭48・7・17民集27巻7号798頁 ……151
最　判　昭48・10・5民集27巻9号1110頁……94

最　判　昭48・10・9 民集27巻9号1129頁……201
最　判　昭49・3・19民集28巻2号325頁………56
最　判　昭49・9・26民集28巻6号1213頁……76
最　判　昭50・2・7 民集29巻10号1525頁……207
最　判　昭51・12・2 民集30巻11号1021頁……133
最　判　昭52・3・3 民集31巻2号157頁……133
最　判　昭53・3・6 民集32巻2号135頁……138
最　判　昭53・4・11民集32巻3号583頁……205
最　判　昭54・1・25民集33巻1号26頁……192, 193, 199
最　判　昭54・2・15民集33巻1号51頁………12
最　判　昭55・2・8 民集34巻2号138頁……201
最　判　昭56・3・19民集35巻2号171頁……166
最大判　昭56・12・16民集35巻10号1369頁……22
最　判　昭57・3・30判時1039号61頁………166
最　判　昭57・9・7 民集36巻8号527頁……138
最　判　昭59・1・27判時1113号63頁………135
最　判　昭60・3・28判時1168号56頁………132
最　決　昭62・4・10刑集41巻3号221頁……185
最大判　昭62・4・22民集41巻3号408頁……205
最　判　昭62・4・24判時1243号25頁………115
最　判　昭62・9・4 判時1251号101頁……207
最　判　昭63・1・18判時1265号72頁………234
最　判　昭63・5・20判時1277号116頁………205

平成元年～

最　判　平元・9・19民集43巻8号955頁……180
最　判　平元・11・24民集43巻10号1220頁……203
最　判　平元・12・22判時1344号129頁……143
最　判　平 2・11・20民集44巻8号1037頁……177
最　判　平 4・1・24判時1424号54頁………206
最　判　平 5・7・19判時1525号61頁……99,102
最　判　平 5・11・26判時1502号89頁………164
最　判　平 5・12・17判時1480号69頁………177
最　判　平 6・2・8 民集48巻2号373頁…23,58
最　判　平 6・5・31民集48巻4号1065頁……233
最　判　平 6・9・13判時1513号99頁………132
最　判　平 6・12・16判時1521号37頁………227
最　判　平 7・7・18民集49巻7号2684頁……202
最　判　平 8・10・29民集50巻9号2506頁……61
最　判　平 8・10・31民集50巻9号2563頁……206
最　判　平 8・11・12民集50巻10号2591頁……91
最　判　平 9・4・25判時1608号91頁………206
最　判　平 9・12・18民集51巻10号4241頁……164

最　判　平10・2・13民集52巻1号65頁 …60,230
最　判　平10・2・26民集52巻1号255頁……202
最　判　平10・2・27判時1641号84頁………206
最　判　平10・3・10判時1683号95頁……136,166
最　判　平10・3・24判時1641号80頁………203
最　判　平10・12・18民集52巻9号1975頁……230
最　判　平11・4・22判時1675号76頁………206
最　判　平11・7・13判時1687号75頁………176
最　判　平11・11・9 民集53巻8号1421頁……204
最　判　平12・6・27民集54巻5号1737頁……125
最　判　平14・10・15民集56巻8号1791頁……178
最　判　平15・7・11民集57巻7号787頁……204
最　判　平17・3・29判時1895号56頁………231
最　判　平18・1・17民集60巻1号27頁………61
最　判　平18・2・21民集60巻2号508頁……135
最　判　平18・3・16民集60巻3号735頁………176

下級裁判所

東京高判　昭53・6・28判タ370号85頁………59
東京高判　昭58・6・28判時1083号91頁………186
東京地判　平19・6・15 ……………………69

著者紹介

田山 輝明（たやま・てるあき）

1944年　群馬県生れ
1966年　早稲田大学法学部卒業
現　在　早稲田大学法学部教授，法学博士（早大）
主　著　『ガイダンス民法──市民・財産と法』（三省堂），『民法総則第 2 版（民法要義Ⅰ）』『債権総論第 2 版（民法要義Ⅳ）』『契約法（民法要義Ⅴ）』『西ドイツの農家相続』（監訳）（以上，成文堂），『債権総論（有斐閣双書Ｐシリーズ）』『民法講義ノート(4)債権総論』『民法講義 5・契約』（以上，共著，有斐閣），『Die Entwicklung des landwirtschaftlichen Bodenrecthts in der japanischen Neuzeit』（独文，西ドイツ・ゲッチンゲン大学農業法研究所叢書第19巻，1978），『米軍基地と市民法』（一粒社），『ヨーロッパの土地法制』（共著，東京大学出版会），『西ドイツの新用益賃貸借法制』（監訳，比較法研究所叢書15号），『西ドイツ農地整備法制の研究』，『現代土地住宅法の基本問題』，『口述契約・事務管理・不当利得』（以上，成文堂），『特別講義民法Ⅱ（債権法）』（法学書院），『ドイツの土地住宅法制』（成文堂），『入門民法ゼミナール』（実務教育出版），『成年後見法制の研究』，『続・成年後見法制の研究』（成文堂），『事例で学ぶ家族法』（法学書院），『成年後見読本』（三省堂）ほか

物権法〔第 3 版〕　　　　　　　　　　法律学講義シリーズ

昭和62年11月10日　初版 1 刷発行
平成 7 年 4 月30日　補正版 1 刷発行
平成16年 9 月15日　第 2 版 1 刷発行
平成20年 9 月30日　第 3 版 1 刷発行

著　者　田　山　輝　明
発行者　鯉　渕　友　南
発行所　株式会社　弘文堂　　101-0062 東京都千代田区神田駿河台 1 の 7
　　　　　　　　　　　　　　TEL 03(3294)4801　振替 00120-6-53909
　　　　　　　　　　　　　　http://www.koubundou.co.jp

印　刷　港北出版印刷
製　本　井上製本所
装　幀　代田　奨

Ⓒ 2008 Teruaki Tayama. Printed in Japan

Ⓡ 本書の全部または一部を無断で複写複製（コピー）することは、著作権法上での例外を除き、禁じられています。本書からの複写を希望される場合は、日本複写権センター（03-3401-2382）にご連絡ください。

ISBN978-4-335-31358-5

法律学講座双書

法学入門	三ケ月　章
法哲学概論	碧海純一
憲法	鵜飼信成
憲法	伊藤正己
行政法(上・中・下)	田中二郎
行政法(上・*下)	小早川光郎
租税法	金子　宏
民法総則	四宮和夫・能見善久
債権総論	平井宜雄
債権各論Ⅰ(上・*下)	平井宜雄
債権各論Ⅱ	平井宜雄
親族法・相続法	有泉　亨
商法総則	石井照久
商法総則	鴻　常夫
会社法	鈴木竹雄
会社法	神田秀樹
手形法・小切手法	石井照久
*手形法・小切手法	岩原紳作
商行為法・保険法・海商法	鈴木竹雄
商取引法	江頭憲治郎
民事訴訟法	兼子一・竹下守夫
民事訴訟法	三ケ月　章
民事執行法	三ケ月　章
刑法	藤木英雄
刑法総論	西田典之
刑法各論	西田典之
刑事訴訟法(上・下)	松尾浩也
労働法	菅野和夫
*社会保障法	岩村正彦
国際法概論(上・下)	高野雄一
国際私法	江川英文
工業所有権法(上)	中山信弘

*印未刊